LA COLLINE INSPIRÉE

MAURICE BARRÈS

LA COLLINE
INSPIRÉE

NRP/Rocher
LE ROCHER
JEAN-PAUL BERTRAND, ÉDITEUR

De cette nouvelle édition
La librairie des Arts à Nancy
a réservé le tirage de 350 exemplaires
reliés et numérotés de 1 à 350
à l'intention du CLUB DU LIVRE LORRAIN

CHAPITRE PREMIER

Il est des lieux où souffle l'esprit

Il est des lieux qui tirent l'âme de sa léthargie, des lieux enveloppés, baignés de mystère, élus de toute éternité pour être le siège de l'émotion religieuse. L'étroite prairie de Lourdes, entre un rocher et son gave rapide; la plage mélancolique d'où les Saintes-Maries nous orientent vers la Sainte-Baume; l'abrupt rocher de la Sainte-Victoire tout baigné d'horreur dantesque, quand on l'aborde par le vallon aux terres sanglantes; l'héroïque Vézelay, en Bourgogne; le Puy-de-Dôme; les grottes des Eyzies, où l'on révère les premières traces de l'humanité; la lande de Carnac, qui parmi les bruyères et les ajoncs dresse ses pierres inexpliquées; la forêt de Brocéliande, pleine de rumeurs et de feux follets, où Merlin par les jours d'orage gémit encore dans sa fontaine; Alise-Sainte-Reine et le mont Auxois, promontoire sous une pluie presque constante, autel où les Gaulois moururent aux pieds de

Nota. — Plusieurs des personnes qui furent mêlées aux événements que nous allons raconter existent encore; d'autres ont disparu depuis trop peu de temps pour qu'il soit sans inconvénient de les mettre en scène. Aussi l'auteur prendra la liberté de substituer à certains noms propres des noms imaginaires.

leurs dieux; le mont Saint-Michel, qui surgit comme un miracle des sables mouvants; la noire forêt des Ardennes, tout inquiétude et mystère, d'où le génie tira, du milieu des bêtes et des fées, ses fictions les plus aériennes; Domrémy enfin, qui porte encore sur sa colline son Bois Chenu, ses trois fontaines, sa chapelle de Bermont, et près de l'église la maison de Jeanne. Ce sont les temples du plein air. Ici nous éprouvons soudain le besoin de briser de chétives entraves pour nous épanouir à plus de lumière. Une émotion nous soulève; notre énergie se déploie toute, et sur deux ailes de prière et de poésie s'élance à de grandes affirmations.

Tout l'être s'émeut, depuis ses racines les plus profondes jusqu'à ses sommets les plus hauts. C'est le sentiment religieux qui nous envahit. Il ébranle toutes nos forces. Mais craignons qu'une discipline lui manque, car la superstition, la mystagogie, la sorcellerie apparaissent aussitôt, et des places désignées pour être des lieux de perfectionnement par la prière deviennent des lieux de sabbat. C'est ce qu'indique le profond Gœthe, lorsque son Méphistophélès entraîne Faust sur la montagne du Hartz, sacrée par le génie germanique, pour y instaurer la liturgie sacrilège du *Walpurgisnachtstraum*.

D'où vient la puissance de ces lieux? La doivent-ils au souvenir de quelque grand fait historique, à la beauté d'un site exceptionnel, à l'émotion des foules qui du fond des âges y vinrent s'émouvoir? Leur vertu est plus mystérieuse. Elle précéda leur gloire et saurait y survivre. Que les chênes fatidiques soient coupés, la fontaine remplie de sable et les sentiers recouverts, ces solitudes ne sont pas déchues de pouvoir. La vapeur de leurs oracles s'exhale, même s'il n'est plus de prophétesse pour la respirer. Et n'en doutons pas, il est de par le monde infiniment de ces points spirituels qui ne sont pas encore révélés, pareils à ces âmes voilées dont nul n'a reconnu la grandeur. Combien de fois, au hasard d'une heureuse et profonde journée, n'avons-nous pas rencontré la lisière d'un bois, un sommet, une source, une simple prairie, qui nous commandaient de faire taire nos pensées et d'écouter plus profond que notre cœur! Silence! les dieux sont ici.

Illustres ou inconnus, oubliés ou à naître, de tels lieux nous entraînent, nous font admettre insensiblement un ordre de faits supérieurs à ceux où tourne à l'ordinaire notre vie. Ils nous disposent à connaître un sens de l'existence plus secret que celui qui nous est familier, et, sans rien nous expliquer, ils nous communiquent une interprétation religieuse de notre destinée. Ces influences longuement soutenues produiraient d'elles-mêmes des vies rythmées et vigoureuses, franches et nobles comme des poèmes. Il semble que, chargées d'une mission spéciale, ces terres doivent intervenir, d'une manière irrégulière et selon les circonstances, pour former des êtres supérieurs et favoriser les hautes idées morales. C'est là que notre nature produit avec aisance sa meilleure poésie, la poésie des grandes croyances. Un rationalisme indigne de son nom veut ignorer ces endroits souverains. Comme si la raison pouvait mépriser aucun fait d'expérience! Seuls des yeux distraits ou trop faibles ne distinguent pas les feux de ces éternels buissons ardents. Pour l'âme, de tels espaces sont des puissances comme la beauté ou le génie. Elle ne peut les approcher sans les reconnaître. Il y a des lieux où souffle l'esprit.

I

La Lorraine possède un de ces lieux inspirés. C'est la colline de Sion-Vaudémont, faible éminence sur une terre la plus usée de France, sorte d'autel dressé au milieu du plateau qui va des falaises champenoises jusqu'à la chaîne des Vosges. Elle porte sur l'une de ses pointes le clocher d'un pèlerinage à Marie, et sur l'autre la dernière tour du château d'où s'est envolé jusqu'à Vienne l'alérion des Lorraine-Habsbourg. Dans tous nos cantons, dès que le terrain s'élève, le regard découvre avec saisissement la belle forme immobile, soit toute nette, soit voilée de pluie, de cette colline posée sur notre vaste plateau comme une table de nos lois non écrites, comme un appel à la fidélité lorraine. Et sa présence inattendue jette dans un paysage agricole, sur une terre toute livrée aux menus soins de la vie pratique, un soudain soulèvement de mystère et de solitaire fierté. C'est un promontoire qui s'élève au milieu d'un océan de prosaïsme. C'est comme un lambeau laissé sur notre sol par la plus vieille Lorraine.

De quel charme bizarre, aussitôt que je l'aperçois, ne saisit-elle pas mon esprit et mon cœur, cette montagne en demi-lune, à la fois charmante et grave ! Je songe à notre nation très positive, mais où éclatent le courage guerrier et la grandeur dans l'infortune ; je songe à nos femmes lorraines qui deviennent en vieillissant si aisément des prophétesses, et je vois les cheveux au vent de Jeanne d'Arc, de Marie Stuart et de Marie-Antoinette, ces filles royales que notre race fournit à la poésie universelle ; j'entends l'éclat de rire de Bassompierre, l'extravagance de Charles IV : c'est le point où l'imagination peut le mieux venir se poser pour comprendre le génie propre de la Lorraine. Quel symbole d'une nation où s'allient au bon sens le plus terre à terre l'audace de la grande aventure et l'esprit qui fait les sorciers !

Ici, jadis, du temps des Celtes, la déesse Rosmertha sur la pointe de Sion faisait face au dieu Wotan, honoré sur l'autre pointe à Vaudémont. C'étaient deux parèdres, deux divinités jumelles. Wotan étayait Rosmertha, et l'un et l'autre protégeaient la plaine. La déesse à la figure jeune, aux cheveux courts, au sein nu, s'est évanouie ; elle fut chassée par la Vierge qui allaite l'Enfant-Dieu, cependant que les seigneurs de Vaudémont bâtissaient leur maison forte sur l'ancien sanctuaire de Wotan. Mais Notre-Dame de Sion et les comtes de Vaudémont restèrent, l'un envers l'autre, dans les mêmes rapports où avait vécu le couple primitif des deux parèdres celtiques. Ceux-ci s'étaient entraidés pour protéger le vieux peuple des Leukes, et les comtes de Vaudémont, proclamant Notre-Dame de Sion souveraine du comté, mirent leur couronne sur la tête de l'image vénérée. De telle sorte qu'à travers les siècles la pensée de la montagne s'est déroulée et s'est amplifiée sans que la tradition fût rompue.

Aujourd'hui, de Vaudémont rien ne subsiste qu'un haut mur sous d'antiques frênes, où l'on a vu, pèlerine inconnue, passer l'impératrice Élisabeth, et dans Sion, la Vierge noire, l'image antique associée au pouvoir politique du pays, a disparu sous le manteau impie d'une bande venue de Vézelise en 1793. Les grands souvenirs de la colline sont voilés ou déchus. Pourtant la plus pauvre imagination ne laisse pas de percevoir qu'autour de ce haut lieu s'organise l'histoire de la Lorraine. Il nous dit avec quelle ivresse une destinée individuelle peut prendre place dans une destinée collective, et comment un esprit participe à l'immortalité d'une énergie qu'il a beaucoup aimée. Les gens du pays, qui montent encore aux dates séculaires de septembre sur la montagne, ne savent guère ses annales; ils s'ébahiraient aux noms de Rosmertha et de Wotan; ils ignorent quel pacte unissait la Vierge de Sion à la Maison de Lorraine; ils ne songent plus à demander au vieux sanctuaire qu'il prenne la défense de leurs intérêts nationaux, mais seulement celle de leurs intérêts domestiques. Et pourtant, par un sentiment profond du rôle tutélaire de la colline, c'est au milieu des décombres de Vaudémont qu'avec un instinct magnifique ils ont ramassé, pour remplacer à Sion la statue brisée, une vierge de pierre qui tient dans sa main l'alérion de Lorraine et en amuse l'enfant Jésus.

Cette image que les comtes de Vaudémont honoraient dans leur chapelle, demeure sur l'autel du pèlerinage comme un signe extrême de l'entente séculaire, et l'on croit voir, dans cette substitution de la Vierge de Vaudémont à l'ancienne Vierge de Sion, une fusion des deux forces dans la détresse. A défaut d'un savoir clair, nous gardons une vénération obscure de ce double passé qui ne peut pas mourir, et les Lorrains, quand ils font en procession le tour de l'étroite terrasse, obéissent à la vertu permanente, toujours active, de cette acropole.

II

En automne, la colline est bleue sous un grand ciel ardoisé, dans une atmosphère pénétrée par une douce lumière d'un jaune mirabelle. J'aime y monter par les jours dorés de septembre et me réjouir là-haut du silence, des heures unies, d'un ciel immense où glissent les nuages et d'un vent perpétuel qui nous frappe de sa masse.

Une église, un monastère, une auberge qui n'a de clients que les jours de pèlerinage, occupent l'une des cornes du croissant; à l'autre extrémité, le pauvre village de Vaudémont, avec les deux aiguilles de son clocher et de sa tour, se meurt dans les débris romains et féodaux de son passé légendaire, petit point très net et prodigieusement isolé dans un grand paysage de ciel et de terre. Au creux, et pour ainsi dire au cœur de cette colline circulaire, un troisième village, Saxon, rassemble ses trente maisons aux toits brunâtres qui possèdent là tous leurs moyens de vivre : champs, vignes, vergers, chènevières et carrés de légumes. Sur la hauteur, c'est un plateau, une promenade de moins de deux heures à travers des chaumes et des petits bois, que la vue embrasse et dépasse pour jouir d'un immense horizon et de l'air le plus pur. Mais ce qui vit sur la colline ne compte guère et ne fait rien qu'approfondir la solitude et le silence. Ce qui compte et ce qui existe, où que nous menions nos pas en suivant la ligne de faîte, c'est l'horizon et ce vaste paysage de terre et de ciel.

Si vous portez au loin votre regard, vous distinguez et dénombrez les ballons des Vosges et de l'Alsace; si vous le ramenez plus près sur la vaste plaine, elle vous étonne et, selon mon goût, vous charme par ses superbes plissements, par de longs mouvements de terrains pareils à des dunes. C'est un pays sans eau en apparence, mais où l'eau sourd et circule invisible. Des prairies qui s'égouttent un ruisselet se forme et se débrouille vivement dans les rides enchevêtrées du terrain. Au fond de ravins sinueux, le Madon, l'Uvry, le

Brenon développent en secret les beautés les plus touchantes, cependant qu'ils rafraîchissent une multitude de champs bombés et diversement colorés, des pâturages, des vignobles clairs, des blés dorés, de petits bois, des labours bruns où les raies de la charrue font un grave décor, des villages ramassés, parfois un cimetière aux tombes blanches sous les verts peupliers élancés. Sur le tout, sur cet ensemble où il n'est rien que d'éternel, règne un grand ciel voilé. Les appels d'un enfant ou d'un coq apportés de la plaine par le vent, le vol plané d'un épervier, le tintement d'un marteau qui là-bas redresse une faucille, le bruissement de l'air animent seuls cette immensité de silence et de douceur. Ce sont de paisibles journées faites pour endormir les plus dures blessures. Cet horizon où les formes ont peu de diversité nous ramène sur nous-mêmes en nous rattachant à la suite de nos ancêtres. Les souvenirs d'un illustre passé, les grandes couleurs fortes et simples du paysage, ses routes qui s'enfuient composent une mélodie qui nous remplit d'une longue émotion mystique. Notre cœur périssable, notre imagination si mouvante s'attachent à ce coteau d'éternité. Nos sentiments y rejoignent ceux de nos prédécesseurs, s'en accroissent et croient y trouver une sorte de perpétuité. Il étale sous nos yeux une puissante continuité des mœurs, des occupations d'une médiocrité éternelle; il nous remet dans la pensée notre asservissement à toutes les fatalités, cependant qu'il dresse au-dessus de nous le château et la chapelle, tous les deux faiseurs d'ordre, l'un dans le domaine de l'action, l'autre dans la pensée et dans la sensibilité. L'horizon qui cerne cette plaine, c'est celui qui cerne toute vie; il donne une place d'honneur à notre soif d'infini, en même temps qu'il nous rappelle nos limites. Voilà notre cercle fermé, le cercle d'où nous ne pouvons sortir, la vieille conception du travail manuel, du sacrifice militaire et de la méditation divine. Des siècles ont passé sur le paysage moral que nous présente cette plaine, et l'on ne peut dire qu'une autre conception de la vie, tant soit peu intéressante, ait été entrevue. Voilà les plaines riches en blé, voilà la ruine dont le chef est parti, voilà le clocher menacé où la Vierge reçoit un culte que, sur le même lieu, nos ancêtres païens, adorateurs de Rosmertha, avaient déjà entrevu. Paysage plutôt grave, austère et d'une beauté intellectuelle, où Marie continue de poser le timbre ferme et pur d'une cloche d'argent. Tous ceux qui ne subissent pas, qui défendent leur sentiment et se rattachent aux choses éternelles trouvent ici leur reposoir. C'est toujours ici le point spirituel de cette grave contrée; c'est ici que sa vie normale se relie à la vie surnaturelle.

III

Où sont les dames de Lorraine, sœurs, filles et femmes des Croisés, qui s'en venaient prier à Sion, pendant que les hommes d'armes, là-bas, combattaient l'infidèle, et celles-là surtout qui, le lendemain de la bataille de Nicopolis, ignorantes encore, mais épouvantées par les rumeurs, montèrent ici intercéder pour des vivants qui étaient déjà des morts? Où la sainte princesse Philippe de Gueldre, à qui Notre-Dame de Sion découvrit, durant le temps de son sommeil, les desseins ambitieux des ennemis de la Lorraine? Où le singulier Charles IV qui, réduit à l'extrémité par les troupes de Louis XIV, s'avisa de faire donation et transfert irrévocable de son duché à Notre-Dame de Sion, en s'écriant : « On n'osera pas guerroyer la mère de Dieu! » Où sont nos chefs héréditaires, toute notre famille ducale qui, lorsqu'elle quitta pour toujours, par la défaillance de François III, le vieux duché et des sujets dont le loyalisme n'avait jamais failli, voulut une dernière fois s'agenouiller au sanctuaire de Sion?...

> *Où sont-ils, Vierge souveraine ?*
> *Mais où sont les neiges d'antan ?*

Ces puissantes figures ont disparu qui combattaient pour la Vierge de Sion, leur dame et leur protectrice, et qui mettaient Dieu dans leurs conseils. Il est fermé, ce beau théâtre de Sion-Vaudémont, véritable scène de gloire où nous voyons, comme en perspective, une longue suite de héros qui trouvaient dans la pensée d'une alliance avec le ciel un principe d'action. Aujourd'hui, la colline ne fait plus monter vers les nues ses prières pour en obtenir des oracles. Rosmertha et Wotan ont cessé de recevoir sur leur ancien domaine aucune pensée de fidélité. Chose curieuse, attendrissante, les derniers soins leur furent donnés dans le couvent de la colline : les Pères oblats y conservaient et tenaient en belle vue, il y a peu de temps encore, une pierre votive, hommage rendu à la déesse païenne par de pieux Gallo-Romains dont elle avait guéri le fils. Mais la pierre a disparu; cette inscription, cette suprême voix, qui témoignait en faveur de la déesse dépossédée, a pris avec les religieux l'injuste chemin de l'exil. Quel magnifique symbole, ce cortège d'un double départ! L'ancienne bannière des chevaliers de Notre-Dame de Sion n'a pas eu un sort plus heureux. Cet étendard glorieux, par le secours de qui René II déconfit les Bourguignons et leur téméraire chef devant sa ville de Nancy; par qui le bon duc Antoine affronta et mit en pièces les rustauds avec une poignée seulement de Lorrains; par qui Charles V, la terreur des Turcs et le sauveur de la chrétienté, remporta presque autant de victoires qu'il livra de batailles, il s'est défait obscurément dans une poussière sans gloire. Et maintenant l'élite de la province, les riches et les intellectuels abandonnent à des paysans l'office de processionner autour du sanctuaire, comme hier ils leur laissaient l'honneur d'en défendre le parvis.

Et pourtant, à chaque fois qu'un Lorrain gravit la colline, des ombres l'accueillent. Naissent-elles de son cœur, des ruines seigneuriales, de la mince forêt ou des trois villages? Elles sont faites d'espérance, l'espérance de revoir encore ce qui une fois a été vu. Sur les pentes de cette acropole, d'âge en âge ont retenti tous ces grands cris de vigueur et de confiance indéterminée : *Hic, ad hoc, spes avorum... Non inultus premor... C' n'o me po tojo...* qui sont l'âme de notre nation. Ombres silencieuses, j'entends votre message! Le secret de Sion doit être cherché dans ce regard tourné vers les nues qu'il y eut toujours sur cette colline. Elle est dévastée, dépouillée, toute pauvre. Rien n'y rend sensible l'histoire, rien n'y raconte avec clarté la succession des siècles. Qu'est-ce que la tour de Brunehaut, la chapelle du pèlerinage où si peu de parties sont vieilles, et trois, quatre pierres sculptées éparses dans Vaudémont? Mais ainsi dénudée, la colline nous propose toujours, au milieu de la plaine, sa vétusté sereine, son large abandon, sa terrasse à demi morte, sa gravité, sa tristesse vaste et nue en hiver, sa force en toute saison, pareille à celle d'une falaise dans la mer, son indifférence à ce que nous pensons d'elle, sa résignation qui ne réclame rien, qui ne prétend même pas à la beauté. Elle demeure, elle reste à sa place, pour être un lieu de recueillement où nous rassemblons nos forces, pour nous remuer d'un pressentiment, nous enlever à l'heure passagère, à nos limites, à nous-mêmes, et nous montrer l'éternel.

Les quatre vents de la Lorraine et le souffle inspirateur qui s'exhale d'un lieu éternellement consacré au divin, ravivent en nous une énergie indéfinissable : rien qui relève de la pensée, mais plutôt une vertu. Ici, l'homme de tout temps fit connaître aux dieux ses besoins par la prière et sollicita leur protection. Ici, nous retrouvons l'allégresse de l'âme et son orientation vers le ciel. L'âme! le ciel! vieux mots dont la magie garde encore sa force. Ici ne peut planer Méphistophélès, l'esprit qui nie : la lumière l'absorberait et le grand courant d'air lui briserait les ailes. C'est ici l'un des théâtres mystérieux de l'action divine et l'un des antiques séjours de l'Esprit. La plus simple mélodie, une voix jetée au vent de la falaise nous en rouvrirait les chemins, tant nous sommes nés pour ressentir sa grandeur, sa solitude, sa constance et la suite brillante de ceux qui la foulèrent, bref, l'indéfinie poésie, la vertu qui dort dans ce haut refuge. Arche sainte, un mot!... Tout se tait! Quel silence dans cet immense espace qui surveille, attentif, son haut lieu!

IV

Un homme a souffert de ce silence de Sion. Un homme, un prêtre, encadré de ses deux frères, prêtres eux-mêmes, les trois frères Baillard, au siècle dernier. On ne peut pas dire que ces personnages sont venus se placer dans la série des noms dignes de mémoire sur la colline nationale, et qu'ils forment le dernier anneau de la belle chaîne interrompue qui gît sur les friches de Sion-Vaudémont; mais je suis attiré près d'eux, parce qu'une partie de mes pensées ou de mes impressions les plus instinctives sont celles-là mêmes pour lesquelles ils se dévouèrent, et que ces barbares sont ainsi mes parents. Ce sont eux qui, au lendemain de la Révolution et quand la charrue avait passé sur des lieux consacrés par une vénération séculaire, se donnèrent pour tâche de relever la vieille Lorraine mystique et de ranimer les flammes qui brûlent sur ses sommets.

Si par une belle après-midi d'automne, sous notre ciel triste, je visite quelque ruine féodale, ou bien dans une église froide une pierre de tombe sculptée, je sens s'éveiller en moi toute une rumeur, le désir de savoir et l'émotion du mystère. C'est une pareille piété élargie, où se mêlent les plaisirs de la mélancolie, qui m'attire sur les quatre domaines où les Baillard ont porté leur grande passion de bâtisseurs. Flavigny et Mattaincourt, Sainte-Odile et Sion, quelles sonorités pour un historien ! Tous ces châteaux de l'âme, reconstruits au milieu des angoisses de la faillite par un mystique procédurier, donnent un sens aux divers cantons de ce petit pays et y fleurissent, au même titre que les burgs de jadis, comme des signes, comme des relais de l'activité de notre nation. Une volonté a marqué ici la terre; un cachet s'est enfoncé dans la cire.

Ce que les Baillard imprimaient à la terre lorraine, c'était le caractère de leur âme fidèle à une double tradition, catholique et lorraine. Comment ne pas aimer les personnages qui entreprennent de rétablir une magistrature spirituelle et de raviver le surnaturel sur les cimes de leur pays?

Et pourtant, c'est un lourd silence autour des trois frères Baillard, un double silence, celui de l'oubli naturel et celui voulu par l'Église. Vous pouvez passer et repasser à Flavigny, à Mattaincourt, à Sainte-Odile et à Sion, aucun indice ne vous dira ce qu'ils ont jeté de jeunesse, d'argent, de temps, d'activité et d'amour dans les fondations de ces bâtiments. Pourquoi leur nom n'est-il inscrit nulle part sur les pierres qu'ils ont relevées? Pourquoi même en est-il proscrit? Qu'est-ce que cette vapeur de soufre et cette odeur de damnation, aujourd'hui répandues sur ces trois figures qui furent un moment bénies?

J'ai souvent interrogé sur les Baillard mon regretté ami, le chanoine Pierfitte, le savant curé de Portieux. A chaque fois il se taisait, détournait la conversation. Un jour, il s'en est expliqué en deux mots : « C'est encore trop tôt pour parler des Baillard. » Trouvait-il que l'autorité s'était montrée bien dure envers ces vieux Lorrains? Rien ne m'assure que telle fut son opinion. Je crois plutôt qu'il distinguait le rôle du Diable dans cette affaire, et qu'il redoutait de remuer des souvenirs d'où pouvaient encore émaner des maléfices. La réserve de M. Pierfitte ne pouvait, faut-il l'avouer, qu'exciter ma curiosité. Comment accepter de ne rien savoir d'un mystique, métamorphosé par sa passion même et qui entre dans le cercle du noir enchanteur?

Pendant longtemps, ces trois prêtres furent dans mon esprit une sorte de brouillard mystérieux. Ils flottaient devant moi aux parties les plus solitaires et les plus solennelles de la côte de Sion, surtout les jours où la brume l'enveloppe et l'isole. Ils m'attiraient. Pendant des années, dix, vingt ans peut-être, je me suis renseigné sur Quirin, sur le grand François, sur le fameux Léopold. Je m'étonnais que ce dernier ne fût mort qu'en 1883, et je cherchais à me souvenir si, enfant, je ne l'avais pas rencontré.

Bien que cette histoire se fût concentrée sur quelques lieues de terrain, mon enquête n'était pas aisée. La tradition orale s'efface vite, ne dépasse jamais le siècle, et dès maintenant c'est comme une mare d'indifférence qui s'est épaissie sur la mémoire des Baillard, aux lieux mêmes où ils ont le plus agi. A Flavigny, à Mattaincourt, à Sainte-Odile, il n'y a que leurs bâtiments qui émergent de l'oubli et autour de ces grandes murailles, dont le pied trempe dans la plus noire ingratitude, personne pour me renseigner. Sur la montagne de Sion, la figure des Baillard demeure plus vivante. L'ébranlement y fut si fort qu'il a laissé une longue vibration dans les mémoires paysannes. Mais déjà le chercheur, à la place des faits exacts qu'il sollicite, ne trouve plus qu'une matière légendaire. On lui propose trois frères Baillard aux figures simples, contrastées et fortement dessinées, qui rappellent la manière mi-épique, mi-gouailleuse des *Quatre fils Aymon*. Ils ne sont pas seuls. Autour d'eux on voit s'empresser des femmes — sont-ce des paysannes? sont-ce des religieuses? — qui les aident et que la légende ne respecte pas plus que des nonnes du moyen âge. Et je me dis parfois que si l'imprimé n'aboutissait pas, de nos jours, à tuer toute production spontanée du génie populaire, l'aventure de ces trois prêtres viendrait tout naturellement se placer dans la série de la geste lorraine.

Ma longue curiosité n'avait guère de chance d'être jamais satisfaite. Elle s'endormait presque. Le hasard d'un coup d'œil jeté sur le catalogue de la bibliothèque de Nancy vint un jour la réveiller. Sous les numéros 1592 à 1635, je découvris un trésor, toute une collection de manuscrits exécutés par les soins des frères Baillard et contenant des lettres, des visions, des entretiens, des révélations divines, des annales, des pièces de procédure, des prières, des livres de comptes, les plus beaux thèmes dont ils se nourrissaient, un immense grimoire. Tous ces registres quadrillés et grossièrement reliés en basane noire ou verte sont de l'espèce que l'on emploie pour les livres de comptes, et sans cesse au milieu d'effusions surnaturelles on voit apparaître un chiffre, une opération arithmétique, de prosaïques doit et avoir... Toute l'âme, toute la passion, tout le mystère des Baillard gisaient là. Ma curiosité était remplie, les trois prêtres tirés de leur coin d'ombre, et l'effort que fit pour renaître une vieille acropole religieuse ramenée à la lumière.

Voici ce livre, tel qu'il est sorti d'une infinie méditation au grand air, en toute liberté, d'une complète soumission aux influences de la colline sainte, et puis d'une étude méthodique des documents les plus rebutants. Voici les trois frères Baillard. J'ai relevé leur histoire avant que personne les eût défigurés et quand la platitude et l'enthousiasme s'y mêlaient inextricablement. Je puis dire que je suis arrivé auprès de ces phénomènes religieux et sur le bord de cet étang aux rives indéterminées, quand personne n'en troublait encore le silence. J'ai surpris la poésie au moment où elle s'élève comme une brume des terres solides du réel.

CHAPITRE II

Grandeur et décadence
d'un saint royaume lorrain
au dix-neuvième siècle

J E me souviens du jour d'octobre, couvert et grave, où je suis allé à Borville visiter le pays des Baillard. Dans un canton rural de la vieille Lorraine, entre Épinal et Lunéville, c'est un village immobile, abrité contre une faible côte, non loin de la forêt de Charmes, un village très pieux, à juger d'après les vierges qui protègent la porte de la plupart des maisons, et rempli d'élégants motifs de style Renaissance (datés du dix-septième siècle, ce qui prouve que les modes arrivaient lentement à Borville). J'ai vainement cherché la tombe du père des Baillard, cette tombe où ses fils avaient gravé ces quatre mots révélateurs de leur orgueil : « Ci-gît Léopold Baillard, père de trois prêtres. » Le cimetière est petit autour de l'église, et, sous l'immense sycomore qui les ombrage, les morts, depuis 1836, ont dû faire place à de nouveaux venus. On n'a pu que m'indiquer sous la grande croix la place qu'occupait la pierre disparue. Mais au centre du village, j'ai retrouvé intacte la maison de famille, remarquable par ses caves profondes, où, sous la grande Révolution, fut recueilli plus d'un ecclésiastique pourchassé... C'est ici, c'est à Borville, c'est dans cet étroit sillon que l'on s'enfonce jusqu'aux racines des trois Baillard. Tous les détails que j'y ai recueillis nous rendent compte de leur génie vigoureux et bizarre, comme un petit sac de graines explique la moisson future.

Les trois frères Baillard sortirent d'une lignée profondément religieuse, à l'heure dramatique où la persécution exaltait cette religion héréditaire. Dans tous nos villages, on voit de ces familles dévouées au curé de la paroisse. Ce sont elles qui fournissent le sacristain et les enfants de chœur; les femmes y veillent à l'entretien des linges sacrés et des ornements sacerdotaux; elles décorent l'église aux approches des grandes fêtes, et si la servante du curé vient à manquer, elles font l'intérim. Les plus zélées de ces familles gardent une vague tradition de la dîme : les premiers fruits du jardin sont portés au presbytère, et chaque génération donne un de ses fils à l'Église. Viennent des temps difficiles, ces amis de la cure s'élèvent le plus simplement du monde aux vertus du sacrifice.

A la fin du dix-huitième siècle, les Baillard de Borville étaient une de ces familles quasi sacerdotales. Lors de la Révolution, ils cachèrent chez eux, au péril de leur vie, plusieurs prêtres réfractaires, et ce fut l'un de ceux-ci, un Tiercelin du couvent de Notre-Dame de Sion, qui baptisa secrètement, en 1796, leur premier-né, Léopold. « Cet enfant, déclara-t-il, s'élèvera par ses qualités au-dessus de ses concitoyens; il fera l'ornement et la consolation de sa famille, il sera l'honneur de sa patrie, *honos et decus patriæ*. » Et durant des mois, dans la demi-lueur des caves profondes où je suis descendu, il prodigua au fils de ces fidèles chrétiens les bénédictions et les prophéties que lui suggérait la reconnaissance. La santé du petit garçon donnait-elle des inquiétudes, il rassurait ses parents mieux que n'eût fait un médecin. « L'enfant de tant de prières, disait-il, ne peut pas périr. »

Les heureux époux recueillirent avec un religieux respect ces souhaits de bienvenue, et à mesure que Léopold grandissait au milieu de ses frères et sœurs, ils aimaient les lui rappeler pour l'encourager dans le chemin de la vertu. Le grand-père Baillard, plus encore, éveillait dans ces enfants une imagination héroïque. Souvent il les groupait autour de son établi de cordonnier, et leur racontait intarissablement les histoires locales et domestiques dont il avait été le héros :

— Voyez, petits, disait-il, c'est dans cette chambre où je vous parle qu'était l'église en ce temps-là. Quand le Tiercelin de Sion, revenant de quelque tournée dangereuse, rentrait chez nous à la nuit tombante, vite votre grand-mère disait à votre père : « Va, cours avertir les bons; la messe aura lieu sur le coup de minuit. » Les bons arrivaient l'un après l'autre en se glissant le long des maisons. Au coup de minuit, ils tombaient à genoux pour l'élévation, à la place même où vous êtes assis. Une nuit, les sans-culottes entrèrent ici par surprise et en armes. Votre grand-père était absent, et votre grand-mère avec vos parents n'eut que le temps de pousser le prêtre dans la cachette, au bout du jardin, et de courir dans les champs. Mais par malheur elle avait mal compté ses petites-filles et oublié votre tante Françoise, qui demeura seule pour tenir tête à ces bandits. L'un d'eux lui appliqua le canon de son fusil sur la gorge. « Tu n'oserais pas! » criat-elle, et le brigand se trouva désarmé. Mais ils brisèrent tout, burent, mangèrent, pillèrent et sortirent enfin en hurlant : « Vive la Liberté! Vive la Raison! » Car il faut vous dire que la Raison, c'était leur déesse.

Le bonhomme leur racontait encore l'installation de l'Arbre de la Liberté sur la place de l'église. C'était un beau peuplier, qu'on était allé chercher dans la prairie communale. Il fallait le baptiser :

— On prit un de vos parents malgré ses résistances. Les sans-culottes lui passèrent au côté l'écharpe tricolore et lui appliquèrent avec violence la tête contre le peuplier, tellement que le sang jaillit. Ce sang de chrétien, ils l'offrirent à leur déesse Raison, et soudain, pris de délire, se formèrent en rond, hommes, femmes et enfants, chantant, criant des couplets en l'honneur de leur déesse. Puis le curé assermenté (qu'il soit maudit, l'apostat !) vint asperger le peuplier d'eau soi-disant bénite. Et pendant ce temps, mes petits, que faisaient vos bons parents? Ils priaient et se tenaient la face contre terre, pour ne pas voir le loup-garou opérer ses profanations.

Des enfants conçus dans de telles émotions, formés de ce sang et bercés par des récits d'un si ferme caractère hagiographique, étaient prédestinés. Ils étaient le fruit d'une longue pensée sacerdotale, ils ne pouvaient avoir qu'un rêve, qu'une mission : Léopold Baillard entra au séminaire, ses deux frères l'y suivirent.

Léopold se distingua, au cours de ses études, par l'âpreté avec laquelle il soutenait les opinions philosophiques et théologiques qu'il avait une fois adoptées. D'ailleurs bon latiniste et grand amateur de beau langage. Moins brillant, François se faisait peut-être plus aimer. Ses condisciples s'amusaient, dans les récréations, à former le cercle autour de lui, pour l'entendre déclamer d'une voix très forte et très souple le célèbre exorde du Père Bridaine : « A la vue d'un auditoire aussi nouveau pour moi... » Quant au jeune Quirin, leur cadet, c'était une figure pointue, rapide à argumenter. Il offrait sous la soutane un singulier mélange de fantassin et d'avocat de justice de paix. Est-il besoin de dire qu'aucune objection ne se forma jamais dans l'esprit de ces jeunes clercs? Ce qu'on leur enseignait rassemblait en corps de doctrine les sentiments profonds et les bribes d'idées sur lesquels vivaient, depuis toujours, leurs familles. Le monde et l'histoire leur étaient clairs. Ils savaient comment l'univers a commencé et comment il finira; ils savaient aussi que leur double existence, temporelle et éternelle, allait être assurée dans les œuvres de l'Église. D'ailleurs, pour avoir la soutane, ils n'en gardaient pas moins, de corps et d'esprit, les mœurs de leurs camarades en blouse. Tout brillants de jeunesse, de santé physique et morale, ils demeuraient les frères de ces robustes garçons de ferme que l'on voit, le dimanche, devant l'église sur la place. Ils étaient la fleur du canton, trois bonnes fleurs campagnardes, sans étrangeté, sans grand parfum ni rareté, mettons trois fleurs de pomme de terre.

Quelles vacances charmantes on passait dans la vieille maison de Borville! Comme ils étaient contents, le père et la mère Baillard, à l'arrivée de leurs abbés! La table se couvrait de quiches, de tourtes à la viande, de tartes de mirabelles, de fruits de toutes sortes et du bon vin récolté dans la vigne paternelle, sur le coteau de Vahé. Au dessert, les abbés, à l'émerveillement de leurs plus jeunes frères et sœurs, chantaient quelques couplets sur le bonheur des vacances ou quelque cantique, car tous les trois, et surtout Léopold, étaient sensibles à la beauté des voix.

Souvent des camarades du séminaire et des prêtres du voisinage venaient prendre leur part de ces minutes heureuses. Mais le plus beau jour, ce fut quand Mgr de Forbin-Janson, en tournée de confirmation, voulut s'asseoir à la table d'une famille si recommandable. Mme Baillard avait fait toilette. « Ah! dit Sa Grandeur

29

agréablement, la mère Baillard a mis sa robe de soie gorge-de-pigeon. »

Dans cette journée, qui marque peut-être le plus haut moment de cette famille cléricale, nul des Baillard ne sentit la condescendance du grand seigneur chez l'évêque, pas plus que celui-ci ne soupçonna les charbons cachés sous la cendre et qui échauffaient l'âme de ces serviteurs obscurs. Il ne vit pas les deux faces de l'orgueil des Baillard : orgueil devant tout le pays d'être reconnus par les autorités hiérarchiques comme des soutiens de la religion, et orgueil devant ces autorités d'être la profonde Lorraine catholique. Ces paysans ne doutent pas d'avoir servi l'Église sur leur sol, mieux que n'a fait aucun de ces grands dignitaires qui se succèdent au siège épiscopal de Nancy. Ils sont fiers de recevoir le noble prélat, ils l'entourent d'un profond respect, mais ils connaissent leurs propres actions et saluent dans Sa Grandeur un effet de leurs sacrifices.

Ces sacrifices, Léopold, François, Quirin sont prêts, indifféremment, à les renouveler ou bien à en récolter le fruit. Tout ensemble paysans, prêtres et soldats, ils s'avancent pour conquérir dans les armées du ciel, comme ils eussent fait dans les armées de l'Empereur, les grades, les titres, les dotations, la gloire. Fermes dans leur foi d'ailleurs, comme ils eussent été fermes au feu.

Au sortir du séminaire, à l'âge de vingt-quatre ans, Léopold fut nommé curé de la belle et importante paroisse de Flavigny-sur-Moselle. Il y arriva en 1821, tout impatient de se distinguer, d'autant que son journal le faisait participer aux fièvres du grand effort catholique auquel la Congrégation a donné son nom. Ce mouvement, qui fut ailleurs une politique, se présentait au jeune prêtre comme le sentiment le plus haut et le plus vrai, comme une réparation due à des convictions proscrites, à des œuvres persécutées, à des ruines sacrées par le malheur. Du premier regard, il s'avisa qu'un monastère de Bénédictines avait existé sur ce bord de la Moselle, avant la Révolution. Ce lui fut une indication de la Providence.

L'imagination de Léopold était maigre, sans génie, je veux dire incapable d'invention, mais d'une force prenante extraordinaire. Qu'on lui fournît un point de départ à son gré, il n'en démordait plus. Il se tenait sur l'idée qu'il avait une fois faite sienne avec cette application obstinée, minutieuse et si souvent bizarre que l'on voit chez les dessinateurs lorrains. Quand il fut parvenu, à force de démarches, à repeupler de Bénédictines l'ancienne maison de Flavigny, qui devint rapidement par ses soins le plus prospère pensionnat de jeunes filles, il se plongea, pour être digne de diriger ces dames, dans l'étude des maîtres de la vie mystique et des fondateurs d'ordres. Et nul d'eux ne lui plut autant que le grand saint de la Lorraine, l'émule de saint François de Sales, le précurseur de saint Vincent de Paul, bref, le Bienheureux Pierre Fourrier de Mattaincourt, le Bon Père, comme on l'appelait. Il s'enthousiasma pour ce beau génie pratique, d'une imagination inépuisable dans le bien, qui fonda les douces filles congréganistes, dont les phalanges, blanches et bleues de ciel, donnent encore aux villages lorrains tant de caractère, qui organisa l'enseignement primaire et jeta le germe des sociétés de secours mutuels ; il fraternisa avec le grand patriote lorrain, capable de mettre en échec Richelieu ; enfin le thaumaturge l'éblouit.

Léopold Baillard, à Flavigny, fait peut-être sourire, quand, le cerveau en feu, il se penche sur l'histoire du Bon Père. Il rappelle don Quichotte qui, dans son village désolé de Castille, s'enflamme en lisant les romans de chevalerie et se propose d'égaler Amadis

31

de Gaule. N'empêche qu'un jeune prêtre de vingt-cinq ans, qui emploie à se hausser vers un magnifique modèle d'esprit et de vertu l'émotion reçue d'une communauté de femmes dont il est le bienfaiteur, c'est une belle image du romantisme lorrain.

A cette époque, les ducs que l'on avait tant aimés ayant disparu à l'horizon, et les primes superbes que l'Empereur donnait au courage heureux n'étant plus disponibles, la nation lorraine, diminuée par les malheurs répétés de la guerre et les désillusions de sacrifices sans gloire, commençait à se déshabituer du sentiment de la grandeur. Ce jeune paysan échappe à cette médiocrité. Il a résolu d'aider Dieu en Lorraine. Il croit qu'il n'y a rien au monde de plus important que de rouvrir sur sa terre les fontaines de la vie spirituelle. Dans sa pensée, l'idéal et le réel s'emmêlent de la manière la plus vraie, et je ne me choque pas de voir, un peu à l'arrière-plan, mais très nette dans son esprit de paysan, cette seconde idée que les fondateurs ont de plein droit le gouvernement des couvents et des pèlerinages qu'ils établissent.

A quelques lieues de Flavigny, dans Mattaincourt, achevait de s'écrouler la vieille maison du père Fourrier et de sa glorieuse compagne, la mère Allix. Léopold jugea qu'il était de son plus élémentaire devoir de ne pas laisser sans gloire le sanctuaire de son grand patron. Il racheta ces pierres délaissées, les réédifia sur un plan plus vaste, puis se mit en campagne pour retrouver quelques filles de la Congrégation de Notre-Dame. Tâche malaisée, qu'il lui fut donné de mener à bien. Dans ces murs neufs, il eut la chance de ramener un essaim.

De toutes parts, un murmure flatteur entourait, enorgueillissait le jeune curé de Flavigny et ses deux frères, qui, chargés chacun de paroisses dans son voisinage, trouvaient le temps de l'assister. Cependant Léopold pressentait qu'il n'avait pas rempli toute sa destinée. Au milieu de ses réussites, il prêtait une oreille attentive aux érudits de Nancy, à tout un petit groupe d'esprits curieux qui se consolaient de vivre sous l'influence de Paris (et de l'esprit du dix-huitième siècle) en construisant une philosophie de l'histoire lorraine. Notre nation, disaient-ils, a toujours rempli dans le monde un rôle bien supérieur à l'importance de son territoire. Elle avait une mission. C'est sous le commandement d'un prince lorrain, Godefroy de Bouillon, que les croisades ont commencé; c'est sous le commandement d'un duc de Lorraine, Charles V, qu'elles ont fini. Et comme nous avons arrêté l'Islam, nous avons servi de rempart, avec le duc Antoine et les Guise, contre les protestants. Ces lotharingistes s'exprimaient ainsi en haine du rationalisme, qu'ils accusaient de substituer au culte chrétien de la justice l'idolâtrie de la force et du succès. Léopold fit siennes leurs thèses. Il commença de vaticiner que la Lorraine n'avait pas épuisé sa destinée et que cette héroïque racine allait rejeter une pousse. Chaque fois qu'il passait sous la colline de Sion, il ne manquait pas d'y monter pour solliciter les inspirations de la Vierge protectrice de la Lorraine. Un jour de l'année 1837, l'abandon où gémissait ce lieu sacré le frappa au cœur; il contempla ce repos, cette patience, cette longue songerie de la colline et jura d'en faire sortir une pensée armée, agissante, et conquérante; de grandes ombres lui parlèrent et lui définirent avec une force divine quelle œuvre souveraine lui était ici réservée.

Il se mit aussitôt en campagne, trouva de l'argent ou plutôt du crédit, et, dans l'année même, acheta les divers lots de terre et de bâtiments qui jadis avaient composé le domaine du pèlerinage. Saint domaine!

Territoire de la Vierge! Quand ce haut royaume fut entre ses mains, il sentit avec violence qu'il avait été à l'étroit, comme un aigle dans une cage, dans ses premières fondations et qu'il trouvait enfin l'air et l'espace que sa nature exigeait. *Hinc libertas*, s'écria-t-il, reprenant sur le sommet de Sion la devise des Guises. « C'est d'ici que part, que partira la liberté. » Et désormais pour lui, il ne s'agira plus de relever simplement des abris de la contemplation, il veut construire des ateliers spirituels où reformer une milice catholique, où façonner pour tous les ordres de l'activité pratique des travailleurs religieux. Il va peupler le monde avec des Lorrains qui seront le ferment de Dieu. C'est un conservatoire du vieil esprit austrasien qu'il veut créer sur la colline sainte, d'où partira une croisade continuelle pour la vraie science contre le rationalisme.

Rien n'arrête cet étonnant improvisateur, rien ne l'inquiète. Il n'admet pas que la plante lorraine ait pu dégénérer et devenir impropre à faire quelque chose de grand. Il ne lui vient pas à l'esprit d'examiner s'il reste dans nos campagnes beaucoup d'exemplaires du puissant type lorrain, large d'épaules, haut de stature, épanoui de visage et de propos, bizarre, audacieux, qui fournit à toutes les armées de l'Europe de si beaux hommes d'armes. Il va de l'avant, comme si l'esprit de cette terre était une essence d'une nature absolument indestructible et qui continuât toujours d'agir. C'est qu'il est animé, en vérité, ce fils de cultivateurs, par un mobile bien autrement vrai et puissant que la philosophie historique dont il parle le langage. Plus qu'un noble goût intellectuel, sa passion pour les lieux saints est une concupiscence paysanne de posséder la terre. Léopold, de toute bonne foi, prêche le sublime et veut transfigurer la nature, mais le positivisme villageois, sous les traits de François et de Quirin, trouve accès dans ses conseils. De là d'ailleurs le réel succès de leurs entreprises : ils y apportent des qualités de terriens, une expérience, une aptitude. Les trois frères élèvent des bâtiments, recrutent des novices et des religieux, des bons frères et des bonnes sœurs, pour la gloire de la Croix et pour la renaissance de la Lorraine, — comme simples cultivateurs ils eussent construit des métairies et engagé des valets ou des filles de ferme.

Vers 1840, sous l'étiquette d'*Institut des Frères de Notre-Dame de Sion-Vaudémont*, la sainte montagne, grâce à l'impulsion des messieurs Baillard, présentait l'image d'une ruche active et industrieuse, où la prière et le travail se succédaient avec bonheur. Beaux bâtiments conventuels, jardins vastes et bien entretenus, ferme modèle au village de Saxon, pensionnat de jeunes gens, grands ateliers pour menuisiers, maréchaux ferrants, charrons, peintres et sculpteurs, tailleurs de pierre, tailleurs d'habits, maçons, fabricants de bas au métier, et même une petite librairie pour la propagande des bons livres. Aux jours de fêtes, de belles cérémonies, des prédications émouvantes, des chants et de la musique attiraient de toutes parts les fidèles éblouis autant qu'édifiés. Et pour couronner la visite de Sion, une surprise charmante était réservée aux plus distingués des pèlerins. Jamais les prêtres ou les laïques considérables qui avaient suivi les pieux offices ne s'en seraient retournés sans être descendus à Saxon. Là, dans la paix profonde du village enfoui au milieu de ses vergers, à l'intérieur de la courbe et pour ainsi dire dans le sein de la colline, ils trouvaient les religieuses, assises sur des bancs à l'ombre de leur couvent. Elles formaient un petit jardin virginal. C'étaient les sœurs quêteuses, celles du moins qui, pour l'instant, se reposaient entre deux voyages.

Ainsi dans les créations de ces messieurs, il y avait

de quoi émouvoir toutes les sortes d'imagination. A cette époque, en Lorraine, les souvenirs d'une indépendance proche et glorieuse étaient encore vifs. Les sentiments qui transportaient Léopold trouvaient de l'écho, sinon dans le haut personnel ecclésiastique, du moins dans le petit clergé, issu tout entier des familles rurales les plus attachées à la tradition. Ceux que laissaient insensibles ces grandes vues patriotiques et religieuses admiraient les Baillard pour leur prospérité éclatante et rapide. Les trois frères faisaient de l'or. C'est la plus belle chose en tous lieux. Quand les gens montaient sur la colline, en septembre, pour les fêtes de la nativité de la Vierge, et que la superbe procession déployait son cortège, ils se montraient les sœurs quêteuses et disaient : « Voilà celles qui rapportent des mille et des mille... » Pourtant les paysans voyaient avec inquiétude cet homme étrange, déjà accablé de charges, toujours tirer des traites sur l'avenir. Bien souvent, au retour de Sion, les plus sages répétaient le mot du père Baillard à son lit de mort : « Mon fils, tu veux trop en faire. »

Juste prudence villageoise. Mais chacun meurt de son génie. Napoléon veut toujours vaincre. Dans les forêts des Vosges et sur les sommets qui séparent la Lorraine de l'Alsace, règne, depuis des siècles, le monastère qui garde les reliques de sainte Odile. Ce haut lieu protège l'Alsace, comme la colline de Sion la Lorraine. Pour cinquante mille francs Léopold l'achète. Il prend possession du grand couvent, de l'église, des chapelles, de l'hôtellerie, des écuries, d'une quantité de terres et de prés, d'une admirable forêt et des reliques. Et dans ce domaine princier il installe son jeune frère Quirin.

Voilà tout le pays d'entre-Rhin et Meuse sous l'influence de Léopold Baillard. C'est le grand Austrasien, le dernier des ducs de Lorraine. Les trois frères se font connaître dans tout l'univers, on peut dire. Infatigables et persuasifs, ils parcourent la France, le Luxembourg, la Belgique, l'Angleterre en célébrant les services que l'*Institut des Frères de Notre-Dame de Sion-Vaudémont* est appelé à rendre au monde entier. Le cadet Quirin s'en va en Amérique solliciter les Yankees, et Léopold pénètre jusqu'à la Burg impériale de Vienne. Il y obtint une audience et des subsides. Quelle belle image quand Léopold Baillard apparaît au pied du trône des Habsbourg-Lorraine et qu'il s'adresse, comme à son suzerain, au petit-fils des comtes de Vaudémont! Lui, le chef spirituel de la sainte colline, il fait appel au chef temporel. Démarche pleine de cœur et d'une imagination magnifique!

Les Baillard eussent été invincibles s'ils s'étaient fait une idée du monde moderne. Ils l'ignoraient totalement. Léopold ne tenait compte des gens qu'autant qu'ils méritaient de prendre place dans le coin d'un vitrail ou d'un tableau en attitude de donateurs. Il parcourait le monde sans rien y remarquer que ce qui aurait pu, tant bien que mal, figurer dans une biographie du Père Fourrier. Ils ne virent pas se former contre eux une terrible coalition de leurs supérieurs hiérarchiques avec les libéraux.

La libre pensée devait détester ces œuvres où le particularisme lorrain s'alliait étroitement à l'idée catholique et qui formaient, à bien voir, des citadelles contre le rationalisme. Quant à l'évêque concordataire, pouvait-il goûter beaucoup cette religion locale? Il y devinait des mouvements d'illuminisme, un fond trouble, qui apparut quand ce singulier Léopold se crut favorisé d'un miracle en la personne de sœur Thérèse Thiriet.

Les religieuses de Saxon, nous l'avons dit, étaient

dévouées corps et âme à Léopold Baillard. C'étaient des jeunes paysannes du pays, qu'il avait d'abord placées auprès des religieuses de Mattaincourt. Mais ces dames trouvèrent ces simples filles bien grossières et les traitèrent en servantes. Léopold voyant qu'elles n'étaient pas heureuses les fit revenir, les organisa près de lui en petite communauté, composa pour elles un règlement et les employa pour ses quêtes. Elles lui vouèrent une grande reconnaissance et reportèrent à lui seul toutes leurs pensées. Leur métier même les y invitait. N'avaient-elles pas à faire son éloge tout le jour? N'était-ce pas entre ses mains qu'elles apportaient l'argent, et de sa bouche qu'elles attendaient une approbation? Entre elles régnait une constante émulation pour lui plaire. Et tout cela avait produit des personnes tout à fait rares, mais qui n'avaient en définitive pour règle certaine que la seule volonté de Léopold. À leur tête marchait la sœur Thérèse. Active, intelligente et gracieuse, cette religieuse exceptionnelle avait fait le succès de Notre-Dame de Sion à travers toute l'Europe. Léopold, qui vivait les yeux fixés sur la biographie des saints, se figurait qu'elle tenait auprès de lui le rôle admirable qu'a joué la mère Allix aux côtés de Pierre Fourrier. De fait, elle était le grand instrument financier de son œuvre. Or il advint qu'elle tomba malade, et durant plusieurs mois ne put bouger de son lit. L'argent se faisait rare. Dans cette extrémité, Léopold ne put résister à l'attrait du surnaturel, et considérant que la malade avait tant fait pour Notre-Dame que celle-ci pouvait bien le lui rendre, il la fit porter devant la statue miraculeuse. O merveille! Aussitôt déposée dans le chœur de la chapelle, la religieuse se leva et se mit à marcher.

L'évêque de Nancy ne voulut pas ordonner une enquête sur ce miracle, et le médecin de Vézelise refusa un certificat à la malade. Cet accord de l'Église et de la libre pensée contre les Baillard était grave, mais eux, sans prendre souci des nuages qui s'amassaient des deux côtés de l'horizon, poussaient toujours de l'avant et se livraient à un désir immodéré d'élévation.

Léopold Baillard avait l'âme très haute; le choix des œuvres auxquelles il s'appliqua est à cet égard tout à fait révélateur. Mais pour réaliser nos desseins les plus purs, nous sommes bien obligés de recourir à des moyens humains qui peuvent être détestables. J'ai tenu dans mes mains les comptes des Baillard; on y assiste, jour par jour et morceau par morceau, à la constitution de chacun des beaux domaines où ils satisfaisaient tout ensemble leur instinct de paysan pour la terre et leur sentiment de l'idéal. C'est à la fois admirable et bien fâcheux. Rien de plus inquiétant que certaines pages de ces registres où l'on voit l'audace spéciale de ces messieurs, et comment des messes qui leur étaient payées trois francs, ils les revendaient, les faisaient dire pour dix sous.

L'évêque, inquiet des bruits qui couraient sur les folles dépenses, les charges et les expédients des trois prêtres, voulut s'immiscer dans leurs affaires. Ils se crurent atteints dans leur honneur sacerdotal et dans leurs intérêts vitaux. L'Institut qu'ils présidaient, n'était-ce donc pas leur création? La Vierge ne leur avait-elle pas donné des témoignages directs de sa complaisance? Ils ne voulaient rien savoir de plus. Tout aussi bien qu'ils eussent été incapables de se dégager des conceptions qui dominaient avant Descartes et d'expliquer les problèmes de la vie autrement que par une perpétuelle intervention divine, ils étaient incapables de comprendre la prudence d'un chef ecclésiastique qui ne veut pas que de bonnes intentions deviennent un sujet de scandale. Cette grande parole que l'évêque laissa un jour échapper : « J'aimerais mieux que Léopold fût un mauvais prêtre », ils ne pouvaient pas se l'expliquer. Ils ne sentaient ni la nécessité, ni la beauté de la discipline. Sans l'avouer, sans le savoir peut-être, ils se tenaient pour des forces autochtones et rejetaient la hiérarchie. Il y a là un cas saisissant d'individualisme religieux et xénophobe. Léopold Baillard, seigneur de Flavigny, Mattaincourt, Sainte-Odile et Sion, c'est un féodal qui a conquis sa terre et qui fait tête à son suzerain. Dix ans, ils menèrent la lutte, une triple lutte, à la fois contre la libre pensée, contre la hiérarchie ecclésiastique et contre leurs créanciers. L'évêque dut les contraindre, chapitre par chapitre, leur demandant d'abord un compte des aumônes qu'ils avaient recueillies, puis une déclaration que tous leurs acquêts appartenaient à la congrégation, puis l'engagement de lui soumettre leurs livres chaque année, enfin la promesse de ne plus rien acheter sans autorisation. Autant de persécutions que le ciel, jugeaient-ils, permettait pour les éprouver, et auxquelles ils répondirent avec un génie d'hommes d'affaires endettés. Ils firent sur tous leurs domaines une défense de thaumaturges et de clercs d'avoué. Une position perdue, ils en dressaient une autre. A suivre toute la série que j'ai pu reconstituer, et Dieu sait qu'elle est variée ! des brochures d'attaque et de défense qui intéressent ce drame de leur ruine, on se trouve au milieu de sentiments que l'on croirait éteints depuis deux ou trois siècles, et au milieu d'affaires de banque, de négoce et de chicane qu'un avoué seul pourrait bien comprendre. On se perd dans ce maquis de mémoires et de répliques, d'apologies et de libelles. Mais on y voit de très loin la faillite s'approcher à pas sûrs. Une dépense inouïe d'efforts, les plus longs voyages et de folles inventions ne purent que la retarder.

L'interdiction de faire des quêtes mit les Baillard dans l'impossibilité de soutenir, au jour le jour, leurs frais immenses et de remplir leurs engagements pour tous ces domaines achetés à crédit. Les créanciers assiégèrent leur porte, les contraignirent à des ventes désastreuses. Le domaine de Sainte-Odile, la ferme de Saxon, les terres de Sion furent mis aux enchères. Ces grands biens, que l'on estimait trois cent cinquante mille francs, ne firent pas cent vingt mille, parce que les événements de 1848 venaient de déprécier les terres et surtout les biens conventuels. Dans cette débâcle, le patrimoine des Baillard disparut. Et par surcroît, leur honneur de prêtre ne demeura pas intact. En effet, sur l'affiche de vente des biens de Sainte-Odile, au scandale universel, on put voir, entre le cheptel et les bâtiments des granges, les reliques de la sainte patronne de l'Alsace livrées à l'encan.

C'est l'Église elle-même qui jugea nécessaire de venir donner à son champion Léopold le coup de mort. Il subit un dur traitement, un traitement injuste si l'on regarde ses états de service, mais qu'il fallait qu'on lui appliquât pour protéger un plus vaste ensemble. Dans le moment où se consommait la ruine matérielle de Léopold Baillard, l'évêque lui enleva son titre de Supérieur général de la Congrégation des Frères de Sion-Vaudémont, et fit connaître aux religieux du couvent qu'ils eussent à descendre immédiatement de la sainte colline.

Quel naufrage! A cinquante ans, à l'âge normal des récoltes, le fondateur de Flavigny, de Mattaincourt, de Sainte-Odile, le Supérieur des Frères de Sion-Vaudémont n'est plus rien que le curé de la toute petite paroisse de Saxon, où l'assistent ses deux cadets François et Quirin. De leur temporel, de tout ce qu'ils ont construit avec tant de peine, à la sueur de leur front et au prix même de leur patrimoine, c'est tout juste si les trois frères peuvent, sous le prête-nom de quelques pauvres sœurs demeurées fidèles, sauver le couvent de Sion pour leur servir d'abri. De leur spirituel, rien ne leur reste que le droit de dire la messe, et voici que l'évêque, pour en finir, va le leur arracher et déjà lève la main...

Léopold s'attarde au lieu de se courber. Il cherche à retenir ses sujets, tous ces frères et toutes ces sœurs qui fuient sa ruine, qui glissent sur les pentes de Sion, qui s'envolent comme des feuilles d'automne. Voilà qu'il veut solliciter du peuple cette désignation, ce droit mystique que ses chefs lui retirent. En 1848, il se présente à la députation. Qu'il soit l'élu de la nation lorraine, ses forces matérielles et morales seront radoubées, sa mission consacrée. Il échoue... Alors, à bout de souffle et vraiment aux abois, les trois frères se jettent aux pieds de leur évêque.

Le prélat vainqueur entonne l'*Alleluia*. Il proclame la bonne nouvelle. Il pardonnera. Il daigne relever de toutes censures ces trois enfants prodigues, mais pour retremper leurs esprits, pour les laver de la poussière du siècle, selon un usage constant à l'issue de ces grandes crises, il leur ordonne, en juillet 1850, d'aller faire une retraite à la chartreuse de Bosserville. Il plonge ces âmes brûlantes dans la tranquillité du cloître comme un fer rouge dans l'eau froide.

Ainsi finit la vie publique des trois frères Baillard. C'est à partir de ce moment que s'installe sur eux ce silence hostile, ce mystère qui m'avait tant frappé quand j'entendis, pour les premières fois, prononcer à voix basse leurs noms. Suivons-les, entrons sur cette arrière-scène de plus en plus obscurcie, où quelques rares témoins les ont vus prolonger des vies de plus en plus singulières.

CHAPITRE III

La chartreuse de Bosserville

L<small>A</small> chartreuse de Bosserville est un des plus nobles monuments qui décorent la Lorraine. Dressée non loin de Nancy, sur des terrasses auprès de la Meurthe, elle réalise l'idée d'une belle solitude monastique, mais d'une solitude où rien n'est farouche. La rivière qui la baigne entraîne naturellement l'âme à la rêverie, tandis que la dignité de son bâtiment et son vaste domaine de bois invitent au recueillement. Rien n'égale la douceur et la majesté nue de ses cloîtres, le Grand Cloître et celui, plus petit, qui sert de cimetière. Ce dernier n'est qu'un gazon où de légers renflements sont plantés d'une trentaine de croix en bois noir, sans aucune inscription. Les Pères y viennent prendre, à certains jours, une courte récréation où il est permis de causer, et c'est pourquoi ce petit cloître s'appelle encore le Colloque.

En invitant les Baillard à se rendre dans ce vénérable séjour, l'évêque se trouvait avoir choisi, avec la sagesse d'un vrai prélat, l'abri qui pouvait le mieux convenir à la convalescence de volontés épuisées. La retraite devait durer trente jours, qui furent en effet, pour François et pour Quirin, le temps de repos dont ils avaient besoin après une tension douloureuse de tant d'années. Ce repos, ils le prennent avec l'insouciance de bons soldats, heureux de penser à autre chose qu'à leurs ennuis. Quirin a trouvé son asile dans la vieille bibliothèque. Toujours préoccupé des grandes savanes de l'Ouest américain, où il a passé plusieurs années et qui lui ont appris qu'un point d'eau est un trésor, il a demandé au Père bibliothécaire l'ouvrage de l'abbé Paramelle concernant la recherche des sources, et l'ayant lu il déclare :

— La fortune de Saxon est là.

Le bon François, lui, s'adonne aux travaux manuels de la maison avec les frères convers, auprès de qui, très vite, sa simplicité cordiale et rustique conquiert une petite popularité. Voyez-le dans la cuisine qui répare le grand tournebroche actionné par un petit personnage en costume de moine. Le Frère cuisinier a négligé cette plaisante mécanique.

— A quoi bon? dit-il, il n'y a ici que les malades qui mangent de la viande, et les Pères ne sont jamais malades. L'air est si pur!

— Mais quand vous avez des hôtes?... réplique François. Et puis moi — et il riait de son franc rire — je ne suis pas chartreux!

Après des déboires qui les avaient atteints physiquement, les deux cadets se refaisaient dans cette bienfaisante monotonie du cloître, comme des surmenés dans une cure de repos. Quant à leur aîné, il est d'une autre essence; il a passé ces quelques semaines dans sa chambre à se laisser glisser au plus profond de la détresse. C'est un soir d'enterrement, quand l'orphelin se retrouve seul. Sous le silence prodigieux du couvent, il est comme un malade qui, la nuit, à l'heure où les bruits de la rue se sont tus, perçoit les battements de son cœur. Des souvenirs, des idées, toujours les mêmes, lui tiennent compagnie, nets et pressants comme des fantômes, il voit la haute figure de Sion sur la colline, Sainte-Odile au milieu des bois et riche de ses prairies, Mattaincourt dans un fond, plus sévère, épaulé contre son église, et Flavigny rieuse au bord de la rivière. Non seulement il se rappelle ces beaux séjours, mais il se souvient des dispositions de son âme pendant le temps qu'il y passa. Il les revoit éclairés et colorés comme ils l'étaient dans les minutes les plus hautes de sa carrière d'apôtre, depuis le premier jour qu'il aborda ces grands sites jusqu'aux heures de la catastrophe. C'est un riche et douloureux trésor qu'il possède dans l'âme et dont il tire, pour se faire souffrir, une foule d'images admirables d'éclat. Ces lieux privilégiés lui semblent autant de violons, hier d'un chant magique, abandonnés sans voix sur la prairie. Tout se compose devant lui avec une intensité fiévreuse. Il entend, voit son passé comme une suite de strophes intenses et desséchées, de palmes rigides dans le désert, de pierres levées sur une lande. Ces visions forment autant d'arguments dont il presse, dont il assiège Dieu. « Je voulais de grandes et belles choses, pourquoi m'avoir abandonné, Seigneur ? »

Et ce cri de détresse poussé sans cesse par la voix intérieure donnait à sa bouche et à ses yeux une si farouche expression de tristesse que le Père préposé par le Prieur pour exercer auprès des Messieurs Baillard le devoir de l'hospitalité, le bon Père Magloire, — un aimable Tourangeau pourtant, très sociable, bon latiniste et que sa grande culture avait paru désigner comme plus capable qu'un autre de tenir compagnie au fameux Supérieur de Sion, — après vingt-huit jours, n'avait pas encore osé engager avec lui une vraie conversation.

Léopold approchait du terme de sa retraite, et ses obsessions allaient grandissant. Autour de Bosserville les grands vents tourmentent le ciel et balayent la Lorraine, dont le cœur sommeille. Au bout de la prairie, la petite ville de Saint-Nicolas couvre de fumée sa cathédrale déchue, que personne ne songe plus à plaindre; la rivière s'écoule indifférente et pressée; Nancy au couchant travaille, sans plus s'inquiéter de ce patriote sacrifié que des vieux Lorrains ensevelis dans les caveaux de la chapelle ducale. Et lui, pour se soustraire au torrent de ses visions trop nettes et trop fortes, pareilles à ces démons qui voltigent autour des religieux solitaires, il se réfugie dans les Saintes Écritures : il y allait chercher un alibi pour sa pensée. La nuit qui devait être l'avant-dernière de son séjour, il prit l'Ancien Testament, et l'ayant ouvert au hasard il lut : *Il y avait dans la terre d'Us un homme nommé Job; cet homme était intègre, droit, craignant Dieu et éloigné du mal. Il lui naquit sept fils et trois filles et il possédait sept mille brebis, trois mille chameaux, cinq cents paires de bœufs, cinq cents ânesses et de nombreux domestiques...*

Ces lignes éclatèrent en traits de feu sous ses yeux. Comme tous les détails du poème s'accordaient bien avec sa tragique aventure! Cet homme d'Us, c'était lui. Cette prospérité du plus opulent des Orientaux, ç'avait été la sienne; et poursuivant sa lecture il vit avec saisissement qu'il pouvait s'approprier tous les moments de ce poème éternel du juste persécuté. Comme Job, n'avait-il pas été riche, puis dénoncé, puis ruiné et enfin livré à la froide sagesse de ses collègues? N'était-ce pas de lui qu'il avait été murmuré à l'évêché avec un âpre sentiment de jalousie : *Vous avez béni l'œuvre de ses mains, et ses troupeaux se répandent de tous côtés sur la terre ?* Oui bien, les Sœurs et les Frères de Sion s'étaient répandus à tous les coins de l'horizon, mais Dieu avait sacrifié son serviteur en disant : *Je te livre tout ce qui lui appartient.* Et successivement tous les messagers du malheur étaient venus le trouver. Sa puissante imagination les mettait tous d'une manière sensible, quasi en chair et en os, devant ses yeux : rationalistes ricaneurs conduits par le médecin de Vézelise et le journaliste de Mirecourt, curés de la plaine qui s'éloignent le bras tendu et le regard détourné, créanciers qui montent en longue file la colline, parents des saintes filles de Sion qui viennent les arracher au bercail... et toujours, pour finir, la même pénible vision des Frères et des Sœurs descendant, pour ne plus jamais les remonter, les sentiers de la colline.

Ah! les amis de Job, les a-t-il assez connus, ces personnages qui se présentent avec des paroles de consolation et qui cachent là-dessous le sarcasme! Parmi tous ces curés qui jadis, les jours de fête, gravissaient les sentiers de Sion et venaient s'asseoir à sa table heureuse, combien s'en est-il trouvé pour lui rester fidèles et le défendre?

D'un nouvel élan, il s'enfonçait dans sa lecture et sa douleur : *Je proteste contre la violence, nul ne me répond; j'en appelle, nul ne me rend justice. Dieu m'a privé de ma gloire, il a enlevé la couronne de ma tête, il me démolit de toutes parts, il a arraché comme un arbre mon espérance.*

A ce moment une cloche tinta, elle appelait les Chartreux au grand office de nuit... Aussitôt, dans leurs petits logis, les Pères allument leurs lanternes, et chacun d'eux commence à réciter l'office de la Vierge. Ah! qu'Elle daigne protéger le curé de Sion et ses frères! Tandis que le pauvre Léopold s'enfièvre et envenime sa plaie, chaque cellule ressent sa détresse et prie en sa faveur le ciel...

La cloche tinte une seconde fois. A travers les cloîtres obscurs, le capuchon rabattu sur la tête, leur lanterne à la main, les moines gagnent la chapelle, que n'éclaire aucune lumière, sauf la veilleuse du Saint-Sacrement.

Les uns après les autres tous arrivent au chœur, révérends pères, profès en habits blancs, novices aux chapes noires. Ils se prosternent et s'étant relevés sonnent quelques coups de la cloche dont la corde pend auprès de l'autel, cloche au son merveilleux, la célèbre cloche d'argent des Chartreux.

Maintenant, rangés dans leurs stalles, les Pères ouvrent les gros antiphonaires et dirigent sur les pages notées la mince lumière de leurs lanternes. Les voix graves s'élèvent dans la nuit glaciale, sans qu'aucun orgue les soutienne. Le plain-chant loue, gémit, supplie. A l'heure où les ténèbres couvrent le monde, ces religieux veillent et prient pour réparer les crimes et tous les désordres nocturnes. Ils prient spécialement pour trois prêtres tourmentés qu'ils savent là, derrière eux, dans la tribune réservée aux étrangers.

Durant trois heures, nul mouvement ne troublera le cours majestueux de leurs intercessions, nul mouvement, sinon parfois toutes les lanternes qui s'éteignent ou se cachent, et la petite lampe du sanctuaire jetant seule ses vacillantes clartés dans le chœur où l'on distingue des fantômes blanchâtres. Grand drame immobile et par là d'autant plus émouvant, grand drame tout gonflé de volontés et de rêves d'une qualité héroïque. Il nous ramène sur nous-mêmes, nous convainc de mépriser toutes les puissances du dehors et de chercher le triomphe dans notre monde intérieur. Il célèbre en images violentes l'emprise de la volonté sur toutes les forces qui assiègent la conscience des meilleurs. En même temps il nous soumet à un ordre, nous dispense de chercher notre voie et nous introduit dans l'harmonie divine, comme chacune de ces notes se place dans ce concert à la louange de l'Éternel.

Léopold est debout entre ses deux frères demi-somnolents. Il ne laisse rien échapper de ce profond tableau, de ces couleurs de nuit et de feu. Cette psalmodie vient le chercher jusque sur les bords du désespoir et le ramène au combat. Ces proses dans ces ténèbres accourent le frapper et le soulever comme des vagues. Mais si elles l'excitent, elles ne le disciplinent pas. Il demeure fermé à ce qu'il y a de meilleur dans l'office surnaturel qui s'accomplit là sous ses yeux et qui tend à faire régner un ordre souverain sur les parties les plus indomptées de l'âme. Pas plus que la paix de Bosserville n'a refroidi son cœur, cette grande image de discipline monastique ne l'invite à baisser la tête. C'est le contraire qui arrive. Et sur cette imagination trop frémissante, cette incomparable mise en œuvre de tout ce qui peut agir sur l'âme religieuse n'a pour effet que d'éveiller en lui sa nature humaine la plus profonde, l'homme de désir qu'il a toujours été.

Cœur gonflé, angoisse, douleur irradiée jusqu'aux parties les plus mornes et les plus obscures de l'être, prodigieux empoisonnement des amoureux déçus et des ambitieux trahis par le sort! D'un coup de talon, du fond de l'abîme, Léopold veut remonter, retrouver l'air pur, l'espace libre, le vaste ciel, un nouveau destin, sa revanche. Léopold à cette minute, c'est le Mort dressé et sculpté par Ligier Richier pour servir d'affirmation héroïque à ceux qui, plutôt que d'abdiquer l'espérance, nient les lois de la vie. Comme le squelette de Bar-le-Duc qui ne se rend pas, qui rejette son suaire, qui en appelle à Dieu contre la destruction, qui tend vers le ciel son cœur intact et toujours vif, Léopold s'écrie : « Vois mon cœur incorrompu, Seigneur; juge-le, dis s'il mérite de vivre... »

A force de frapper, soutenu par l'enthousiasme et l'amour, à la porte de la compassion divine, Léopold l'allait voir s'ouvrir.

Est-ce l'aube déjà ou sa mémoire surexcitée qui

lui fait distinguer vaguement sur les murailles, dans leurs grands cadres, les portraits des saints fondateurs d'ordres? Ils sont là une dizaine : Ignace de Loyola, avec ses premiers compagnons; saint Romuald, le fondateur des Camaldules; saint Bernard, favorisé d'une vision de la Vierge; saint François d'Assise, instituteur des Frères Mineurs; saint Benoît au Mont-Cassin; saint Nicolas Albergate, chartreux, quand il reçoit le chapeau de cardinal; enfin saint Thomas d'Aquin, qui meurt dans l'abbaye de Fossa-Nova. Et parmi ces formes incertaines, celle que l'esprit de Léopold saisit pour ne plus s'en détacher, c'est l'image de sainte Roseline, des Religieuses Chartreusines, que le peintre a représentée vêtue de l'étole et du manipule, ornements réservés aux prêtres, mais que la prieure des Chartreusines a le privilège de porter deux fois, le jour de son installation et sur son lit mortuaire. Et cette image lui en rappelle une autre infiniment agréable à son esprit, plus précieuse que tout ce qu'il a laissé derrière lui, où il met toute sa confiance dans l'avenir, l'image de sœur Thérèse, la première de ses quêteuses, celle qui sur la colline fut favorisée d'un miracle.

Que d'injustes méfiances et de persécutions ces personnages vénérés n'ont-ils pas dû souffrir dans l'Église même et du fait de leurs supérieurs hiérarchiques! Mais pour eux comme pour Job, l'heure de la justice, un jour, a sonné. Et l'esprit de Léopold, ramené au texte biblique, se délecte du dernier verset.

Jehovah bénit les derniers temps de son serviteur plus encore que ses premiers temps, et il posséda quatorze mille brebis, six mille chameaux, mille paires de bœufs et mille ânesses. Et il eut sept fils et trois filles...

L'office a cessé, les religieux regagnent leurs petites maisons. Léopold dit à ses frères :

— Suivez-moi dans ma chambre.

Et la porte refermée sur eux trois, il commence de leur expliquer, par l'exemple de Job et du Bienheureux Pierre Fourrier, que Dieu ne les a abaissés que pour les éprouver :

— C'est un fait constant dans toutes les vies de saints, insiste-t-il, que la plus haute prospérité succède immédiatement aux pires catastrophes.

François et Quirin le regardent avec stupeur.

Ils sont en vérité très différents de leur aîné, ces deux frères. François représente assez bien un chevalier rustaud, ou plutôt un écuyer loyal et emporté, tout en mouvement, bon pour se dévouer, mais de petit jugement. Son gros visage enfantin et d'une confiance joyeuse inspire de la sympathie. Quirin est plus terre à terre. Tout ce qu'il y a de positif à l'ordinaire chez les Lorrains, et que la nature n'avait pas employé pour pétrir ses deux aînés, semble lui être resté pour compte et d'une manière excessive. Léopold était vraiment leur chef, et il l'eût été de bien d'autres. Il continuait de parler; son visage sec tremblait d'animation et ses yeux brillaient. Quand il se tut, Quirin, d'un ton tout laïque, qui faisait un contraste affreux avec les paroles inspirées de son aîné, déclara :

— C'est bon, c'est bon, nous parlerons de Job une autre fois...

Puis avec aigreur et clarté, comme eût pu le faire un avoué, il exposa qu'il ne leur restait absolument qu'une ressource, c'était d'abandonner la colline pour toujours.

— J'en mourrais, dit Léopold avec une expression admirable de vérité.

— Allons donc, s'écria Quirin, tu ne connais pas l'Amérique !

— Il faut relever Sion, reprit Léopold se parlant à lui-même.

51

Mais Quirin brutalement :

— Tu l'avais relevée, et c'est toi qui l'as détruite.

Et il se mit à récriminer.

François ne put en entendre davantage.

— Assez, Quirin! s'écria-t-il. Homme de peu de foi et de moins de mémoire! Pour que vous parliez ainsi, il faut que vous ayez le cœur bien peu élevé. Avez-vous donc oublié tout ce que notre frère a fait pour nous?

Léopold les écoutait, tous deux debout, et lui assis, ses larges mains aux ongles noirs étendues comme mortes sur sa soutane couverte de taches. A son habitude, son regard passait au-dessus de ses interlocuteurs, et au coin des lèvres, il avait un sourire inexplicable, un mince sourire orgueilleux et acquiesçant. Quand ils se turent, il les regarda avec cette autorité qui exerçait sur eux une sorte de fascination, et le feu secret qui semblait avoir desséché tout son être jetait des flammes par ses yeux.

— Toute maison divisée contre elle-même périra. Demeurons unis, et la colline nous sauvera. Ce qu'on nous a pris, c'est l'eau qui jaillit de la fontaine, mais la fontaine nous demeure. Ne suis-je pas toujours le chef du pèlerinage? N'avons-nous pas gardé les meilleurs instruments de Marie, la meilleure de nos quêteuses?...

Et là-dessus, il se mit à rappeler les voyages les plus productifs qu'avait faits Thérèse Thiriet et certain jour où elle avait écrit : « Notre-Dame nous protège, envoyez-moi votre ceinture à or. » Il racontait tout cela comme un pêcheur rappelle les beaux coups d'épervier qu'il a faits ou bien un chasseur ses battues, mais avec le pouvoir d'ouvrir, derrière les images prosaïques qu'il mettait au premier plan, de larges trouées de rêve.

Quirin l'observait avec des yeux où l'inquiétude se mêlait à un vague espoir. Il surveillait les mouvements de la pensée de son frère, comme il eût surveillé les coups de bêche d'un chercheur de trésors :

— Ah! oui, dit-il, les quêtes! Si nous avions toujours la ressource des quêtes! Mais Monseigneur nous les a défendues.

— Monseigneur! Monseigneur! reprit Léopold avec une violence soudaine, il ne peut pourtant pas nous barrer la voie que Dieu nous a tracée. Le ver de terre lui-même se remue quand on l'écrase. Nous avons fait plus que Monseigneur pour la Vierge, et s'il a pu tromper le ciel un instant, c'est Elle qui se chargera d'y défendre ses chevaliers. Mon frère, lisez dans les vies des saints toutes les épreuves qu'ils eurent à subir. Vous verrez qu'ils en rapportent toujours de magnifiques moissons. Pour moi, j'ai fait le ferme propos que jamais mon cœur ne sera coupable d'un péché contre l'espérance.

Mais le bon François, maintenant, bâillait sans respect pour les sublimités de Léopold :

— Ah! déclara-t-il ingénument, que j'avalerais volontiers une bonne tasse de café au lait!

Léopold les laissa partir. Il se mit au lit, souffla sa bougie et se réfugia vers Dieu. Du fond de sa détresse, il le supplia de lui envoyer un signe comme tant de fois les saints en avaient reçu, un signe auquel il reconnût qu'il ne s'était pas trompé et qu'il pouvait avoir confiance dans son cœur.

Telle était son exaltation et son idée toute simple des moyens de Dieu qu'il retourna son lit, de façon à surveiller la porte, car il était persuadé qu'un signe viendrait, et si la Vierge ou le Seigneur daignaient se déranger en personne, ils pouvaient entrer sans ouverture, mais s'ils déléguaient un messager, il voulait le voir dès le seuil. En même temps il ne cessait de répéter la lamentation du patriarche foudroyé : *Le*

Très-Haut m'a renversé dans la boue, je suis confondu avec la
poussière et la cendre. Je crie vers toi, ô Dieu, et tu ne
m'exauces pas.

Soudain, il sentit quelque chose entrer dans sa
chambre et s'arrêter auprès de son lit. Une sueur d'effroi
couvrit tout son corps, mais il ne pensa pas à lutter, ni
à appeler. Ce qu'il sentait là, près de lui, vivant et se
mouvant, c'était abstrait comme une idée et réel comme
une personne. Il ne percevait cette chose par aucun de
ses sens, et pourtant il en avait une communication
affreusement pénible. Les yeux fermés, sans un mouvement, il ressentait un déchirement douloureux et très
étendu dans tout son corps, et surtout dans la poitrine. Mais plus encore qu'une douleur, c'était une
horreur, quelque chose d'inexprimable, mais dont il
avait une perception directe, une connaissance aussi
certaine que d'une créature de chair et d'os. Et le plus
odieux, c'est que cette chose, il ne pouvait la fixer nulle
part. Elle ne restait jamais en place, ou plutôt elle était
partout à la fois, et s'il croyait par moments la tenir
sous son regard, dans quelque coin de la chambre,
elle se dérobait aussitôt pour apparaître à l'autre bout.

Deux minutes après que cette chose mystérieuse
était entrée, elle se retira; elle s'échappa avec une
rapidité presque instantanée à travers la porte fermée.

Léopold respira profondément. Il rouvrit les yeux
et ne vit rien autour de lui. La sensation horrible avait
disparu.

Au bout de quelques instants, il se leva et alla rejoindre ses frères.

Il les trouva qui dormaient.

Alors il revint dans sa chambre et se recoucha.
Mais à peine avait-il éteint qu'aussitôt la chose inexprimable se réinstalla près de lui, et accompagnée de la
même horrible sensation. Cette fois, il concentra toute

sa force mentale pour sommer cette chose de partir, si elle était du Diable, sinon de lui dire la parole de Dieu. Il ne reçut aucune réponse. Et comme elle avait déjà fait, la présence s'évanouit au bout d'un court temps. Mais cette fois, Léopold s'élança vivement à la porte et cria dans le couloir :

— Fais tout ce que tu voudras, émissaire de Dieu; tais-toi, dérobe-toi, mauvais serviteur; je saurai bien m'arranger pour que tu me rejoignes et sois obligé d'accomplir ton message.

Au moment où le petit jour parut, Léopold, affreusement déçu de n'avoir pas reçu le mot d'ordre qu'il implorait, quitta sa chambre et se mit à errer sous le Grand Cloître.

Les vingt-sept petites maisons abritées par de grands toits rouges, de l'effet le plus touchant, enfermaient la prairie d'arbres à fruits. La ligne simple des arceaux, le calme du verger, la lumière matinale composaient une douceur, un repos dont jouissaient, sans les troubler, quelques petits oiseaux sur les mirabelliers. Au milieu du clos, le puits symbolique signifiait l'abondance des grâces et de la charité. Mais tout ce bel ordre et cette paix ne pouvaient rien, à cette minute, sur le malheureux prêtre.

Le Père Magloire, que l'imminence du départ de Léopold ne laissait pas sans remords, et qui l'épiait malgré lui, entendit ce dur pas résonner sur les dalles. Il vint le rejoindre, et apprenant qu'il ne pouvait pas dormir, il lui offrit de faire un tour dans le domaine. Le bonhomme avait de la finesse, et très vite il sentit que son hôte traversait une crise plus aiguë. « Qui sait, songea-t-il, si ce n'est pas le dernier effort du Mauvais Esprit? C'est maintenant qu'il faut lui parler. » Mais il était timide, et son effort d'apostolat n'aboutit qu'à lui dire :

— Monsieur Baillard, je voudrais avoir votre avis sur nos nourrins.

Les nourrins ou petits cochons à l'engrais étaient les favoris de pas mal de Pères dans le couvent — affection toute désintéressée, puisque aucune viande ne paraissait jamais dans l'écuelle du Chartreux.

Léopold acquiesça, avec cet habituel sourire poli sous lequel il dissimulait la plus haute idée de soi-même, et selon sa coutume il passa de plain-pied, avec une parfaite aisance, de ses mysticités aux préoccupations les plus plates. Il se mit à marcher au côté du petit vieillard à la tête chauve et à l'œil doux, à peu près comme Napoléon Ier à côté du maire de l'île d'Elbe. Ils circulèrent dans la vaste clôture, le Père Magloire montrant les terres, les vignes, la houblonnière, le petit bois de chênes où les religieux ont dressé une grande croix. Ces riches dépendances, ces cultures si bien protégées par des murs, ce personnel nombreux rappelaient au déchu sa ferme de Saxon. Le bon Père Magloire sentait l'amertume de son compagnon, et il ne trouvait pas les mots nécessaires. Cependant comme ils approchaient de l'étable, il insinua :

— On a causé de vous, monsieur le Supérieur, dans toute la Lorraine.

L'autre répondit d'un coup de boutoir :

— Dans toute la Lorraine! Que dites-vous? Dans toute la France!... Mais il ne s'agit pas de moi, voyons vos nourrins.

Ils étaient arrivés en effet à la porcherie. Léopold regarda les bêtes sans bienveillance et dit durement :

— Je regrette que vos frères n'aient pas visité notre ferme de Saxon; ils y auraient vu des étables...

Cependant les nourrins, qui avaient reconnu le bon Père, se pressaient autour de lui en reniflant, et la joie qu'il en tirait l'empêchait d'enregistrer ces paroles désagréables. Mais Léopold insistait :

— Ces bêtes sont en mauvais état. On les nourrit mal. Pour faire venir à bien un nourrin, il faut lui donner du petit-lait. C'est ce que je faisais à Saxon. Les résultats de notre ferme modèle, avant que Monseigneur crût devoir intervenir, étaient de premier ordre. Mais vous, mes Pères, ne vous mêlez pas de l'élève du cochon, vous buvez le petit-lait !

Le Père Magloire ne put s'empêcher de marquer son mécontentement. Il répondit :

— Je ne doute pas que ces petites bêtes ne trouveraient du profit à suivre le régime que vous préconisez, mais pour nous, il nous serait difficile de renoncer à la simplicité de nos anciens Pères. Notre premier soin doit être de mettre en pratique ces paroles de la Sainte Écriture : « Mourons dans notre simplicité. »

Sur ces mots, il referma la porte de l'étable et s'excusa en disant à Léopold qu'il lui eût bien volontiers tenu compagnie davantage, mais qu'il fallait qu'il allât cultiver son petit jardin, et qu'il pensait que M. Baillard ne trouverait pas mauvais qu'il sacrifiât l'occasion de s'instruire sur le grand élevage à la nécessité de bêcher une petite plate-bande dont il avait la charge.

Comme le bon Père regagnait sa cellule, il rencontra le Père Abbé qui lui demanda où il allait et où il avait laissé le curé Baillard :

— Je l'ai laissé, dit-il, qui circule dans nos étables et qui trouve à blâmer partout, et j'ai pris congé de lui pour aller bêcher mon jardin, et aussi, je l'avoue, parce que ses dédains me blessent pour notre cher couvent.

— Vraiment, reprit le Père Abbé, je vous rappellerai ce que disait un jour saint François de Sales : vous vous entendez fort à la seule culture qui importe, celle des âmes! Vous aurez toujours assez de loisir pour tirer parti de votre jardin, mais ce pauvre M. Baillard ne fait que passer au milieu de nous, et il ne faut pas ajourner d'essayer de bien agir sur lui.

Le Père Magloire fit demi-tour et, du même pas, s'en fut à la recherche de Léopold. Il ne le trouva plus aux étables. Le frère porcher lui dit qu'il s'en était allé dans la direction du bois. Incontinent le Père Magloire se dirigea de ce côté; il traversa le potager, les prairies, et comme le discours de l'abbé avait évoqué en lui l'image du grand évêque de Genève, il se rappelait que le saint avait fait jadis un acte pareil. « Je suis donc un petit François de Sales aujourd'hui, pensait-il, et je puis dire, moi aussi : *Ecce elongavit fugiens et mansit in solitudine*. Voilà qu'il s'est éloigné en fuyant et qu'il est resté dans la solitude. » Il trouva Léopold qui se promenait dans la partie la plus mélancolique de la petite chênaie, et il lui dit tout bellement :

— Monsieur le Supérieur, je viens de rencontrer le Révérend Père Abbé qui m'a dit que j'avais fait une impertinence en vous laissant seul et que je ne manquerais pas de trouver, derrière ma cellule, mon jardin, autant de fois que je voudrais, mais que nous n'avions pas tous les jours le restaurateur de Sion, de Flavigny, de Mattaincourt et de Sainte-Odile. Je l'ai cru et je m'en viens tout droit vous prier d'excuser ma sottise, car je vous avoue que *ignorans feci*.

A ces mots, les traits contractés de Léopold Baillard s'attendrirent et deux larmes coulèrent de ses yeux. Sur ce visage de fiévreux apparut l'expression la plus touchante d'une tristesse en quête d'une consolation. Léopold, contraint de plier devant les représentants de Dieu, en appelait depuis vingt jours à Dieu même. Et soudain ces bonnes paroles, qui semblaient lui tomber du ciel, venaient fondre sa dureté. Toute trace d'orgueil disparut de sa figure pour ne plus laisser voir que cette face de son âme qui aspirait à l'amour. Le bon Père Magloire en fut ébloui, et devinant que toute explication blesserait un cœur si malade, il eut un geste plus humain que religieux, et lui serra simplement la main.

Tous deux se turent quelques minutes, puis comme ils rentraient dans la Chartreuse, Léopold la montrant d'un geste :

— Cette maison, mon Père, savez-vous comment elle a été construite? Par notre duc Charles IV, avec les pierres de nos forteresses lorraines, quand Richelieu nous contraignit à les détruire. Eh bien! moi aussi, on m'a ordonné de détruire de grandes forteresses lorraines que j'avais relevées de mes mains...

Et il les ouvrait toutes grandes, ajoutant :

— Comment voulez-vous que j'aie pu trouver la paix ici?

Jamais le bon Chartreux n'avait entendu de semblables paroles. Son imagination, déconcertée par un pareil rapprochement, se réfugia dans un humble conseil dont il ne pouvait pas soupçonner les redoutables conséquences.

— Votre retraite touche à sa fin, monsieur Baillard. Allez-vous rentrer tout droit à Saxon? A votre place, j'essayerais d'un petit voyage. Il ne faut pas, comme vous faites, écorcher votre plaie. Il n'est bruit dans les journaux que d'un homme extraordinaire, un certain Pierre Michel Vintras et de son *Œuvre de la Miséricorde*. Il passe pour un grand prophète. C'est du moins la qualité que lui attribue M. Madrolle, dont je vous prêterai les brochures et que j'appelle le Jérémie de la France. L'*Œuvre de la Miséricorde* serait l'accomplissement de la promesse faite aux hommes par le Sauveur de leur envoyer Élie pour rétablir et reconstituer toutes choses. Que valent ces idées? Là-dessus, je fais toutes réserves, car on dit que ce Vintras n'est pas tendre pour Nos Seigneurs les Évêques. Mais enfin, il donne un beau et grand rôle au cœur. Intelligent comme vous l'êtes, vous devriez aller voir.

Léopold ne répondit rien. Il s'enfonça dans une immense rêverie. Le mot générateur de toute une nouvelle vie venait d'être prononcé.

Quelques jours plus tard, la retraite des trois frères Baillard atteignit à sa fin, et le temps arriva pour eux de rejoindre leur poste sur la colline de Sion. Mais Léopold, sitôt les portes de la Chartreuse ouvertes, tourna le dos à la Lorraine pour s'en aller d'un vol rapide tout droit sur Tilly, auprès de Vintras. La lecture de l'ouvrage de M. Madrolle, *Le voile levé sur le système du monde*, venait de l'exciter prodigieusement, et comme le lui avait conseillé l'imprudent Père Magloire, il allait voir, laissant à ses deux frères le soin de gouverner en son absence sa paroisse de Saxon et le pèlerinage.

CHAPITRE IV

Ipse est Elias qui venturus est

ARRIÈRE ces yeux médiocres qui ne savent rien voir, qui décolorent et rabaissent tous les spectacles, qui refusent de reconnaître sous les formes du jour les types éternels et, sous une redingote ou bien une soutane, Simon le magicien et le sorcier moyenâgeux! Ils amoindriraient l'intérêt de la vie. Qu'est-ce donc, disent-ils avec dédain, que ce Vintras, cet enfant naturel, élevé par charité à l'hôpital de Bayeux, successivement commis libraire à Paris, ouvrier tailleur à Gif et à Chevreuse, marchand forain, domestique chez des Anglais à Lion-sur-Mer, commis chez un marchand de vins à Bayeux, puis en dernier lieu associé à la direction d'une petite fabrique de carton à Tilly-sur-Seulles, et qui reçoit un beau jour la visite de l'archange saint Michel! Cela ne mérite pas de retenir une minute notre attention. Un mauvais drôle de trente-quatre ans, dont toute la science se borne à la lecture, à l'écriture et au calcul, à qui l'Archange, sous la forme d'un beau vieillard, vient annoncer que le Ciel lui confie une mission, qui prétend réformer l'Église, qui se dit le prophète Élie réincarné! Laissez-nous rire de pitié. Certainement nous sommes en présence d'un aliéné doublé d'un escroc... Soit! Va pour escroc et aliéné, mais pourtant autour de ce Vintras des gens s'amassent. Ils disent : *Ipse est Elias qui venturus est;* voici le prophète Élie, l'organe de Dieu, qui va régénérer le christianisme.

...Oui, mais vient-il de Dieu? se demande Léopold Baillard, dans la diligence qui l'emporte de Lorraine en Normandie. Vais-je trouver l'appui que j'ai imploré du Ciel? Va-t-il me tromper aussi, comme cette chose mystérieuse qui est entrée dans ma chambre pour me décevoir? Pourtant, cette charité du Père Magloire ressemblait tant à la réponse! Pourquoi m'a-t-il nommé Vintras, si ce n'est parce que le salut est là?

Cette question s'interposait pour lui entre les paysages et sa sensibilité. D'ailleurs, qu'auraient pu lui représenter les étapes de ce voyage, sinon des images de sa vie passée, des quêtes fructueuses à Bar-le-Duc, Vitry, Château-Thierry, Meaux, à Paris même, à Évreux. Ce qu'il voudrait, sur l'impériale de la diligence qui le secoue le long des routes, c'est faire parler de Vintras celui-ci ou celui-là. Mais ce nom, la première fois qu'il le prononce, en traversant les plaines de Champagne, n'éveille même pas un regard d'étonnement dans les yeux du bourgeois, à figure pourtant fine, qu'il a choisi parce qu'il a su que c'était un professeur du collège de Reims allant prendre ses vacances dans un village normand.

— Oh! vous savez, monsieur l'Abbé, lui répond le professeur, je respecte toutes les opinions, mais je suis un fils de Voltaire.

Il n'est pas plus heureux aux approches de Paris avec un commis voyageur en ornements d'église, un Marseillais qui a essayé aussitôt de lui placer un chemin de croix de la Société fondée en ce temps-là, — ô ironie! — par Savary duc de Rovigo, Villemessant et Jules Barbey d'Aurevilly.

— Ça m'intéresse, donnez-moi donc l'adresse, monsieur l'Abbé. Il aurait peut-être besoin de quelques petites choses, ce monsieur Vintras.

Léopold Baillard aurait pu se renseigner à Paris, mais il ne fait qu'y passer. Il redoute d'y rencontrer quelques-unes des personnes qui l'accueillaient si bien autrefois, quand il quêtait aux Oiseaux, par exemple, chez les filles du Bienheureux Père Fourrier. Il ne veut pas entendre les conseils de soumission qu'on lui donnerait certainement. La diligence roule toujours. Les rubans de queue succèdent aux rubans de queue, comme les postillons d'alors disaient en parlant des routes. C'est seulement à Caen que, descendu dans la rotonde par un temps de pluie, il se trouve en tête à tête avec un chanoine dont la physionomie, bonasse et fine à la fois, lui rappelle celle du Père Magloire. Après avoir dit chacun leur bréviaire, les deux prêtres ont commencé par parler du temps, de la prochaine récolte, de l'esprit des populations.

— Il paraît que vous avez un saint dans votre pays? se hasarde à demander Baillard.

— J'espère que nous en avons plusieurs, répond le chanoine; mais les saints sont comme les diamants : ils se cachent.

— Oh! celui-là est célèbre.

— Et qui donc?

— Mais Vintras, le Voyant de Tilly.

La figure du prêtre normand exprima soudain l'horreur profonde et le dédain tout ensemble.

— Vintras! dit-il. On vous a dit cela, et vous l'avez cru! Vous ne savez donc pas que Mgr de Bayeux l'a fait condamner à cinq ans de prison pour escroquerie, et qu'il n'a été relâché que par le juif Crémieux, devenu ministre à la Révolution? Et pourquoi? Pour lancer dans le diocèse un ennemi de l'Église, un instrument de

Satan. Je ne vous engage pas à faire son éloge à Caen, monsieur l'Abbé! On l'y a connu domestique.

— Notre-Seigneur, répondit Léopold, s'est bien servi des publicains. Ce qu'il a été n'importe pas.

— Mais ce qu'il est? répliqua le chanoine. Un scandale vivant, qui d'ailleurs ne durera pas, quand un gouvernement d'ordre sera enfin revenu. Oh! le coquin est adroit; il joue la comédie de l'humilité et de la pauvreté; il ne veut rien devoir qu'à son travail; il a une petite place, soi-disant dans une fabrique de carton, que dirige un niais de ses amis. Mais il faut voir ce que sa seule présence a fait de cette charmante petite ville normande de Tilly, infestée maintenant d'escrocs et d'aliénés comme lui. Il y a là un certain Charvaz, un malheureux, monsieur l'Abbé, curé de Montlouis, du diocèse de Tours, un interdit; un certain Le Paraz, un interdit encore; et des vieilles filles qui vont perdre là leurs quatre sous; et des infirmes persuadés qu'ils vont être miraculés. C'est du vilain monde, allez, monsieur l'Abbé. Et tout cela spécule, vocifère, emprunte, ne paye pas ses dettes, blasphème, monsieur l'Abbé, blasphème toute la journée. Et le soir! Le soir, il y a pis que les blasphèmes, dit-il en baissant la voix; nous savons qu'il y a eu des sacrilèges. Enfin! l'Église a connu ces tristesses dans tous les temps. Rappelez-vous les convulsionnaires de Saint - Médard. Peut - être compte-t-on parmi eux des âmes de bonne foi. Dieu leur fasse miséricorde!

La conversation tomba. Le prêtre normand observait son compagnon avec une curiosité méfiante maintenant. Visiblement, il était étonné de l'expression qu'avait prise la physionomie, si frappante déjà de Léopold, pendant qu'il lui donnait ces renseignements, et de l'espèce d'avidité avec laquelle il les avait écoutés, sans donner cependant aucun signe d'acquiescement. Comme il était arrivé au terme de sa route :

— Voilà ma paroisse, dit-il, monsieur l'Abbé, en nommant un village. Si jamais vous la traversez, je serais trop heureux de vous montrer notre église, et je m'appelle le chanoine Lambert... « Puis-je savoir, ajouta-t-il, avec qui j'ai eu l'honneur...

— L'abbé Léopold Baillard, curé de Saxon, répliqua le Lorrain.

Il eût considéré comme une espèce de lâcheté de ne pas répondre franchement à la curiosité de son interlocuteur.

L'exclamation aussitôt réprimée du chanoine lui prouva qu'il était connu et que ses démêlés avec son évêque étaient arrivés jusque-là. Il se redressa plus fièrement, tandis que l'autre, sans rien ajouter, s'inclinait avec une politesse froide.

Léopold le vit s'éloigner de la diligence d'un pas hâtif, et remarqua qu'au détour de la route il se retournait pour le regarder avec une espèce d'inquiétude, où il y avait comme de l'épouvante.

Qu'est-ce que cela prouve? se disait-il. Tous les saints ont été calomniés. Pourquoi Vintras, s'il est un saint, comme l'a dit Magloire, ne le serait-il pas? Son entourage est ignoble : pourquoi pas? Tout prophète doit avoir ses pharisiens, ses grands prêtres et ses Pilate à sa poursuite. Dieu est constant dans ses desseins. S'il a choisi jadis, comme l'a dit saint Paul, pour sauver le monde, ce qu'il y avait de plus vil et de plus méprisable, pourquoi ne choisirait-il pas aujourd'hui, pour le renouveler, un malheureux, un coupable même, afin que les qualités de son opération divine en soient plus manifestes? Son évêque l'a fait condamner? Et le mien? Est-ce qu'il ne m'a pas condamné?

Ce raisonnement et d'autres semblables n'empêchaient pas que les propos du chanoine Lambert l'eussent singulièrement travaillé quand il descendit à Tilly. C'était le soir. Il demanda une chambre dans l'unique auberge. On lui en donna une dont la fenêtre ouvrait au couchant. Le suintement rouge du ciel à l'horizon lui parut d'un si funèbre augure qu'il referma la croisée, ouverte d'abord pour voir la campagne, et il descendit s'asseoir à une petite table d'hôte, autour de laquelle riaient haut quelques habitués.

Les propos grossiers de ces individus laissèrent le prêtre indifférent jusqu'au moment où, un vieux monsieur de mine falote étant entré dans la salle, un d'eux l'interpella :

— Eh bien? monsieur le baron, est-ce aujourd'hui que le roi Louis XVII revient?

— Monsieur, dit le baron, le roi reviendra à la date qui a été annoncée.

— Ma foi, si je vois ça, intervint un autre, je crois à votre Vintras.

— Monsieur, dit celui qu'ils avaient appelé baron, M. Vintras ne s'est jamais trompé. Les archanges lui parlent.

— Ils prennent quelquefois la figure des gendarmes, les archanges, observa un troisième.

— Monsieur, repartit le baron indigné, si vous connaissiez comme moi les circonstances du procès qu'un indigne évêque a fait à M. Vintras, vous ne parleriez pas ainsi.

— Il a tout de même été condamné, dit un autre convive.

— Notre-Seigneur et Jeanne d'Arc l'ont bien été, déclara solennellement le baron.

Pendant que ces phrases s'échangeaient, Léopold regardait le vieillard. Il y avait dans la mine de ce Naundorffiste, évidemment abusé, une telle sottise! C'était

66

si visiblement une faible d'esprit! Son visage décharné était secoué par des tics; un sourire d'une béate stupidité relevait de temps en temps ses lèvres sur ses gencives. C'était une loque humaine, une épave dont le seul aspect illustrait d'une manière probante les confidences du chanoine sur la basse qualité des recrues du prophète. Le prêtre lorrain, si supérieur lui-même par certains côtés, ne put pas supporter ce nouvel indice de la désillusion qui l'attendait. Il se leva de table sans achever son dîner.

La chambre où il remonta s'enfermer lui sembla encore plus funèbre. Il se coucha sans lumière, comme si les ténèbres eussent dû l'empêcher de distinguer les ruines de son espérance écroulée.

— Je retournerai demain à Sion sans l'avoir vu, se dit-il. Ça n'était pas la réponse de Dieu.

Telle était la fatigue de son long voyage qu'il s'endormit, malgré le trouble extrême de sa pensée, de ce sommeil obscur de la bête recrue, où il n'y a plus place même pour le rêve.

A son réveil, le ciel était tout bleu. La vivifiante fraîcheur d'un matin d'été en Normandie entra dans tout son être, une fois la croisée ouverte, avec la brise où il flottait, comme partout là-bas, un peu d'air de mer. Ces climats voisins de l'Océan ont une action mystérieuse sur les nerfs des terriens du Centre et de l'Est, qui n'ont jamais respiré que l'atmosphère des montagnes et des bois. Eh bien! non, songea soudain Léopold, il ne sera pas dit que je n'aurai pas tout essayé. Et s'habillant à la hâte il descendit pour faire la visite dont il avait, la veille, vigoureusement repoussé l'idée.

La première personne à laquelle il demanda où demeurait M. Vintras était une boulangère, dont la figure avenante exprima un profond respect quand il eut prononcé le nom du Voyant.

— Ah! monsieur l'Abbé, dit-elle, que vous avez raison! Vous allez voir un saint. Et un brave homme! Je connais sa femme, monsieur; elle se fournit chez nous. Ah! il n'est pas fier, quoiqu'il fasse des miracles. Et si vous l'entendiez parler!

Ce naïf suffrage n'était pas fait pour résoudre les doutes de Léopold. Où est la vérité? se demanda-t-il.

Cependant il avait suivi la rue indiquée, et il arrivait devant une maison qui portait cette enseigne :

LENGLUMÉ,
CARTONNIER EN TOUS GENRES.

Il frappa à la porte.

— Entrez, dit une voix profonde, une voix d'orateur.

Elle contrastait avec l'aspect frêle de celui qui la possédait. Léopold se trouva en face d'un petit homme occupé devant une table d'architecte à coller des feuilles de papier de paille.

— Monsieur Vintras? demanda-t-il.

— C'est moi, dit le petit homme. Et vous, vous êtes monsieur l'abbé Baillard.

Léopold avait une finesse paysanne. Il comprit aussitôt que le baron ayant appris son nom à l'hôtel dès la veille, était venu l'annoncer à Vintras. La brusquerie de l'accueil lui donna une sensation de charlatanisme qui lui fit répondre avec brusquerie :

— Eh bien! quand je le serais?

— Vous l'êtes... Et je sais ce qui vous amène ici... Mais du moment que vous avez les pensées que je lis dans votre âme, ce n'était pas la peine de venir : l'Esprit ne vous parlera pas.

— Quelles pensées ai-je donc? Vous ne les connaissez pas, dit Baillard qui, habitué à commander, supportait impatiemment un tel accueil.

Il avait ressenti la même irritation quand il avait comparu devant son évêque. Seulement il l'avait domptée, parce que l'évêque lui parlait au nom de l'Église. Mais de quel droit le prenait-il de si haut, cet ouvrier qui n'était même pas consacré, et qui continuait avec une insolence supérieure à étaler tranquillement sa colle sur son papier jaune? Sans même lever les yeux, Vintras disait :

— Quelles pensées? Vous avez quitté vos œuvres, vous avez obéi au faux représentant de Dieu, quand la voix de Dieu vous avait parlé à vous-même. Qu'est-ce qu'un évêque? Rien, quand il n'a pas Dieu avec lui. Qu'est-ce qu'un pauvre être comme moi, quand il a Dieu avec lui? Tout. Qu'est-ce que vous étiez, quand vous aviez Dieu avec vous? Plus encore que moi. Mais vous avez douté. Voilà pourquoi vous avez souffert. Vous doutez encore. Vous venez de vous dire : qu'est-ce que c'est donc que ce pauvre ouvrier qui me parle comme un maître? En pensant cela, vous avez insulté l'Esprit. L'Esprit ne vous parlera plus. Allez-vous-en.

En même temps, il fit un geste à Léopold Baillard pour lui montrer la porte, en lui jetant un regard plus impérieux encore.

Mais cette fois, le Supérieur de Sion n'opposa plus orgueil à orgueil. Les quelques phrases prononcées par le Voyant avaient éveillé un écho trop profond dans cette âme de rebelle qui, depuis des semaines, voulait et n'osait pas se formuler cet appel de révolte : Dieu est avec moi, et quand on a Dieu on ne peut pas avoir tort. Un magnétisme émanait du Voyant, par lequel le prêtre se sentait subjugué. Placés ainsi vis-à-vis l'un de l'autre, ils représentaient à cette minute les deux types éternels du révolutionnaire et de l'hérétique : l'un, Baillard, homme de passion et d'entreprise, ayant besoin de certitudes extérieures pour y accrocher un fanatisme qui, chez lui, était surtout un tempérament; l'autre, véritable maniaque, possédé par l'abstrait, par l'idée au point qu'il la projetait dans l'espace, qu'il la *voyait*. Et comme il arrive toujours, c'était la volonté la plus fanatique qui allait dominer l'autre.

— Mais, dit Baillard, croyez-vous que ce soit mon évêque qui m'a envoyé ici?

— Ah! Léopold, s'écria Vintras, il y a longtemps que l'Esprit et moi, nous t'attendions. Tu as dit le mot libérateur. Maintenant, tu vois enfin... tu vois... tu vois.

Il le répéta trois fois, et chacun de ces trois cris, prononcés avec une exaltation grandissante, inonda le cœur de Léopold d'un flot de sang plus chaud. C'était comme si le caractère auguste de sa personnalité lui était soudain révélé. Un roi croyant, sur les marches de l'autel, à Reims, quand l'huile sainte touchait son front, devait éprouver cette sensation : Léopold se sentait soudain sacré.

A ce moment, un homme boiteux, à grosse figure poupine et qui était Lenglumé, le patron dévoué, sortit de la pièce voisine et entra dans l'atelier.

— Monsieur est M. l'abbé Baillard que nous attendions, dit le Voyant. Il va rester avec nous quinze jours, et dans quinze jours il saura ce que l'Esprit veut de lui.

CHAPITRE V

La colline fête son roi

CEPENDANT, sur la colline, aux heures du soir de
ce long mois d'août, assises dans le grand
jardin de Sion, devant les autels de la sainte
Vierge et de saint Joseph que l'on voit encore aujourd'hui, un groupe de femmes se chagrinent qu'il tarde
tellement, celui qui savait donner un aliment à leurs
âmes. Sœur Thérèse, sœur Euphrasie, sœur Lazarine,
sœur Quirin, sœur Marthe, les cinq religieuses restées
fidèles à Léopold dans le malheur, du matin au soir
vont et viennent de la cuisine au puits, du puits aux
carrés de légumes, du poulailler aux étables, et du couvent aux quelques champs épars, pour revenir à la
niche de la chienne aimée de Léopold, la Mouya,
comme elle se nomme, ce qui veut dire, en patois, la
meilleure. Elles travaillent pour que leur maître soit
satisfait quand il reviendra. Elles dépensent de l'amour
à poursuivre la moindre poussière dans les recoins
des immenses corridors, et ne posent le balai que pour
saisir la bêche et le râteau; puis toutes, elles abandonnent bêches, râteaux et balais pour prendre le fil
et l'aiguille et repriser les chasubles et les nappes de
l'autel. Mais c'est en vain que le cœur de ces femmes

71

cherche son repos dans les longues habitudes rurales et ménagères de leur race, l'inquiétude les ronge.

La vie matérielle est dure dans les campagnes, et la vie de l'âme presque absente. Dès que l'on construit une arche, il y vient à tire-d'aile, de tous les environs, des êtres plus faibles ou plus délicats. Les jeunes paysannes accourues dans les abris de Léopold étaient naturellement de l'espèce qui a peur de la vie et de ses efforts, et qui désire vivre comme des enfants à qui Dieu donne la pâture ; mais les plus faibles, les plus dépourvues, on peut croire, étaient celles-là qui, l'heure venue de l'éparpillement, n'avaient pas osé prendre leur vol et s'étaient rapprochées de leur Supérieur avec plus de confiance. Qu'elles sont aujourd'hui désorientées, mal à l'aise ! Privées de courir le monde, comme elles avaient coutume pour leurs quêtes, et privées en même temps des soins mystiques de leur chef, ces colombes paysannes gémissent dans leur cage de Sion. Tandis que les frères Hubert et Martin, bonnes bêtes de somme, se demandent simplement ce que l'on deviendra demain, l'inquiétude des sœurs s'en va bien au-delà. Les rêves de Léopold les ont éveillées à d'autres sensations qu'à la vie machinale du village, et cette maison sans maître, ce couvent sans directeur, ce travail et ce repos sans âme les accablent.

François et Quirin sont loin de pouvoir suppléer auprès d'elles Léopold. Platement, ils se plaignent d'avoir à tenir la paroisse, aux lieu et place de leur aîné, quand ils auraient pu gagner beaucoup d'argent par la découverte des sources selon la méthode de l'abbé Paramelle. Ils pestent d'ajourner l'exploitation de la baguette magique, parce que Léopold, maintenant, imagine de s'intéresser à un visionnaire.

Les jours passaient, l'absent ne donnait aucun signe de vie. Enfin une longue lettre arriva. C'était le soir, dans le grand jardin, à l'heure où les sœurs et les frères versaient les derniers arrosoirs sur les carrés de légumes.

Tout le monde se rapprocha. Quirin et François, l'ayant lue à voix basse, firent de grands éclats de rire méprisants. Puis ils commencèrent à relire tout haut, avec dérision, ces feuillets enthousiastes où Léopold leur racontait au milieu de quels prodiges il vivait. En vérité, il choisissait bien son temps pour faire de la mystique ! Sœur Thérèse qui les écoutait ne put se contenir. Dans le jardin rempli d'ombres, elle éclata en reproches véhéments. Que trouvaient-ils d'impossible aux faveurs prodigieuses que Dieu accordait à leur frère ? Elle-même, elle avait été favorisée d'un miracle, et c'était lui faire une offense personnelle que de tenir en suspicion des faits merveilleux.

Mais, bientôt, sur de nouvelles lettres, François et Quirin changèrent insensiblement d'attitude. Ils les lisaient et relisaient durant des heures, sous les tilleuls de la terrasse, et si l'on s'approchait ils se taisaient. Un beau matin, ils annoncèrent qu'ils partaient pour Tilly. Peu après, ce fut le tour de sœur Thérèse qui, mandée par eux trois, s'en alla prendre la diligence à Nancy.

Tous les vœux de la petite contrée les accompagnèrent, bien que l'on ne sût pas au juste ce qu'ils allaient chercher si loin. On en espérait du bien pour la région. Tant de fois déjà, ils étaient revenus avec des ressources nouvelles de ces mystérieuses expéditions ! Dans tous ces villages que l'on aperçoit du haut de la colline, il n'y avait quasi personne qui n'eût intérêt à la prospérité des messieurs Baillard. La diminution de leurs œuvres et du pèlerinage atteignait du même coup les aubergistes, les voituriers, les fournisseurs, tous ceux qui avaient aventuré de l'argent dans les entreprises de Léopold, mille intérêts étroitement liés à la prospérité de Sion. Et puis, la foule des âmes dévotes vénérait dans les trois prêtres d'incomparables directeurs de conscience. A ce double titre, au spirituel et au temporel, ils avaient dans toute la région une vaste clientèle. Pour se rendre compte de cet état de choses, il faut avoir entendu un vieux paysan dire avec un respect et un regret émerveillés : « A Sion, du temps des messieurs Baillard !... » Dans ces villages, Léopold possédait la double force seigneuriale et sacerdotale. Beaucoup de braves gens fondaient sur lui leur salut dans cette vie et dans l'autre. Et chacun, durant ces quelques semaines d'absence, attendit leur retour avec une vive impatience et toutes les nuances de l'espérance, depuis l'espérance mystique des sœurs jusqu'à l'espérance toute positive des créanciers.

Aussi vers la mi-août, quand les trois frères et Thérèse annoncèrent leur arrivée, ce fut une satisfaction générale et l'on prépara une petite fête. Le jour venu, dans l'après-midi, M. le maire Munier, qui d'ailleurs était leur parent, monta au couvent pour recevoir les voyageurs, et des notables l'accompagnaient, M. Haye, d'Étreval, homme de bon conseil, universellement estimé dans le pays, était là, avec M. le maître d'école Morizot et une douzaine de braves gens un peu simples, comme Pierre Mayeur, Pierre Jory, dit le Fanfan, le jeune Bibi ou Barbe Cholion, le sceptique du village, et avec toutes les dévotes au premier rang desquelles Mme Pierre Mayeur, Mme Jean Cholion, Mme Mélanie Munier, Mme Séguin, la jeune Marie Beausson, la mère Poivre et bien d'autres. Un des frères dispersés, qui venait de s'établir comme menuisier à Lunéville, le jeune frère Navelet, avait fait plus de trente kilomètres pour féliciter son toujours vénéré Supérieur. En attendant l'arrivée de la voiture, ils circulaient tous dans le couvent, à travers le jardin, en habits du dimanche, mais libres de ton et d'allures, puisque les maîtres n'étaient pas là, et jugeant tout en paysans. On admirait comme les chères sœurs et les deux frères avaient bien travaillé le jardin. Et c'était vrai, les pommes de terre étaient magnifiques et les choux donnaient les plus belles espérances.

— Ah! le pauvre cher homme, soupira Mme Mayeur pensant à Léopold, va-t-il être content en voyant son beau jardin!

Cependant, le long de la grande allée, les mains croisées derrière le dos avec une dignité villageoise, le maître d'école et M. Haye se promenaient en causant.

— M. le Supérieur va rentrer dans une Sion bien réduite, disait avec un soupir M. Morizot.

— Peuh! répondit M. Haye, les cinq religieuses leur sont dévouées; ils ont les deux frères, bien vigoureux. A eux sept, voyez, ils ont pas mal travaillé le jardin.

— Sans doute, voilà des pommes de terre pour leur hiver, mais entre nous, ce n'est pas dans leur champ qu'elles ont poussé...

— Que voulez-vous dire, Morizot? interrompit M. Haye en arrêtant ses yeux francs sur le visage un peu chafouin du maître d'école.

— Ce que vous savez comme moi. Pour échapper aux créanciers, Léopold a tout mis au nom des sœurs, et de plus rien n'est payé. Tout ici appartient à la prêteuse, une prêteuse pas commode, Mlle L'Huillier, vous savez bien, la Noire Marie, de Gugney.

Oui, M. Haye savait tout cela aussi bien que le bonhomme, mais il écoutait avec déplaisir ce bavardage où perçait une secrète envie. Et posant sa lourde main sur les frêles épaules de son interlocuteur:

— Monsieur Morizot, dit-il pour couper au court, une seule chose est vraie, et vous avez trop de bon sens pour ne pas le voir : c'est l'intérêt de tout le pays que M. le Supérieur rétablisse ses affaires.

A cette minute, Bibi Cholion accourut au jardin annoncer qu'on distinguait dans la plaine la voiture. Il fallait encore une bonne demi-heure avant qu'elle atteignît le plateau. Les gamins et, à leur tête, une fillette d'une douzaine d'années, Thérèse Beausson, se portèrent à sa rencontre au bas de la côte. Et toutes les personnes d'âge se groupèrent devant le couvent, sous les tilleuls, pour recevoir les voyageurs chez eux et leur faire ainsi plus d'honneur. Dans leurs costumes du dimanche et avec leurs attitudes compassées, ces clients et amis avaient un peu l'air de ces groupes qui, sur le seuil de l'église, attendent la famille pour une messe du bout de l'an, après un décès. Mais quand la voiture parut, ce fut tout de suite un changement.

— Bonnes nouvelles ! criait François en agitant son chapeau.

Il sembla qu'un courant d'air balayait le brouillard, et, dans le même moment, Bibi Cholion sonnait la cloche pour avertir les gens occupés dans les champs du retour de leur pasteur.

Léopold, beau comme un évêque, tendait les mains à droite, à gauche, solide, et tout rayonnant de merveilleuses espérances. Quirin, François, Thérèse, en sautant à terre avant lui, disaient de toutes les manières :

— Bonnes nouvelles, bonnes nouvelles ! comme des chasseurs qui rentrent avec leurs carniers pleins.

Quelles étaient ces bonnes nouvelles qui transfiguraient les Baillard ? Ni le maire, ni M. Haye, ni M. Morizot ne posèrent de questions : c'étaient des paysans bien élevés, et puis Léopold savait maintenir des distances entre lui et les plus fidèles de ses paroissiens. Sous les tilleuls devant l'église, on avait porté le fau-

76

teuil où s'asseyait dans ses tournées de confirmation Mgr de Nancy. Léopold y prit place et commença de poser des questions au maire et aux notables sur l'état spirituel de Sion et de Saxon, comme eût pu le faire Sa Grandeur. Ses yeux de feu et qui s'en allaient toujours vers l'invisible, faisaient le plus étonnant contraste avec son parler plein de douceur et d'onction. Il était manifestement moins soucieux de connaître de fâcheux désordres que de louanger ceux qui, par leur présence, venaient lui apporter une preuve de fidélité.

Sur l'appel des cloches, on continuait d'arriver. Bien qu'au mois d'août les travaux de la culture retiennent aux champs les villageois, il n'y eut guère de maison qui ne déléguât l'un des siens pour aller féliciter de son retour M. le Supérieur. Aux yeux de tous ces paysans, la présence de celui-ci, l'absence de celui-là, étaient d'une grande signification, et ils voyaient dans ce petit cercle, non pas seulement sur qui les Baillard pouvaient compter, mais sur quoi, et quel crédit leur demeurait.

Les trois prêtres se multipliaient en bonne grâce, chacun avec son propre génie. Au soir tombant, les gens redescendirent au village, fort satisfaits de la réception, bien influencés par le grand air de Léopold, qui ne leur avait jamais paru si épiscopal, et surtout très intrigués, se demandant quelles pouvaient bien être ces bonnes nouvelles sur lesquelles les voyageurs avaient été si discrets.

Et maintenant c'est l'heure intime, l'heure du crépuscule. Il ne reste plus au couvent que les sœurs et les frères, pauvres gens, fleurs de fidélité et de timidité devant la vie. Le moment du souper est venu et les rassemble tous dans la cuisine. Frère Martin et frère Hubert se sont placés modestement au bas bout de la table. Léopold a mis à sa droite sœur Thérèse, à sa gauche la sœur Euphrasie, une grande fille de vingt-quatre ans, au regard ferme et triste. De chaque côté de Quirin, s'assoient ses collaboratrices de Sainte-Odile, sœur Quirin et sœur Marthe; auprès de François, la sœur Lazarine, qui tient l'école de petites filles de Saxon.

Comme ils sont contents! Pour la première fois, depuis la grande dispersion et depuis qu'ils ont formé un nouveau foyer, ils reçoivent leur Supérieur. Autour de la table, sous la pauvre lumière d'une lampe, ils forment une petite société d'amis vérifiés par le malheur. Paysage charmant et singulier que cette tablée de prêtres, de frères et de nonnes, un très vieux paysage. Tous ces gens rassemblés là, avec leurs soutanes fatiguées, leurs robes à lisérés bleus, leurs collerettes, leurs larges manches retroussées et leurs cornettes, font moins penser à des gens d'Église qu'à des terriens de l'ancienne France. A leurs traits, à la rudesse de leurs manières, à la franchise salubre de leurs attitudes, on croirait voir un de ces tableaux où le grand artiste Le Nain peignait des paysans du dix-septième siècle, assis autour d'une table avec du vin et des femmes pour les servir.

Toutes ces religieuses semblaient avoir le même âge, une trentaine d'années environ. Déjà la vie avait usé leurs traits et fané chez elles toute beauté physique, mais dans le fond de leurs yeux demeurés jeunes on voyait la plus charmante simplicité rustique, une sensibilité douce et le désir de prévenir toutes les volontés de leurs prêtres. De fois à autre, l'une d'elles se levait pour aller prendre un plat sur le feu et pour remplir un pot de vin qu'elle versait dans les verres. On entendait crier sous les couteaux les larges miches de pain de ménage. Ils mangeaient grossièrement et fortement, en vrais ruraux; ils eussent fourni à des citadins une impression un peu animale et comme d'un troupeau dont toute la beauté tient dans la santé et dans la robustesse. Mais qu'il y a de sérieux et même de noblesse dans leurs physionomies et dans leurs attitudes! Ce qui donne sa couleur unique et profonde au tableau, c'est que ces gens sont rassemblés pour débattre les intérêts matériels les plus terre à terre, en même temps que les plus folles aspirations religieuses. Ils boivent, ils mangent, mais surtout ils sont penchés vers Léopold, dans un même mouvement d'admiration et de curiosité.

Un sourire d'extrême bienveillance ne quitte pas ses lèvres, le sourire des images de piété, celui que les petits livres d'hagiographie prêtent aux saints personnages de jadis. Tout à coup, il frappe avec son couteau sur son verre. Chacun se tait, et lui, d'une voix solennelle :

— Réjouissez-vous, mes chers fils et mes chères filles; nous vous rapportons des trésors matériels et moraux qui dépassent vos plus audacieuses prières. Avant peu, nos ennemis et ceux qui nous ont reniés vont cruellement se mordre les doigts. Nous aurons à prier pour eux. Trop tard, peut-être! et je ne réponds pas de la complaisance de Dieu. Mais tout cela, je l'expliquerai bientôt dans le détail; je le déploierai, le 8 septembre, pour la fête de la Nativité de la Vierge, devant tout le peuple assemblé. Ce soir, comme je ne veux pas vous laisser dans une trop cruelle attente, et pour répondre à vos filiales impatiences, mes chers enfants, j'autorise notre cher et éloquent François à soulever un peu le voile.

Alors le grand François commença de dérouler, sous les yeux de ce petit cercle prédisposé à tout croire par le mysticisme et la détresse, le récit merveilleux de leur séjour à Tilly, un long chapitre de la *Légende dorée* ou

79

des *Mille et une Nuits*, l'énumération des prodiges qu'ils venaient de voir au sanctuaire de Vintras : voix mystérieuses venues du ciel, hosties sanglantes et couvertes d'emblèmes apparues tout à coup sur l'autel, calices vides soudain remplis de vin, colombe qui venait se poser sur l'épaule du prophète et frôler du bec son oreille quand il parlait à ses disciples, parfum de lis, de rose et de violette envahissant le sanctuaire. Tous ces miracles, François les contait avec de beaux mots caressants et brillants, comme il y en a sur les images de piété, des mots qui sont de la poésie pour les chères sœurs et qui soulevaient leur étonnement et leur admiration, qui leur arrachaient des exclamations en patois et des remerciements à la Vierge. Puis, petit à petit, à mesure qu'il s'éloignait des belles phrases qu'il avait préparées, à mesure qu'on l'interrompait de questions, mangeant et parlant tout à la fois, il reprenait ses mots rudes, ses images à lui, et, au lieu du ton de prédicateur, son accent de terroir :

— Bien sûr, mes chères sœurs, qu'il y en a dans le pays qui diront : « Qu'est-ce que nous raconte là ce grand, avec son imagination aussi haute et pas plus sage que sa tête? » Vous leur répondrez ce que vous savez bien, qu'à l'arrivée des lettres de Léopold j'ai d'abord ri dans le grand jardin, et que j'ai engagé avec lui un combat quasi à l'épée, par correspondance. Enfin, j'ai voulu voir de mes yeux. Je suis allé à Tilly. Me revoilà. Tout ce que je vous raconte, je l'ai vu et entendu, et avec moi, avec nous quatre, plus de quarante-six personnes, parmi lesquelles des prêtres, des comtes et des marquis. Vintras, aussi vrai que je regarde cette chandelle, c'est un miracle! et je crois en lui comme je crois en Dieu. Il n'a pas fait plus d'études que vous, mon bon frère Hubert, et tous les jours, pendant deux heures et demie, il parle sur toutes les matières de la théologie, sans éprouver aucun besoin de tousser ni de cracher, ni paraître jamais plus fatigué à la fin qu'au commencement. Mais ce qui prouve tout à fait qu'il est inspiré de Dieu, c'est qu'il ne sait lui-même ce qu'il dit et qu'il ne l'apprend qu'après son discours de ceux qui l'ont entendu et à qui il le fait répéter...

C'était charmant d'écouter François et de voir comment, au fond limpide de ces sortes de nature qui ne pensent qu'à admirer et à servir, se forme une inébranlable conviction. Il présentait le type idéal du clerc et de l'écuyer. On l'aurait vu indifféremment sur la paille de la rue du Fouarre, écoutant les leçons d'Abélard, ou couché en travers de la tente du chevalier son suzerain. Mais, en même temps, c'était un beau diseur, un voyageur qui arrive de loin et désireux de produire son effet. Aussi avait-il bien soigneusement gardé pour la fin l'énumération des hautes dignités dont ils revenaient revêtus :

— Il y aura vingt nouveaux pontifes pour la Régénération, qui arrivera bientôt, et nous sommes du nombre, nous trois ! Mon frère Supérieur (il montrait Léopold) est établi par Dieu Pontife d'Adoration, et mon jeune frère (il désignait Quirin) Pontife de l'Ordre. Notre sœur Thérèse est sacrée miraculeusement, elle aussi, pour être la fondatrice et la supérieure d'un nouvel ordre de femmes, peut-être le seul qui existera dans le nouveau règne de Jésus-Christ. Ce sera la *Congrégation des Dames libres et très pieuses du miséricordieux amour du Cœur divin de Jésus*. Désormais notre sœur s'appelle Mme Léopold-Marie-Thérèse du Saint-Esprit de Jésus. Et moi, qu'est-ce que je suis ? Pontife de Sagesse.

Pontife de Sagesse ! Sur ces mots, François éclata d'un gros rire.

— Vous êtes bien étonnés ! Je l'ai été plus que vous. Mais le prophète m'a dit : « On vous a appelé fou, parce que vous étiez fou de la folie de Jésus-Christ. » En voilà des merveilles !

Ce fut un transport d'admiration. Les sœurs et les frères se pressaient avec délice à l'entrée de cette vie de félicité, sans aucun étonnement, car la sainte Vierge devait bien ces rétributions au zèle de son scrviteur Léopold, mais avec une jubilation de spectateurs que le drame satisfait. Assise aux pieds de François, la chienne Mouya participait joyeusement au tapage. Elle ne le perdait pas des yeux et, sans souci des paroles, à chaque fois que l'orateur lançait le bras en avant, elle s'élançait elle aussi, comme pour happer un morceau. Quand tout le monde s'exclamait, elle ne se gênait pas pour aboyer...

François n'avait garde de s'arrêter. Excité par l'effet qu'il produisait et par l'excellence du modeste repas, il retrouvait sa drôlerie de jeune paysan, une drôlerie toute-puissante sur des assemblées de village, où le goût du merveilleux n'a d'égal que le goût de la farce. Après avoir entraîné ses auditeurs dans la région des prestiges, il les ramena tout d'un coup dans une réalité plaisante. Ce fut Thérèse Thiriet qui fournit une matière à sa verve aimable et rieuse.

— Vous savez qu'autrefois je ne m'entendais guère avec notre sœur Thérèse. J'ai même eu des mots, à cause d'elle, avec mon frère Supérieur. Aujourd'hui, tous les nuages sont dissipés; nous sommes devenus, elle et moi, de grands amis. Vintras a fait encore ce miracle. Mais ça n'a pas été tout seul, n'est-ce pas, ma sœur ?

Sœur Thérèse fixait sur lui en souriant un regard indéfinissable, où il pouvait y avoir les sentiments complexes d'une religieuse pour un prêtre, d'une jeune paysanne pour un loustic, et surtout un sentiment royal de supériorité bienveillante.

— Notre sœur, continuait le grand François, a été humiliée dans un discours extatique, comme elle ne l'a jamais été. Son orgueil, sa désobéissance, ses mensonges, sa mauvaise tête lui ont été reprochés. Le prophète l'a confessée publiquement, cependant en termes généraux. Je n'ai jamais vu accabler quelqu'un de la sorte. Elle disait dans ce moment : « Voilà bien ce que M. François Baillard m'a si souvent reproché ; il est sans doute bien content d'entendre tout cela. »

On assistait là à une de ces séances plaisantes, comme on en voit aux veillées lorraines, où les filles et les garçons échangent des facéties et des bouts rimés. C'était une véritable séance de *daïe*, où François *daïait* la religieuse. Tous ces paysans étaient enchantés ; Quirin lui-même avait déridé son petit visage sérieux d'avoué, et l'allégresse générale avait gagné Léopold.

Un fumet barbare s'exhalait de la scène. Et, beauté profonde, son caractère lui venait, non pas du décor, mais des âmes. Dans ce couvent, remis en état peu avant par les frères Baillard, certains objets trop neufs, telle mécanique, un moulin à café, un réveille-matin, détonnaient, mais on y respirait, comme une chose vivante et dans la forme la plus spontanée, la foi des populations primitives de cette terre.

Cependant Léopold n'était pas homme à supporter longtemps le caractère profane que prenait la petite réunion. Et pour relever les esprits :

— Sœur Thérèse, dit-il, chantez-nous le cantique de nos processions.

La religieuse se leva. C'était une fille de taille moyenne et dont les formes gracieuses se révélaient sous la bure épaisse de sa robe. Les voyages et la gloire de son miracle avaient un peu gâté son bon naturel en lui donnant un certain goût de la mise en scène et de l'effet. Elle se tint droite et silencieuse plusieurs minutes. Sa personne élancée, ses yeux bleus et fixes lui donnaient l'apparence d'une statue d'église. Mais on la voyait respirer doucement, et il semblait que sous les yeux de tous l'enthousiasme l'envahît. Enfin, elle commença :

> *Par les chants les plus magnifiques,*
> *Sion célèbre ton Sauveur;*
> *Exalte dans tes saints cantiques*
> *Ton Dieu, ton chef et ton pasteur;*
> *Prodigue aujourd'hui pour lui plaire*
> *Tes transports, tes soins empressés.*
> *Jamais tu n'en pourras trop faire,*
> *Tu n'en feras jamais assez.*

Et tous reprirent en chœur les dernières paroles :

> *Jamais tu n'en pourras trop faire,*
> *Tu n'en feras jamais assez.*

La médiocrité de ces strophes composées pour les pèlerins, qui les égrènent encore en parcourant les sentiers de la colline, ne pouvait pas, non plus que l'accent lorrain de la chanteuse, désenchanter ce petit monde. La sœur Thérèse avait dans toute sa personne une sorte de perpétuelle émotion trop puissante, et sa voix traduisait si bien ce frémissement intérieur ! C'était la fille de Jephté qui s'en va au-devant de son père avec des tambours et des flûtes; c'était la confiance, la jeunesse, la fantaisie précédant, accompagnant les mornes et dures passions; c'était une fille spirituelle célébrant le retour et la victoire de l'homme dont nul n'a pu courber le front. Et lui, en la regardant, il songeait aux prophétesses de la Bible, à Myriam, sœur de Moïse, qui fut une musicienne exaltée, chantant et menant, un tambourin à la main, le chœur des femmes dansantes; à Deborah, la vierge guerrière, que l'on appelait l'abeille d'Éphraïm et qui siégeait sous un palmier dans la montagne, à Oulda qui pardonnait; à Noadja de qui l'on ne sait que le nom cité par Néhémie, et il demandait à cette âme favorisée de l'élever dans les voies du ciel.

Ce fut là le haut moment de la soirée, un de ces moments sonores où l'être le plus morne connaît, sent palpiter son âme. L'Esprit de la colline remplissait cette pauvre cuisine. A cette minute, ces religieuses, autour de cette table, apparaissaient bien autres qu'on ne les vit jamais au-dehors. Elles avaient des figures que, seuls, les Baillard leur surprirent jamais. Il semblait qu'une lumière, visible à travers leurs visages et venue des profondeurs de l'âme, les transfigurât. Et Thérèse, entre toutes, brillait avec le plus d'éclat, les yeux plus vastes et toute traversée par des éclairs d'amour et de plaisir. Laissant les autres sœurs verser le vin et faire le service, elle déposait aux pieds de son maître le globe étincelant des émotions de ce petit cénacle. Il y avait de la magicienne dans cette paysanne coiffée du bandeau des religieuses. Jeune encore, elle cachait sous sa coiffe de nonne la mèche échevelée que nos vieilles prophétesses lorraines livrent au vent du sabbat. Dans son cantique, un mot entre tous, ce mot de Sion, perpétuellement répété de strophe en strophe, exerçait sur Léopold une action prestigieuse. Sion, c'était pour ce grand imaginatif la Jérusalem terrestre et la Jérusalem céleste; c'était sa montagne, son église et son pèlerinage; c'était plus encore, et, dans ce beau mot, il plaçait le sentiment de l'infini qu'il portait en lui. Lorsque ces magiques syllabes, chargées d'une si riche émotion, se mêlaient au souffle harmonieux de la miraculée, il semblait qu'il subît une incantation.

Dehors, sous la nuit, règnent la défiance, l'hostilité, et aux quatre coins du plateau s'étend le beau domaine perdu qui trouble en Léopold l'homme de désir. Mais comme une action de grâces, le chant de Thérèse éclate pour annoncer à la sainte colline l'intervention mystérieuse du ciel. L'univers en est modifié. Une saga du Nord raconte qu'une devineresse chantait à midi l'air de la nuit, et si loin que son chant portait, les ténèbres s'établissaient. Ainsi de Thérèse : tant qu'elle chante et si loin que va son chant, Léopold est Pontife et Roi.

Quand la religieuse, épuisée, se tut, Léopold rouvrant les yeux se leva et dit avec un accent profond :

— Mes chers frères et mes chères sœurs, allons remercier la Vierge.

Son cœur déborde d'amour. A Tilly, dans un éclair, il vient de recevoir toute fulgurante la réponse à la terrible question qui depuis des mois se posait devant lui et qu'il n'osait même pas se formuler nettement : « Pour quelle tâche désormais puis-je vivre? Que construirai-je? Au nom de quoi vais-je quêter? » Cette doctrine mystérieuse de Tilly, la justification par l'amour, c'est de toute antiquité qu'elle repose dans ce cœur clérical formé à Borville par des générations catholiques. Elle a fait explosion dans cet homme malheureux, au fond de sa pauvre cellule de Bosserville, quand il répétait à Dieu : « Ne suis-je pas un cœur juste? Vois mon cœur, juge-le et donne-moi un signe. » A Tilly, il l'a reconnue comme un désir, comme une foi qui reposait en lui depuis toujours. Vintras l'a confirmée, étayée par des prodiges. En quelques semaines, auprès de l'Organe, une certitude mystique vient de l'envahir avec une puissance prodigieuse, et de le mettre tout en émoi. Elle va éveiller en lui quelque chose de tout nouveau et d'idyllique, l'idée du bonheur; elle la dégage, la fait monter à la surface. Maintenant Léopold conçoit comment pourrait se faire la satisfaction de son âme. Ce n'est plus de construire des édifices, mais de construire des temples vivants. Le prêtre bâtisseur s'élève à un degré supérieur : il veut former des âmes, présenter à Dieu une compagnie de saints. Et quel beau sens nouveau à donner au pèlerinage ! Quel fructueux motif de quête !

Tous s'étaient agenouillés dans les ténèbres de la chapelle. Les trois Baillard remercièrent à haute voix la Vierge de la profusion des grâces qu'ils avaient trouvées à Tilly, et de les avoir choisis pour être sur cette colline les apôtres du règne de l'Esprit.

C'est ainsi qu'aux jours de jadis, ici même, les chevaliers revenus de la croisade, et dont les dames pouvaient croire que leurs prières les avaient soutenus, racontaient, sous de beaux regards émerveillés, les prodiges et les profits de leur expédition, tout en buvant force hanaps, puis dévotement priaient Notre-Dame de Sion, ayant derrière eux un démon narquois.

CHAPITRE VI

La procession du 8 septembre

CES confidences singulières des frères Baillard ne tardèrent pas à glisser le long des pentes de la colline, et l'on se répétait dans les villages que Léopold allait dire des choses extraordinaires le jour de la fête de Sion, qui a lieu, chaque année, pour la Nativité de la Vierge.

Ce jour-là, au temps des ducs, c'était une fête nationale, organisée et présidée par les pouvoirs publics. Les notables de Vézelise invitaient le sieur Curé et les Révérends Pères Minimes et Capucins, et enjoignaient aux corps de métiers d'assister, chacun sous sa bannière, à la procession, pour obtenir de Dieu un temps favorable aux fruits de la terre et pour porter à Notre-Dame de Sion un cierge de cire blanche. Défense à tous de causer ni de quitter les rangs, à peine de deux francs d'amende, pendant ladite procession longue de seize kilomètres. Des citoyens délégués y veillaient avec les sergents de ville... Aujourd'hui, c'est en toute liberté que la foule vient à la date traditionnelle processionner sur le plateau; les antiques disciplines ont été rompues, mais les mêmes forces demeurent.

Malgré la curiosité excitée par tous les bruits qui

couraient sur les révélations attendues, on répondit peu à l'appel des Baillard. Une des premières personnes arrivées fut un excellent prêtre, M. Magron, curé de la petite paroisse de Xaronval, jadis camarade de Léopold au séminaire, et qui n'avait jamais cessé de lui témoigner une déférence affectueuse, d'année en année, toutefois plus timide et plus épouvantée.

Sans discerner l'anxieuse tristesse dont était empreint le visage naturellement chétif et souffreteux de son ami, Léopold s'approcha de lui, les mains tendues :

— Merci, mon très cher, d'être venu, lui dit-il.

— Ne me remerciez pas, répondit l'autre, mais écoutez-moi.

Et le tirant à part :

— Je serai peut-être le seul prêtre ici aujourd'hui, et si je ne suis pas le seul, nous serons bien peu nombreux parmi nos confrères. Soyez prudent, Léopold; vous ne savez pas ce qui vous menace : Monseigneur est de nouveau exaspéré contre vous. Il a su votre séjour à Tilly. L'évêque de Bayeux lui en a écrit, averti par un chanoine avec qui vous avez voyagé. Est-ce vrai? Vous voyez que notre évêque est bien renseigné. Que la cérémonie, aujourd'hui, soit comme toutes les autres; qu'il n'y ait rien à y reprendre; qu'il ne s'y passe rien que l'on puisse rapporter là-bas contre vous. Ne parlez pas surtout, c'est votre frère qui vous en supplie.

— Vous avez donc oublié, Magron, cette phrase que nous admirions tant au séminaire : « Le silence est le plus grand des supplices; jamais les saints ne se sont tus. »

— Et vous, Léopold, vous oubliez le grand mot de saint Paul que nous admirions également : « Étant lié, je suis libre. »

Mais déjà Léopold, hautain et résolu, allait à d'autres arrivants.

Deux ou trois cents personnes au plus étaient venues des villages voisins ou des petites villes, de Vézelise, de Bayon, même de Charmes et de Mirecourt. Au pied de la côte trop raide, leurs voitures à échelles les attendaient, rangées sur le bord de la route, près de la ferme de la Cense Rouge. Et sur l'étroit plateau, c'était le décor habituel, le décor de chaque jour d'ailleurs, sauf que l'on voyait, çà et là, des tables couvertes de serviettes blanches où reposaient des paniers, et quelques pauvres échoppes qui étalaient des images pieuses, des saints d'Épinal, maintenus contre le vent par des cailloux. L'été venait d'être extrêmement pluvieux, et, au 8 septembre, c'était déjà un grand ciel froid d'extrême automne, où le plus faible soleil mettait une teinte dorée, diluée dans la pluie suspendue. L'horizon, fermé par les brumes, respirait la tristesse, une sorte de grâce voisine de la maussaderie.

Vers deux heures, conduite par les trois frères Baillard, la procession sortit de l'église. Et tandis que les derniers retardataires se pressaient de gravir gaiement les raidillons, elle commença de tourner lentement autour du couvent et sur les bords de l'étroite terrasse, au-dessus de l'immense étendue.

François Baillard, qui avait beaucoup de talent pour les cérémonies, avait réglé les moindres détails, et il surveillait tout avec une exactitude et un entrain admirables. La face et le cou congestionnés, il jetait dans l'air à haute voix les prières à Notre-Dame de Sion, puis il se retournait, battait la mesure et disait : « A voix large, sans respect humain, répétez les invocations avec toute votre énergie. » Ou bien encore : « Je compte que MM. les Ecclésiastiques soutiendront les répliques des fidèles. »

Ils ne sont pas nombreux, MM. les Ecclésiastiques !
Et M. le curé de Xarondal n'a eu que trop raison dans
ses fâcheux pronostics. L'évêché n'a pas envoyé de
représentant, et presque personne n'est venu des
presbytères voisins. Voilà des années qu'on n'a vu
une procession si chétive, et dans ce jour mélancolique
quelques-uns pourraient croire qu'ils assistent à une
revue après la défaite, à la revue de troupes toujours
fidèles, bien décimées. Certains corps d'armée ont été
anéantis. Il reste bien peu de tout ce peuple militant
que les Baillard avaient rassemblé et organisé pour le
service de la Vierge. Où sont-ils, les frères instituteurs
que Léopold aspirait à répandre dans tous les diocèses
de France ? les frères laboureurs qui travaillaient à la
ferme modèle de Saxon ? et les frères ouvriers, menuisiers, maréchaux ferrants, charrons, cordonniers,
peintres, tailleurs de pierres, tailleurs d'habits ? Où
sont-elles, les sœurs de Flavigny, de Mattaincourt,
de Sainte-Odile et de Saxon ? La tempête a tout dis-
persé. Les cadres, du moins, subsistent. Voilà frère
Hubert et frère Martin, vêtus de la robe brune aux
bandes bleues ; voilà les sœurs Euphrasie, Quirin,
Marthe et Lazarine, parmi lesquelles s'avance la sœur
Thérèse d'un pas qui ne fait qu'effleurer la terre.
Fébrile, inquiète, nerveuse, la sensitive a perçu des
choses invisibles pour tout autre que pour elle ; elle
sent des inimitiés dans cette foule, des animosités qui
n'attendent qu'une occasion pour se produire avec
éclat. Elle tressaille au milieu de ce cortège et sous ce
grand ciel découvert, comme si des souffles, un esprit,
un monde mystérieux l'entouraient. Des paysans, des
paysannes surtout composent le gros du cortège. Les
hommes s'en vont, le chapeau à la main, les bras bal-
lants, d'un pas embarrassé par cette marche trop lente,
et les femmes, à côté d'eux, très abritées sous la coiffe,

portent, passé à leur bras, un panier à provisions d'où sort le goulot d'une bouteille.

Léopold venait le dernier. Il s'avançait, entouré de quelques prêtres, un état-major bien mince, au regard de la véritable cour ecclésiastique qui l'enveloppait aux fêtes précédentes! Il n'en perd pas un pouce de sa dignité. Et le vent qui agite les surplis de ses confrères ne fait pas remuer son lourd brocart violet.

La procession, qui souffre de sa maigreur, essaye de se rattraper par le bruit. Les deux jeunes MM. Baillard et le curé de Xarondal mènent avec zèle le chœur, chacun dans une partie du cortège. Qu'importe si parfois le vent jette les cantiques du groupe Léopold sur le groupe Quirin, qui va devant et dont les prières à leur tour se rabattent sur le groupe François! Cette légère cacophonie ne saurait gâter le haut caractère spirituel de cette fête. Arrachés pour un jour à leur vie matérielle, tous ces paysans se réjouissent de déployer, de dérouler leurs sentiments de vénération et de se donner leur âme en spectacle à eux-mêmes. Ils contentent d'obscurs, d'insaisissables désirs en invoquant sur ce haut lieu la Divinité. Sur cette falaise levée au milieu des labours de leur race, ils éprouvent une émotion, qui s'exprime par cette marche grave et lente et par ces accents suppliants ou louangeurs.

Et maintenant, ils s'installent tous sur des bancs de bois devant la chapelle, autour d'un autel en plein air, pour écouter le sermon. Ils tiennent leurs coiffures sur leurs genoux; le soleil blanc, chargé de pluie, ne gêne pas leurs visages endurcis au froid et au chaud, et s'ils froncent le front, c'est moins à cause des rayons qui percent le feuillage des tilleuls que pour mieux se préparer à saisir les fameuses explications qui surexcitent, depuis plusieurs semaines, toute la curiosité de la contrée.

Léopold Baillard gravit les trois marches d'une estrade en bois blanc décorés de tapis, et faisant face à son public qu'il enveloppe d'un profond regard, il débute avec un accent bas et tendre :

— Mes bien chers amis, enfin, nous nous retrouvons! Et moi, qui ai toujours partagé avec vous mes trésors, je viens mettre à votre disposition mon cœur, mon cœur plus savant, mon cœur rempli aujourd'hui d'incomparables richesses...

Et d'une voix rapide, il entonna son propre éloge, développant à l'infini cette idée :

— C'est moi qui ai relevé votre pèlerinage et rétabli au milieu de vous ce qu'avaient institué vos pères.

Il continua sur ce ton, puis soudain coupa court, se tut deux longues minutes, comme s'il attendait un contradicteur, et s'avançant d'un pas, il dit avec solennité :

— Les dangers que court le monde m'épouvantent...

Ces dangers, il les énuméra : la France allait être humiliée; trop avare, elle aurait à livrer son or; incapable d'honorer la vraie grandeur spirituelle, elle serait privée d'hommes supérieurs...

Bien qu'il se dît épouvanté, la force de sa voix, son martèlement sur chaque mot, son insistance, son rayonnement indiquaient trop quel surcroît d'énergie et même quelle allégresse il recevait de ses sombres visions. Il semblait qu'il eût à son côté, tandis qu'il parlait, un des anges chargés des coupes remplies de la colère de Dieu, celui même qu'a vu l'apôtre de l'Apocalypse, et que par instants il bût un long trait de ce breuvage de colère et de mystère.

— ...Mais je ne romprai pas, mes amis, mon alliance avec vous. Je viens avant la tempête, avant que les eaux de Dieu s'élèvent. Je vais vous assembler comme des pièces de bois prises dans une forêt, travaillées et éprouvées, afin de composer l'arche de ce nouveau déluge.

Alors se tournant vers les ecclésiastiques et fixant des yeux M. le curé de Xéronval, il déclara :

— Je vais vous mettre au courant des rapports spéciaux qui existent en ce moment entre le ciel et la terre.

Il parla de Tilly. Sa manière de comprendre Vintras, plus élevée que celle de François, l'autre soir, tenait dans ce thème : les évêques ont laissé la religion descendre au niveau de la nature humaine; le rationalisme les a pénétrés. Or un prophète s'est levé. Vintras nous a rouvert les sentiers qui mènent à l'invisible; il nous fait rentrer dans la sphère du surnaturel.

Mais Léopold avait trop de hâte d'épancher son cœur. Il oubliait d'établir les faits les plus essentiels, de donner un historique de son voyage; il supposait connus Vintras et Tilly. Dans le prodigieux effort qu'il faisait pour traduire les sentiments qui venaient depuis trois mois d'émerger de son âme profonde, et pour tenter avec eux une éducation nouvelle de ses paroissiens, il ne pensait plus à raconter son aventure, mais simplement à exprimer le frisson lyrique dont elle l'avait remué. Ses paroles pleines de son et de cadence, plus qu'à leur ordinaire, car la passion la plus vraie l'enfiévrait, mais trop obscures, passaient par-dessus la tête des auditeurs, et s'envolant du plateau, au-delà des buissons des pentes, allaient au loin retomber comme des semences invisibles.

Tandis que Léopold exhale ses appels au surnaturel, toute la nature semble remise à sa place, silencieuse, immobile, pensive. Au loin se tait la grande plaine paisible. Elle a envoyé ses délégués sur le plateau. Ils écoutent avec patience et ne s'étonnent point qu'un prêtre soit obscur. Parfois une note étrange passe comme un éclair dans les profondeurs de ce discours et leur révèle de sa rapide lueur des formes bizarres; ils lèvent les yeux comme un troupeau devant le train qui passe. Trop tard. La machine a disparu dans la nuit. MM. les Ecclésiastiques, eux, ne comprennent que trop; ils donnent des signes d'inquiétude et puis de désapprobation. Ils s'agitent, se penchent les uns vers les autres, se murmurent des mots à l'oreille. Thérèse ne les quitte pas des yeux; elle suit avec anxiété leur mécontentement qui grandit avec le déroulement du discours. Elle rougit, pâlit, s'attriste et s'indigne que l'on puisse échapper à l'action de Léopold. Sur les bancs occupés par les femmes, l'effet est puissant; les dévotes sont au ciel. A ces zélatrices s'associent de confiance une clientèle de voituriers, d'aubergistes, de gens de journée, de fournisseurs qui, les yeux, les oreilles, la bouche démesurément ouverts, admirent dans le prédicateur le puissant esprit qui fera leur prospérité.

Étrange pyramide qui se construit sur ce haut lieu! Un petit peuple lève son regard vers Léopold, et lui-même est tout tendu vers un monde mystérieux qu'il distingue déjà par éclairs, derrière le monde des apparences. Des yeux brillants erraient, dépassaient l'assemblée, ne voyaient plus que les fantômes qui flottent au-dessus du couvent et là-bas, sur l'autre pointe de la colline, au-dessus des ruines de Vaudémont.

— ...*Quod isti et istæ, cur non ego ?* Ce que ceux-ci et celles-là ont fait, pourquoi ne le ferais-je pas?

Léopold ne doutait pas que les anciens chevaliers de Notre-Dame de Sion et les comtes de Vaudémont, s'ils étaient sortis de la tombe, ne l'eussent reconnu, entouré comme l'un d'eux, et que, tous ensemble, ils auraient marché pour le service de Dieu. Maintenant il prêche la croisade. Comme sa figure s'illumine! Il se voit chevauchant à la tête des nouvelles cohortes de Sion contre la Jérusalem du Diable, qui, dans l'espèce, se trouvait être le palais épiscopal de Nancy... Ah! Monseigneur...

Mais soudain une voix s'élève du milieu du public. Léopold est tiré de son rêve et brutalement ramené à la réalité. Il voit un homme qui gesticule et tout le monde debout. C'est le maître d'école, M. Morizot. Qu'a-t-il crié? Il a crié :

— Êtes-vous donc devenu fou, monsieur le Supérieur?

Léopold lève la main d'un geste sacerdotal pour pacifier ses amis qui entourent déjà M. Morizot avec des parapluies menaçants. Son mince visage rayonne d'un sourire de toute-puissance et d'indulgence : c'est le sourire de celui qui sait et qui possède un talisman, le sourire d'un guerrier de légende, son épée enchantée à la main. Que les princes des prêtres mobilisent leurs armées, que M. Morizot passe au service du Diable, Léopold repose derrière ses mérites comme un saint Georges derrière son écu.

Cependant Quirin a causé poliment avec le maître d'école, qui cède à la majesté du caractère sacerdotal et se retire. Hélas! tous les curés le suivent.

Dans le même moment la pluie commence de tomber. Pour Léopold qui vient de reprendre la parole, ce bruissement de pluie c'est la colline qui frémit sous le courant de l'Esprit. Elle redevient ce que Dieu de toute éternité a voulu qu'elle fût : le centre de la nature et le siège du Paraclet. Léopold éprouve une jubilation qui se manifeste dans tous ses gestes. Mais Quirin le tire par sa chasuble; il lui montre l'émotion de la foule qui s'est levée et divisée en petits groupes gesticulants; il lui montre M. le curé de Xaronval qui s'éloigne.

Léopold regarde et dit avec tranquillité :

— Mon frère, *Si Deus pro nobis, quis contra nos ?* Si Dieu est avec nous, qui sera contre nous ?

Il rentre à grands pas au couvent, mené, pressé, quasi embrassé par son fidèle troupeau. Toutes les pièces y étaient prêtes pour la réception traditionnelle, et dans le réfectoire attendait une collation que les sœurs avaient préparée de leur mieux. Mais il n'y a pour y faire honneur que des personnages secondaires, et pas un ecclésiastique. Comment le petit cénacle échapperait-il à une impression d'angoisse en se voyant ainsi délaissé ? Comment les esprits ne se reporteraient-ils pas aux années passées ? Alors, après la procession, tous les collègues des messieurs Baillard venaient s'asseoir à leur table, heureux, allègres de cette âme religieuse qu'ils avaient sentie palpiter sur la colline et profondément satisfaits d'une journée qui avait été pour eux un succès professionnel. Et tous, ils s'entendaient pour dire de Léopold : « Il n'y a pas dans le diocèse un prêtre dont on puisse faire mieux un évêque. » Et quand ils s'étaient rafraîchis, en se retirant, ils ne manquaient jamais de faire promettre à M. le Supérieur qu'il amènerait dans leur paroisse, quelque prochain dimanche, les élèves de son pensionnat et qu'il prêcherait à la grand-messe. Mais aujourd'hui, quel affront ! Les voilà qui partent tous sans un mot d'amitié, sans un signe de politesse.

Et c'est vrai que sur la pente et sur les raidillons, on les voyait qui se hâtaient à grands pas, sans même retourner la tête.

Léopold ne se laisse pas dominer par ces lâches regrets. Il vient de présider au rétablissement des rapports qu'il doit y avoir entre ce lieu saint et la population. Plus d'Église imposée par l'étranger, mais une Église qui sorte de ce sol miraculeux. La fausse religion de l'évêché, médiocre, sans âme semblait invincible ;

97

du premier coup il l'a jetée par terre, tant est puissante la force d'une argumentation véridique. Victoire! Léopold est ivre de plaisir. Un nouveau pacte, une nouvelle amitié se fonde sur la colline. C'est le début d'une ère de félicité.

Ainsi la pensée de Léopold, que la fièvre de son discours tient encore, s'échappe de ce pauvre réfectoire et vole sur les sommets; non pas seulement sur les hauts lieux qu'il a restitués au culte, mais elle rejoint ses plus hautes espérances.

— La quête a été désastreuse, dit Quirin qui fait des piles de gros sous sur la nappe. Je ne sais pas si nous aurons dix francs.

Cette phrase pénétra brusquement au milieu des songeries et des images de Léopold, comme une boule dans un jeu de quilles; elle jeta tout par terre, et d'une manière si basse qu'il en fut exaspéré.

On vit alors un fait inouï, incompréhensible pour qui n'est pas entré dans la pensée de l'aîné des Baillard, un fait bizarre qui rejette le personnage étonnamment loin dans le passé et qui donne un accent barbare à cette solennité, où tout avait été jusqu'à présent, au moins en apparence, une suite d'actions régulières, traditionnelles et quasi protocolaires.

Léopold regarda Quirin, répéta machinalement : « La quête a été désastreuse... » Puis soudain, se levant, il entraîna vers la chapelle, par le passage intérieur, tous ceux qui l'entouraient, et là, sans monter en chaire, depuis la première marche du chœur, il se mit derechef à prêcher.

C'était toujours le même rappel des services rendus à la Vierge de Sion et du droit que les trois frères Baillard possédaient à sa gratitude. C'était une litanie, une supplication, de plus en plus pressante, impérieuse, comme si la Mère de Dieu résistait et qu'il fallût la vaincre à force de prières et d'objurgations. Et voici qu'enfin une parole précise sort de la bouche de Léopold, une parole saisissante et claire qui remue tous les cœurs :

— Notre-Dame de Sion, l'heure est venue de montrer que vous n'abandonnez pas ceux qui espèrent en vous.

Il dit, et au milieu du profond silence qui s'établit, il va prendre la bourse des quêtes. Il se dirige vers le fond de l'abside où la Vierge miraculeuse trône dans le petit monument à coupole et à colonnades élevé par ses soins. Il saisit une échelle, l'appuie à la console, gravit les échelons, et la bourse qu'il tient à la main, il la dépose aux pieds de Notre-Dame. Puis il descend à reculons, en cherchant avec quelque peine les barreaux, et sa soutane embarrassée laissait voir au-dessus de ses souliers ses grosses chevilles de paysan.

Cela fait, il se remit en prière dans l'église où la nuit tombait.

Alors un frisson mortel s'empara de chacun. A cette minute, ils sentirent qu'il y avait quelque chose de changé dans la religion du pèlerinage, et de tout cœur ils adhérèrent à cette foi inconnue. Sous ce geste décisif de leur maître, la qualité religieuse de leurs âmes se révéla, comme une terre retournée par le soc de la charrue laisse voir ses profondeurs.

CHAPITRE VII

La petite vie heureuse

D ANS la nuit, sœur Thérèse eut un songe. Notre-
Dame la visita et lui tendant la bourse lui dit :
« Une moisson naîtra de mon plateau de Sion,
qui vous nourrira tous surabondamment. »

Léopold trouva dans ces paroles une réponse à sa
pressante interrogation de la veille, et son génie bizarre
entendit que la Vierge ordonnait de mettre en culture
le plateau.

Mais d'abord il fallait couper les arbres. C'étaient de
magnifiques tilleuls de trente à quarante ans, que les
Baillard avaient vus grandir. Avec l'église et le cimetière, ils constituaient un des éléments du pèlerinage,
et, pour avoir si bien réussi sur cette terrasse éventée,
ces arbres délicats semblaient favorisés d'une protection spéciale du Ciel. Leur petite armée, dans la force
de l'âge, entourait l'église de ses troncs pressés et lui
faisait une sorte de bouclier contre le vent. Ces belles
allées circulaires étaient le véritable luxe de la contrée,
l'image du repos dominical et du loisir heureux, après
les semaines de travail. Pourtant Léopold n'hésite pas;
il décide de les couper et de mettre en culture les terrains de la promenade, afin de se conformer au songe

de sœur Thérèse et aux paroles de Notre-Dame qui, dans sa bonté, avait bien voulu se rendre compte qu'il fallait créer des ressources à ses fidèles serviteurs.

C'est l'automne, la saison où, sous un soleil refroidi, chacun recueille ce qu'il a semé. Mais Léopold, à cinquante ans, jette bas ses œuvres, coupe ses ombrages et promène le soc de la charrue sur ce qui faisait l'objet de sa tendresse. Rien, pas même sa rupture avec ses confrères et avec son évêque, ne permet mieux de mesurer la puissance de ses nouvelles espérances que de le voir ainsi couper ses tilleuls, sans un mot de regret, sans un soupir de tristesse. Il communique autour de lui sa flamme dévastatrice. Ses fidèles de Saxon accourent à la rescousse. Et huit jours après la fête de Sion et le message de la Vierge, tout un monde de paysans, de frères et de sœurs, armés de haches, de pioches et de scies, se démenait sur le plateau, au milieu des arbres surpris de l'effroyable aventure.

Chose admirable, ces barbares travaux s'accomplirent dans l'allégresse. On vit se déployer sur la colline une activité toute virgilienne, mais pénétrée d'accents chrétiens. Une perpétuelle prière, ou plutôt une constante exaltation de l'âme l'accompagnait, à peu près comme le chant des orgues soutient une prose médiocre. Le matin, l'escouade des frères et des sœurs partait en chantant pour l'esplanade. Ils y trouvaient déjà rassemblés les amis de Saxon, venus avec leurs outils. Ces ingrats enfants de la colline commencent par couper arbres et arbustes à ras de terre, ensuite ils enlèveront les souches avec des haches et des pioches, et quand les beaux tilleuls seront débités en bûches pour chauffer le couvent cet hiver, ils laboureront l'esplanade et la sèmeront de pommes de terre.

Ces destructions, qui allaient prendre tout leur temps durant les mois de septembre, d'octobre et de novembre, se présentaient à eux avec les attraits du sentiment. Tout le long du jour, chacun, par un signe de croix ou par une prière, faisait hommage à Dieu de ses actes un peu importants, que ce fût le premier coup dans un tilleul ou la première tranche coupée dans un pain. C'est un état dont l'allégresse se traduirait par des hymnes, mais où il serait absurde de vouloir chercher des idées claires. A quoi songent des cultivateurs couchés à l'ombre d'une haie, auprès de leurs bouteilles vides, à l'heure rapide de la sieste, entre deux étapes d'un dur travail? Et ceux-ci, religieuses, pauvres frères, villageois dévots, avaient reçu dans l'atmosphère des Baillard une véritable culture de la sentimentalité. Paysans et mystiques, ils étaient soumis, ouverts à plus d'influences de la terre et du ciel que nous n'en connaissons.

L'âme du travail, c'était Thérèse. Elle venait aux champs avec les autres, mais Léopold ne la laissait pas travailler, de peur de contrarier en elle la grâce de Dieu et de Marie. Et vraiment ses dispositions étaient merveilleuses pour saisir, sur le moindre indice, l'invisible à travers le visible. Elle écoutait avec amour la respiration paisible et presque insaisissable de la sainte colline, et savait donner aux choses les plus humbles une signification touchante. Voyait-elle jonchant le sol les branches coupées des tilleuls : « Les feuilles pourrissent, disait-elle, mais nous sommes les vainqueurs de la mort. » Quand apparurent les tristes et charmantes fleurs de l'automne, les colchiques violets, elle y vit une image de l'état religieux : « Parfois, disait-elle, un semis de veilleuses, comme une douce congrégation, peut sembler inutile, mais elles servent de parure au milieu de l'humble prairie et chantent la louange de Dieu. » Des groupes de papillons qui s'élèvent et se poursuivent lui semblaient des âmes qui se libèrent. Des vols de corbeaux qui passaient en croassant, elle les insultait, les moquait comme des démons désarmés.

Parfois des pèlerins se scandalisaient de ces beaux arbres abattus et de ces terres de la Vierge où l'on menait la charrue. Des invectives s'échangeaient, un vrai combat de gros mots. Mais sœur Thérèse marche à côté de l'attelage et vaticine : « Ils croient que nous cultivons la terre et nous cultivons le ciel. »

Les brumes d'automne fermaient l'horizon et limitaient ce royaume privilégié. Sur la colline rendue au calme divin, on vivait tout le jour un rustique Cantique des Cantiques, qui se prolongeait dans la nuit. Chaque soir, les sœurs et les frères, auxquels se joignaient les amis de Saxon, faisaient la veillée autour du feu de la cuisine. Tout en écossant les légumes pour l'hiver, on causait des menus événements du jour, et Bibi Cholion faisait des plaisanteries dont les sœurs s'amusaient. C'était le couarail ordinaire des villages lorrains. Mais, pour Léopold, c'était bien autre chose ! Il croyait présider une de ces agapes fraternelles comme en tenaient les premiers Chrétiens. Et pour se conformer à l'usage des petites chrétientés primitives d'Éphèse, d'Antioche, de Pergame, qui avaient coutume de lire à haute voix les lettres de saint Paul, il se plaisait à communiquer à son auditoire quelque épître de Vintras, toute pleine de malédictions contre les Princes de l'Église et d'effroyables prophéties. Puis, tirant son journal de sa poche, il y cherchait la confirmation de ces sombres pronostics. Jamais en aucun lieu du monde on n'entendit lecture pareille. Léopold, ses lunettes sur le nez, déployait largement la feuille ; il la parcourait du regard, et tout de suite tombait en arrêt sur l'accident, sur la catastrophe du jour. Sœur Thérèse, debout derrière lui, se penchait pour regarder si nulle calamité ne lui échappait, et avant de tourner la page, il attendait qu'elle lui fît un signe de tête. Cette année-là, Léopold fut particulièrement bien servi; en septembre, on eut des cas de choléra; en octobre, la peste dans le golfe Persique; en novembre, des épidémies sur le bétail et de grandes pertes d'argent à la Bourse. A chaque fléau, sœur Thérèse battait des mains, et l'on voyait apparaître sur les lèvres de Léopold un sourire d'une béatitude ineffable. Quand le *vomito negro* se réveilla à Rio de Janeiro, le grand François s'écria qu'il donnerait bien dix sous pour voir à ce moment la tête du curé de Xaronval, car aucun d'eux ne doutait que M. Magron et tous leurs confrères ne fussent comme eux uniquement occupés à vérifier les prophéties de Vintras. A dix heures, Léopold distribuait le pain bénit, auquel les sœurs parfois ajoutaient un supplément de vin chaud.

Et c'est ainsi que chaque soir, là-haut, autour d'une table de cuisine, des villageois se penchent sur un journal éployé pour y chercher, avec une fièvre joyeuse, les signes avant-coureurs du cataclysme où s'allait engloutir ce monde d'iniquité, hormis la poignée de justes groupés dans l'ombre de Léopold et de Vintras.

A la fin de la semaine, le dimanche, Léopold prêchait solennellement. On accourait de très loin comme pour un théâtre. Les Baillard avaient imaginé d'organiser des dialogues où François tenait le rôle d'un prince de l'Église, — il ne demandait pas mieux que l'on reconnût l'évêque de Nancy, — accablé par le réquisitoire vintrasien de Léopold. On riait du grand François; on applaudissait Léopold.

Celui-ci avait pris à Tilly, comme par une sorte de contagion, le système de se livrer aux flots de ses paroles. Souvent il semblait le jouet de son inspiration. Puis au retour de ces élancements dans les régions qui s'étendent par-delà les limites de notre esprit, il parlait du ton le plus plat. Ses discours, plus qu'à demi incompréhensibles, du moins n'étaient pas des soporifiques, des marmottements confus comme il pouvait y en avoir à la même heure dans les églises de la plaine. Il en sortait une voix vivante, d'un positif déconcertant. Ah! c'était simple. Du milieu de ses obscures redondances, assez pareilles aux orchestrations d'un charlatan de foire, il terrifiait son monde en prédisant la grande catastrophe finale, puis il le rassurait en offrant de donner après l'office, dans la sacristie, un mot de passe qui garantirait le salut.

Ces ardeurs insensées touchaient beaucoup les femmes. Elles venaient, chaque dimanche, plus nombreuses. Léopold attendait beaucoup d'elles pour la propagation de ses vues sur le règne du cœur. Aussi ne négligeait-il rien pour leur plaire, et par exemple, il aimait à répéter que l'excès de leur amour de Dieu leur a causé, dans la suite des temps, une palpitation si violente que plusieurs de leurs côtes ont changé de place pour donner de l'espace à leurs cœurs, formant ainsi sur leurs poitrines une douce éminence.

En l'écoutant, elles rêvaient. Cet apôtre extravagant de l'Esprit-Saint ouvrait à ces paysannes, médusées d'étonnement, les royaumes du romanesque. Beaucoup s'émouvaient. Quirin qui les surveillait en prenait bonne note. M. le Supérieur gardait toujours un certain *Noli me tangere;* il ne descendait guère les gradins de l'autel, mais les deux cadets, eux, à la sortie de la messe, se multipliaient en conversations sur le parvis et jusqu'au milieu des labours du plateau. Qu'est-ce que vous risquez? disaient-ils. Ils ramenaient ceux-ci et ceux-là dans la sacristie. Léopold s'y tenait en permanence, ayant à ses côtés sœur Thérèse. On s'asseyait comme dans une maison de village. C'était encore une église, mais plus familière que l'autre. Très vite, la causerie tournait à la confession, et Thérèse s'éloignait, s'occupait des enfants, s'il y avait lieu, les caressant, les approchant de l'autel, joignant la puissance de la tendresse féminine à l'effet de la doctrine prêchée par le Pontife. Puis revenant à la sacristie :

— Monsieur le Supérieur, disait-elle, montrez donc à Madame l'hostie miraculeuse que vous avez reçue de Tilly.

Léopold exhibait alors une de ces hosties tachées de sang et divinement parfumées, comme on en voyait par miracle apparaître, de fois à autre, sur l'autel de Vintras.

De la sacristie, les néophytes passaient dans le couvent, où François et Quirin offraient leurs services. C'était comme un second cabinet de consultation. Ils se proposaient pour trouver des sources, des trésors.

Les gens s'en allaient enchantés, un monde nouveau ouvert devant eux, un monde nullement ennuyeux, où l'âme de quelques-uns se satisfaisait, où l'imagination de tous se trouvait fort à son aise. Leurs récits agitaient toute la contrée avec force, car ils flattaient le goût du merveilleux et le goût du comique. Et beaucoup qui n'auraient pas voulu pénétrer dans la sacristie de Léopold venaient pousser des pointes jusque sur la colline, où ils avaient parfois la bonne fortune de rencontrer François et Quirin Baillard occupés à de singulières besognes. Le grand François errait dans les ruines de Vaudémont, tenant du bout des doigts la chaîne de sa montre balancée. Il attendait qu'elle lui révélât les trésors enfouis des anciens seigneurs du donjon. Quant à Quirin, une baguette de coudrier dans les mains, il cherchait une source sur la partie désertique du plateau, autour de « l'arbre penderet ».

La colline apparaissait au loin comme le plus rare

des tréteaux, où des scènes de miracle se joignaient à une véritable comédie. Et pour achever d'intéresser le populaire, voici que des effets de drame s'annonçaient. Des nuages gros de menaces accouraient vers Sion, et tout le pays disait que l'évêque allait interdire les trois frères.

Un jour, sœur Thérèse, qui souffrait d'une rage de dents, se rendit à Vézelise, en compagnie des sœurs Euphrasie et Lazarine, pour consulter le docteur Contal. Mais d'abord toutes trois entrèrent chez l'épicier. La servante du curé s'y trouvait.

— Bonjour, mademoiselle Mélanie, lui dirent-elles le plus civilement du monde.

— Bonjour, mesdemoiselles, répliqua l'autre, qui leur fit sa révérence, et sans plus leur tourna le dos.

Mesdemoiselles! Appeler ainsi des religieuses! Mais ce qui acheva de les confondre, c'est le regard méprisant de la servante, quand l'épicier refusa de leur livrer du savon à crédit.

Le médecin, chez qui elles sonnèrent ensuite, leur dit dès le corridor :

— Que venez-vous faire, mes bonnes Sœurs, chez un simple praticien? Léopold vous guérira : il fait des miracles à la pelle.

Il les poussa poliment dehors.

Sœur Thérèse en fut suffoquée, et si heureusement que son mal de dents disparut.

Cet accord inattendu de la cure et de la faculté aurait dû épouvanter les pauvres filles. Le croire, ce serait mal comprendre la divine irréflexion qui régnait dans le cercle des Baillard. Les trois femmes comme Léopold eût fait à leur place, virent seulement dans l'insolence de la servante et la mauvaise grâce du médecin deux nouveaux signes, deux nouvelles épreuves par où se manifestait la sollicitude du Seigneur. Cette humilia-

tion et la disparition subite, mystérieuse, de la né-
vralgie de Thérèse exaltèrent chez elles le sentiment
d'un accord avec la divinité. Elles revinrent en disant
alternativement des prières et des cantiques. Cette
plaine leur semblait un temple et non pas immense, un
temple domestique, familier, où les villages étaient
autant de petits autels, les travaux des champs une
suite de cérémonies pieuses, et la faible rumeur des
bêtes et des gens une large action de grâces.

Sœur Thérèse ne pouvait se retrouver en pleine
campagne, au milieu du décor et des soins agricoles,
sans être envahie par les souvenirs de son enfance
de bergère. Elle se rappelait le temps où, petite fille
et gardant avec une branche effeuillée à la main ses
vaches sur la prairie, elle chantait ses premières chansons. Léopold l'avait initiée à de plus mystérieuses
effusions. Elle était bien convaincue aujourd'hui qu'il
n'est pas indifférent de chanter telle ou telle parole,
et si elle jetait dans les airs les louanges de la Vierge
et les magiques syllabes de Sion, c'est qu'elle voulait
s'envelopper, créer autour d'elle une zone de protection. Croyance vague et profonde. Les trois filles
s'avançaient dans une colonne divine; leur allégresse
soulevait leur marche. Elles devaient aux voyages, à
l'habitude des sollicitations et des remerciements une
souplesse, une aisance rare chez les villageoises. La
mâchoire serrée d'un bandeau, heureuse de n'avoir plus
mal, associée à cette nature par une fraîcheur, un
parfum, des couleurs dont la suavité s'accordait avec
les parties les plus inexprimables de son âme, cette
sœur paysanne était une image de la fantaisie. Toutes
les fées étaient dehors; Silène et les bacchantes dans
les vignes. Un chasseur sonnait son chien sur la lisière
du bois. Dans cette journée de bonheur, l'esprit de
Thérèse avait les virevoltes d'un martin-pêcheur, tout

bleu, tout or, tout argent, sur un paisible étang de roseaux. Avec une cadence un peu balancée, les trois religieuses chantaient :

> *Sainte Sion, demeure permanente,*
> *Sacré palais, qu'habite le grand roi,*
> *Dans tes parvis se plaît l'âme innocente,*
> *Quoi de plus doux que de penser à toi !*
> *O ma patrie,*
> *O mon Sauveur.*

En traversant les villages quasi déserts, où retentissaient dans les granges les coups répétés des batteurs au fléau, elles se taisaient et par un innocent génie de comédie, pour raffermir le crédit de Léopold, elles s'appliquaient à laisser paraître sur leurs visages l'innocente joie dont elles avaient le cœur rempli. Comment la méchanceté de Vézelise troublerait-elle leur confiance ? Un temps gris, silencieux, humide, enveloppe les vergers, les prairies où sèchent les regains, les bons chevaux paisibles qui ramènent les voitures chargées de récoltes, et les grands sacs de pommes de terre qui s'alignent debout le long des champs. Avant de quitter leur travail, arracheurs et arracheuses font des tas avec les fanes, y mettent le feu, et ces brasiers solitaires achèvent de brûler quand la nuit est déjà tombée sur la campagne. C'est la tristesse d'une fin de journée où déjà perce l'hiver. Mais devant elles, la colline semble si ferme et assurée des faveurs du ciel vers lequel elle se soulève ! Parfois, une nuée lumineuse vient l'envelopper, la baigner de jeunesse, comme un signe de la complaisance divine. Sur leur beau couvent veille une influence surnaturelle.

Du haut de la terrasse, Léopold guettait leur retour. Il leur ménageait une surprise, et se réjouissait de les voir venir dans le lointain. En dépit de la nuit, maintenant qu'elles s'étaient engagées à la file dans l'étroit sentier, à travers les broussailles des pentes, il devinait à sa légèreté sœur Thérèse qui marchait en avant, et il s'attendrissait qu'une si longue course n'eût pas alourdi sa grâce. Avec son éternelle manie de se retrouver dans les grands saints du passé, il se disait : « Saint Chrysostome s'est appuyé sur la sainte veuve Olympias, et saint Jérôme sur Marcelle qu'il chargea, lors de son départ pour la terre sainte, d'arbitrer les difficultés d'exégèse; le nom de sainte Scolastique est lié à celui de saint Benoît, et nul ne peut penser à saint François de Sales sans voir à son côté sainte Jeanne de Chantal. Sœur Thérèse est digne d'être une Olympias, une Marcelle, une Scolastique, une Jeanne de Chantal... Auprès d'elle, il sentait son être s'épanouir, se rapprocher du ciel. Quand les trois religieuses atteignirent l'esplanade, Léopold les pressa sur son cœur avec respect et dilection comme trois filles bien-aimées, et les bénit d'un signe de croix. Puis soudain, il les entraîne dans la sacristie, et prenant un calice posé sur la crédence :

— Mes chères filles, leur dit-il, le Prophète de Dieu daigne vous envoyer ces hosties miraculeuses descendues sur son autel et qu'il vous sera permis de porter en scapulaires sous vos vêtements.

Il dit et les leur fait baiser. Quel trouble, quelle émotion ! Elles éprouvent le sentiment des juifs qui croyaient mourir si une fois ils avaient touché l'Arche. Régulièrement, nulle religieuse ne peut mettre la main sur le ciboire vide et les linges sacrés sans une permission spéciale. D'où une certaine éminence de la religieuse sacristine. Mais Léopold, avec une audace dont elles défaillent de reconnaissance, leur fait monter les marches de l'autel. Ce prêtre chaste, et chez qui les forces physiques et les puissances de foi étaient intactes, devait nécessairement faire des prêtresses. Sa profonde raison, inconnue de lui-même, quand il prête un tel rôle à de pauvres religieuses, hier encore de simples paysannes, c'est qu'aujourd'hui au lieu de chercher sa loi dans l'Église, il va la chercher en lui-même, et que tout homme, à mesure qu'il donne une place à l'inspiration dans la conduite de sa vie, est amené à honorer davantage la femme, à croire qu'elle pénètre par ses intuitions dans l'au-delà et que, illuminée par l'électricité de son cœur, elle déchiffre le livre divin.

Les jours d'un novembre lorrain, son ciel abaissé, son horizon rétréci composent l'atmosphère la plus favorable à l'épanouissement des puissances religieuses de l'âme. La pluie, le grand vent qui nous enferment entre quatre murs, nous obligent, pour peu que nous en soyons capables, à écouter les palpitations de notre vie. Tout ce qui reposait dans l'âme de Léopold se réveillait, se déployait, jetait ses lumières. Il écoutait les irrésistibles tendances de son cœur et disait : « Ce sont là des prophéties pareilles à celles de Vintras. Aussi vrai que je suis l'effet des désirs de mon père et de ma mère, et la couronne de leurs espérances, mes aspirations sont vraies. Ce que ma nature réclame et que ma prière sincère sollicite me sera nécessairement donné. » Dans sa jeunesse et hier encore, en battant tous les chemins de l'Europe, il avait diminué son être; il s'était senti jour par jour refroidi, gêné, peut-être dégradé. A courir le monde et surtout à lutter contre l'évêque, il avait failli perdre sa véritable nature. Maintenant rendu à lui-même, il va se réaliser, épanouir les pensées déposées dans son cœur par les générations qui l'ont précédé, et, dans ce début de novembre consacré aux trépassés, son esprit s'oriente avec plus de force qu'aucune autre année vers le souvenir de ses parents pour y trouver un appui.

Le jour des morts, Léopold s'en alla s'agenouiller au cimetière de Borville. Ni François, ni Quirin, appelés au loin pour découvrir des sources, ne l'accompagnaient. Cette longue route, il la fit seul, à pied, sous un ciel bleu, divin de douceur, par le soleil le plus enchanteur, au milieu de ces vieilles campagnes paisibles comme la mort et pourtant pleines d'espérance. Son bâton dans la main, le vigoureux curé parfois pensait à ses ennemis et faisait un dur moulinet, tantôt et le plus souvent, se livrant aux songes, il pressait le pas pour atteindre le but des désirs de son âme. Une prière se formait en lui qu'il prononça sur la tombe de son père, dans l'étroit cimetière éblouissant de bouquets de fleurs, où dans cette extrême saison bourdonnaient encore les abeilles :

« Mes parents, je viens vous trouver, vous dire mes pensées qui sont les vôtres, élargies, colorées par des expériences plus audacieuses. M'entendez-vous respirer et frapper votre terre de mon bâton? C'est moi, Léopold, votre aîné. Vous avez construit dans Borville une maison, et couché sous le sycomore une pierre au titre honorable : *Père et mère de trois prêtres.* Et moi, je ne laisserai pas annuler la maison ni la tombe qu'à mon tour je dois édifier. Esprits célestes, accompagnez-moi : je viens vous quérir. Votre tâche de Borville est remplie; c'est sur la sainte colline maintenant que tous les Baillard combattent... »

Des groupes pieux circulaient, priaient sur les tombes. Nul ne parla à Léopold de lui-même, car on savait qu'il était dans l'ennui, mais de ses défunts et avec des mots qui surent trouver dans ce cœur exalté la source des larmes.

Il repartit, convaincu d'entendre auprès de lui le vol glacial de ses ombres chéries, et pour leur parler, il s'arrêtait parfois sous les bouquets d'aulnes qu'aiment les trépassés. Dans cet extrême état d'émotion, il éprouva le besoin de revoir un ami. Le cher visage du curé de Xaronval lui revint à l'esprit. Celui-là, comme les autres, l'avait abandonné le jour de la procession, mais n'était-ce pas un malentendu? Il saurait bien le convaincre. Sans hésiter, il fit un détour afin de l'aller voir et de lui demander l'hospitalité pour la nuit. Mais la route était plus longue qu'il n'avait calculé. Quand il arriva à Xaronval, il était recru de fatigue, et déjà les ténèbres tombaient.

Une petite fille vint ouvrir. Il se nomma. En entendant ce nom, Léopold Baillard, l'enfant se glaça d'effroi, comme si elle eût vu Belzébuth déguisé en prêtre, et reculant vers la porte, elle dit que son oncle était absent, mais sans doute allait bientôt rentrer. Puis, rapidement, elle disparut et s'en alla s'asseoir au bord de la route, sur un tas de cailloux.

Comment Léopold interpréta-t-il la terreur de l'enfant? Y découvrit-il un refus déguisé? Le certain, c'est qu'une heure après, quand M. Magron rentra dans son presbytère, et s'en vint tout droit à la cuisine où il pensait trouver son ami auprès du feu, la pièce était vide. Avec sa nièce, il chercha vainement dans tous les coins de la cure Léopold Baillard. Ils montèrent jusque sur le grenier, l'appelèrent devant sa porte; personne ne leur répondit... Et pourtant Léopold était là, dans l'ombre. Le lendemain on découvrit, contre une meule du champ voisin, la forme de son corps dans la paille.

La petite fille se demanda toujours si c'était Léopold ou le Diable qui avait couché dans cette meule.

Non, ce n'était pas le Diable, mais c'était un Léopold que M. Magron ni aucun de ses confrères n'avait connu, un Léopold que ne touchaient plus les paisibles voix de la vie. Il avait bien entendu les cris du curé et de l'enfant, mais ses chimères le tenaient et d'une telle force qu'aucun appel ne pouvait plus le leur arracher. Au pied de la meule où il s'était laissé choir, exténué de fatigue, il restait sans mouvement avec une prodigieuse lucidité d'esprit. Il regardait comment, sous la nuit descendante, Sion prenait des accents plus mystérieux et l'aspect d'un grand autel paré de lumières pour le divin sacrifice; il écoutait les bruits du village, l'aboiement des chiens, la douce activité du presbytère tout proche; il se prêtait surtout à ce souffle de Dieu qui glisse le soir à travers les campagnes. Auprès de lui se tenaient avec tendresse les deux ombres de son père et de sa mère, telles qu'il les ramenait de Borville, et dans sa longue méditation nocturne, le cœur et la pensée envahis de puissants effluves nouveaux, il cessait de se tourner vers l'ancienne vie lorraine pour en appeler à la vie surnaturelle. Il n'appartenait plus à la terre... Force universelle, amour, puissance qui s'éveille en nous pour donner des couleurs et des sonorités au monde, désir, voici que tu te redresses, une fois encore, chez Léopold! L'étrange homme a trouvé son bonheur, le seul bonheur qui jamais, il le jure, ait été digne de sacrifice. Un nouvel amour vient de s'emparer de son âme, d'anéantir toutes ses expériences antérieures, de le laver, de le régénérer, et naïf comme un jeune homme, ce vigoureux quinquagénaire s'élance, le cœur en feu, vers des régions inconnues. Ce n'est pas qu'il ait découvert une jeune figure émouvante dans l'ombre d'un soir d'été et qu'un regard plein d'âme ait paru répondre à son regard, et qu'une sœur céleste soit venue vers lui pour le guider aux régions du sublime. La jeunesse et la beauté ne songent pas à faire leurs cruels miracles dans le cercle de ce paysan, qui porte au front le signe du sacerdoce éternel. Léopold reste obsédé par les seuls problèmes de son état. La grande et l'unique affaire demeure pour lui de saisir le problème divin du monde. Il ne va pas en demander la solution au plaisir, à la volupté d'un cœur qui se brise, à l'éclair d'un tendre visage. Le dur rêveur est rempli de confiance, a repris avec plus de force son bâton de route pour le voyage de la terre au ciel, parce qu'il a reçu de Vintras un mythe à sa portée, le mythe pour lequel il avait été conçu.

Dans un tel enivrement, que pouvait faire à Léopold le soulèvement de tout le pays, que pouvait lui faire l'interdiction?

Elle éclata contre les trois frères vers la fin de l'année.

A l'heure même où l'évêché décrétait la sentence, Léopold se promenait avec sœur Thérèse sur le plateau. Il calculait le moment et priait Dieu, disant :

— Je ne sens pas le coup d'une houlette brisée.

Quirin et François descendirent aussitôt dans le village, en répétant de porte en porte :

— Dieu soit loué! Nous ne verrons plus nos confrères; Sion n'y perd que des pique-assiettes... D'ailleurs nous sommes interdits avec manque de formalité dans la sentence. Elle ne compte pas.

Et les dévotes s'éparpillaient dans les champs, tourbillonnaient autour des laboureurs, en marmonnant avec passion le mot de sœur Thérèse :

— Il en sera de nous comme des grains que vous jetez. Le blé que l'on sème au printemps ne donne jamais rien que de maigre, mais nous produirons beaucoup, parce que la neige va nous passer dessus.

CHAPITRE VIII

Un soldat de Rome

AUCUNE rêverie des longues soirées d'automne, quand la pluie cingle nos carreaux et que la plainte du vent nous fait tressaillir dans notre premier sommeil, ne nous présente rien d'aussi étrange que ces prêtres et leurs compagnes qui circulent sur le haut lieu de Rosmertha, y cherchant des sources spirituelles et qui voient les anges planer au-dessus de leurs têtes en même temps que les eaux courir dans l'épaisseur du sol. Toute la Lorraine a les yeux tournés vers l'antique sommet qui porte dans le brouillard une mystérieuse couronne féminine. Mais cet automne de Sion peut-il se prolonger? Ce château de brouillard, tout étincelant des prestiges du Diable, jouira-t-il encore longtemps des faibles rayons d'un soleil qui s'incline? Est-ce une île nouvelle qui monte à la surface et que le vaste flot de l'Église officielle ne parviendra pas à submerger? De toutes parts on se le demande...

Le 11 novembre 1850, jour de la fête de saint Martin, un religieux de l'ordre des Oblats de Marie, le Révérend Père Aubry, gravissait à pied la sainte colline. Le curé de Chaouilley le guide; un paysan porte sa mince valise. C'est le nouveau curé, un jeune homme de vingt-quatre ans, choisi, délégué par Mgr de Nancy. « Je te donne, lui a dit l'évêque, les âmes de Sion et de Saxon. A toi de les arracher aux démons. Va reconstruire là-haut l'édifice de la vraie foi, et fonde ton action sur la parole inébranlable de saint Bernard : *Melius est ut pereat unus quam unitas.* »

Ce jour-là, sous le porche de Sion, un béquillard attendait fortune. En voyant s'avancer les deux prêtres, il se hâta vers eux, mais soudain, frappé d'un mal inconnu, il s'affaissa dans les bras de l'Oblat, qui eut tout juste le temps de l'aider à bien mourir.

Le jeune prêtre fit un rapprochement entre cette charité qu'il lui était permis d'accomplir et la légende du saint que l'on fêtait ce jour-là. Il vit dans ce petit drame l'annonce que Dieu lui permettrait de recevoir un jour dans ses bras les schismatiques, comme il venait de faire pour le pauvre boiteux.

En attendant, il fallait trouver un logis. Les cinq maisons où il frappa successivement, et qui sont avec le couvent toute la vie du plateau, lui fermèrent, l'une après l'autre, impitoyablement leurs portes. A Saxon où il descendit, la même hostilité l'accueillit, et, de guerre lasse, il dut s'accommoder d'une mauvaise chambre à l'auberge.

Cependant les Baillard, indignés qu'on leur arrachât l'église, achevaient de la déménager. Depuis huit jours, ils s'y employaient. Ce dernier soir, ce fut un vrai pillage. Frères et sœurs, ils s'y mirent tous, excités jusqu'à la folie par l'arrivée de l'Oblat, ne laissant pas une fleur, pas un ornement, pas même un linge pour offrir le saint sacrifice.

C'est dans cette église désolée que le Père Aubry, le lendemain, qui était un dimanche, prit le contact de ses paroissiens. Au moment où il se présentait à l'autel, Léopold, François, Quirin, escortés des deux frères Hubert et Martin, des religieuses et des villageois les plus fidèles, arrivèrent glorieusement dans le sanctuaire par le corridor qui fait communiquer l'église et le couvent. Ils se placèrent debout, les bras croisés, au fond de l'église. Sous le regard de ces trois pontifes, immenses dans leurs grands manteaux noirs à collet de velours et à triple pèlerine, et qui ne perdaient pas un seul de ses gestes, une seule de ses paroles, le jeune curé, non sans émotion, monta dans la chaire, et prit texte du mort qu'il avait administré la veille sous le porche pour célébrer les vertus de la charité. Il ne parla que d'indulgence et d'amour du prochain.

A la sortie, sur le plateau, les trois Baillard l'attendaient, et devant tous les paroissiens Léopold l'aborda :

— Je suis heureux, dit-il, d'offrir mes hommages et mes félicitations au jeune missionnaire qui a si bien débuté à Sion.

Mais l'Oblat, lui lançant un regard irrité, s'écria :

— *Vade retro, Satana!* Retire-toi, Satan !

— Vraiment, répondit Léopold, est-ce donc là cet esprit de charité que vous recommandiez dans votre prône?

Aussitôt des murmures désapprobateurs s'élevèrent contre l'Oblat, qui, sans se troubler, commença de se justifier en disant qu'il avait agi selon les paroles de saint Jean : « Si quelqu'un vient vers vous et n'apporte pas la vraie doctrine, ne le recevez pas dans votre maison et ne le saluez pas, car celui qui le salue participe à ses œuvres perverses. » Il s'appuyait encore sur un texte de saint Matthieu : « Si quelqu'un n'écoute pas l'Église, regardez-le comme un publicain et un païen. »

Mais les Baillard allaient de groupe en groupe, répétant que cet étranger méprisait les gens de Saxon et qu'il venait d'insulter Léopold. Poussé par eux, Bibi Cholion osa interpeller l'Oblat :

— On dit que vous êtes de Limoges?

— Peu vous importe, répliqua l'autre, je suis le curé légitime désigné par l'évêque du diocèse.

La réplique était forte. Léopold, pressé par François et Quirin, fit donner ses réserves : il annonça solennellement que l'Organe de Dieu viendrait bientôt à Sion et qu'on y verrait ses miracles.

Ce fut d'un effet magique. Tout le monde se presse autour de Léopold. Il vaticine, il recommence ses discours passionnés et mystérieux; il appelle avec une impatience frémissante le jour prochain où Dieu jugera la colline de Sion, la vengera de ses ennemis et mettra au-dessus de tous la tribu des justes. Cependant son jeune adversaire descendait tout seul la pente de Saxon pour regagner son gîte. Il fallut retenir François qui voulait le poursuivre et qui, au milieu d'autres injures, lui criait un reproche très propre à toucher l'auditoire :

— Ça n'a pas quarante sous à dépenser à l'auberge, et ça veut ruiner un pèlerinage qui a rapporté des mille et des mille au pays!

Ainsi la guerre était déclarée. Deux chefs se sont jeté le gant. Voilà que s'affrontent deux puissances, l'étranger et l'indigène, ou même pourrait-on dire, le Romain et le Celte. Tout le pays est divisé.

Les frères Baillard règnent sur le plateau. Ils y occupent le monastère, son grand jardin, les promenades transformées en labours et quelques champs épars. Leurs fidèles habitent toutes les maisons avoisinantes. Dans Saxon, ils peuvent compter sur la plus grande partie des habitants, parmi lesquels le maire et son conseil municipal. Même les attributions du curé, est-il exact qu'ils les aient abandonnées, restituées? Nullement, puisqu'en qualité de propriétaires du couvent, ils jouissent du droit d'entrer librement dans la sacristie et dans le chœur par un corridor intérieur; ils détiennent les clefs des troncs, les clefs du clocher où ils sonnent l'angélus et les clefs de l'église (qu'ils ouvrent le matin, qu'ils ferment le soir et qu'ils balayent); enfin ils ont en leur possession tous les ornements et même des objets sacrés, tels que le fer à hostie. Bref, ils demeurent les gardiens, les véritables maîtres du sanctuaire dont l'évêque les a déclarés indignes.

Quant au jeune Oblat, considéré comme un intrus par ceux-là même qui sont le plus attachés à leurs devoirs religieux, il va habiter en bas, à Saxon, dans une misérable auberge, distante d'un quart de lieue, d'où chaque matin, il grimpera la côte sous le vent, la pluie, la neige d'un rigoureux hiver, pour aller dire la messe dans son église qui, plutôt que la sienne, demeure l'église des schismatiques.

Qu'ils semblent forts sur la montagne où depuis trente ans ils travaillent, les trois frères Baillard! Mais derrière le pauvre isolé de Saxon, il y a la puissance de son ordre, il y a toutes les réserves de l'Église, dont les files profondes s'étendent à perte de vue jusqu'au Vatican. « Je suis Romain. » En ces trois mots tiennent sa force, son droit et l'éternelle poésie d'une sentinelle avancée de Rome. C'est un légionnaire au milieu des Celtes.

Là-haut, les Baillard et leurs fidèles préparent la résistance. Leur premier soin est d'organiser, dans le réfectoire du couvent, une chapelle à l'imitation de celle où Vintras officie à Tilly. Ils étendent sur le plancher tous les tapis dont ils disposent, recouvrent d'un damas rouge bordé de soie jaune l'autel construit en bois sans pierre consacrée. Aux portes du tabernacle, ils suspendent quatre cœurs en vermeil renfermant des hosties miraculeuses. Une girandole à trois branches éclaire ce curieux oratoire. Et Vintras leur envoie un linge odoriférant, qui avait servi à essuyer la coupe de son premier sacrifice. Les Pontifes y abritèrent pieusement les reliques de saint Gerbold, qu'ils placèrent sur le tabernacle. Et l'ensemble faisait le plus bel effet.

Appuyée sur cette arche sainte, la congrégation défiait les assauts de l'étranger. Chacun de ses membres éprouvait cette impression excitante et gaie qui accompagne les débuts d'une action militaire. Les anciens règlements ne valent plus; c'est une vie de guerre et d'aventures qui commence.

Quirin se multiplie chez les hommes d'affaires de Vézelise, de Lunéville et de Nancy, faisant les chemins de jour et de nuit par les temps les plus affreux; François court les villages pour entretenir l'enthousiasme et lutter contre la défection; quant à Léopold, il demeure dans sa chambre et, les pieds sur les chenets, s'entretient avec les astres. Par une déchirure des ténèbres qui nous emprisonnent et nous glacent, il voit, il entend, il respire les parfums, la musique, la couleur et les secrets du ciel. Assisté de Thérèse, il surveille l'arrivée des secours surnaturels.

La vie du couvent est bouleversée. Tout le monde s'y mêle de commander les deux frères Hubert et Martin. Autrefois excellents travailleurs, les pauvres gens paraissent maintenant détestables. Découragés, ahuris par des ordres contradictoires, ils ont fini par perdre la tête. Les sœurs ont rompu les observances de leur vie de religieuses, sans pouvoir retrouver les conditions d'une vie paysanne. Pour elles s'ouvrent de nouveaux horizons; elles laissent se réveiller des désirs contre lesquels, autrefois, elles se seraient réfugiées dans la prière. Sœur Lazarine, d'accord avec Quirin, cherche à prendre la haute main sur l'administration domestique. Naturellement dure et âpre et le redevenant à mesure qu'elle perdait ses allures conventuelles, elle eût voulu transformer le monastère en une simple exploitation agricole. Quant à sœur Euphrasie, grosse fille aux yeux bleuâtres, aux joues pleines, et dont toute la confiance s'en allait à François, elle avait renoncé à apprendre l'A. B. C. aux petites filles de Saxon, et durant les heures de classe elle se promenait avec elles dans les champs, pour leur montrer comment on trouvait les sources avec la baguette magique, d'après la méthode de François.

Ainsi chaque sœur s'était modelée sur celui des Baillard qu'elle avait choisi. Des oppositions de nature qui existaient précédemment entre elles, et que dissimulait la règle, apparaissaient maintenant, compliquées par les caractères nouveaux qu'elles empruntaient de l'homme qui les dominait.

Dans cette anarchie, on ne s'entendait que sur un point : faire la guerre au Père Aubry, rendre la vie impossible au malheureux isolé. Quelle joie pour les bonnes sœurs si elles entendent qu'on a crié : « Au corbeau ! » sur son passage, qu'il s'est à moitié démis le bras à la descente de Sion en butant contre une corde tendue le soir sur son chemin, qu'on lui refuse des œufs, qu'il n'a pas trouvé de charrette pour le mener à Nancy ! La nuit de Noël vit éclater leur malice.

Pour cette fête solennelle, l'Oblat ne put décorer son sanctuaire qu'avec des lambeaux de vieilles robes d'enfants de chœur, des chandeliers rouillés et des fleurs noires de poussière; et tandis qu'il officiait pour un tout petit groupe de fidèles, il entendait les Baillard et leurs partisans chanter la messe dans leur chapelle toute brillante des dépouilles de l'église.

Les sœurs avaient rassemblé tous leurs pots de fleurs, qu'elles avaient garnis de la plus belle variété de roses en papier, et tous les chandeliers du couvent, des chandeliers grands et petits, et même ceux de la cuisine. Cette centaine de feux projetait de magnifiques moires sur le damas rouge et jaune. Quatre anges, l'épée fleurdelisée à la main, occupaient les gradins de l'autel et faisaient une garde d'honneur à un étincelant candélabre à trois branches.

Cette messe de minuit, dans un décor si nouveau, fut un réel succès pour les Baillard. Presque tout le village était là, attiré par la cérémonie et par l'espoir du réveillon que, sous le nom d'agape exceptionnelle, Léopold promettait à ses fidèles depuis la première semaine de l'Avent. Dans les agapes ordinaires, chacun apportait sa part, la congrégation se bornant à offrir un gâteau bénit, dont chacun des assistants emportait un morceau pour sa famille. Cette fois, vu la solennité, l'agape eut un caractère plus généreux. Dès le début, le Pontife d'Adoration fit sauter le champagne. Fort expansive déjà, la joie des fidèles éclata avec violence au moment où les orthodoxes sortirent de leur misérable messe et de leur église démeublée.

Au nombre d'une douzaine, leurs lanternes à la main, ils s'en allaient dans la nuit; ils redescendaient à Saxon en faisant cortège à l'Oblat. Soudain les fenêtres du couvent s'ouvrirent, et les religieuses apparurent, riant et chantant à gorge déployée. Elles chantaient un vieux Noël en patois lorrain, un Noël gothique, comme on dit dans le pays, tout plein d'images paysannes de guerre et de pillage :

Alarme, Compagnons,
Car je vois de bien loin
Une grosse troupe de gendarmes et doldats
Qui nous prendront nos troupeaux tout à l'heure.

Hélas! ils sont partout,
Tout en est noir,
Ils sont drus et menus,
Ils feront la guerre à riche et à pauvre.
Ah! Dieu! je suis pris
S'ils nous trouvent ici.

Ce vieux chant populaire, où s'exprimait jadis la détresse des paysans du duc Charles IV foulés par les Suédois, les Baillard l'ont retrouvé, et tout spontanément le prennent pour chant de guerre. Cette plainte villageoise et guerrière leur plaît par son caractère de défiance et d'hostilité contre l'étranger. Le sentiment profond qui les anime y trouve une forme saisissante. La sœur Thérèse les enflamme tous quand elle chante, avec l'accent des paysans qui voient apparaître sur l'horizon une petite troupe d'inconnus :

Filles et pâtureaux,
C'est pas le moment de parler;
Vite, au plus tôt, courez parmi les champs
Pour ramasser nos troupeaux tout d'un temps.
Envoyez le chien Brissaud après,
Et vous, Fidèle
Pour les faire retourner
Pendant que je ferai la sentinelle.
Car je serai pris,
S'ils nous trouvent ici.

Mais les bergers se rassurent : il y avait une méprise. Ce ne sont pas les terribles soudards de Gustave-Adolphe qui arrivent, ce sont les Rois Mages, et tout le monde part d'un grand rire quand sœur Euphrasie chante à son tour :

Mais Colas n'avez-vous pas vu
Un des rois si camus
Et qui est encore plus noir qu'un cramail ?

Voilà bien longtemps qu'il n'a pas lavé son visage,
Il fera peur à l'Enfant.
Il n'a que les dents qui soient un peu blanches,
Ses lèvres se retroussent des deux côtés,
Et ses gens lui ressemblent aussi.

Le nègre, c'est l'Oblat, tout de noir vêtu, qui se tient là, cloué dans la neige par la surprise et le scandale. Les sœurs le montrent du doigt. Elles jettent les strophes comme des filles de village, un dimanche, en regardant passer les voitures, narguent, raillent et font les cornes aux promeneurs venus de la ville. Dans leur fidélité mystique, elles ont trouvé, à leur insu, un moyen qui, s'il n'est pas de leur état, est tout à fait de leur race, de dire au Régulier l'homme que leur cœur a choisi.

L'Oblat et ses compagnons ne peuvent supporter une telle audace. Ils invectivent contre les chanteuses qui, ravies de leur succès, reprennent en chœur une strophe nouvelle de la chanson :

> *Jean, je vois un goujat*
> *Dessus un dromadaire*
> . . . .

Le Père Aubry et ses gens s'éloignent dans la nuit vers Saxon, en mêlant aux injures populaires les plus savants exorcismes. Mais que leur fait tout ce latin, aux trois religieuses exaltées et qui se sentent si bien à l'abri au milieu du cercle qui les applaudit !

Le lendemain, dans le pays, on raconta que tout le couvent était ivre. Plusieurs n'y virent pas de honte. Mieux vaut faire envie que pitié, disaient-ils en patois. Mais le scandale exaspéra les orthodoxes.

Un soir de janvier, deux femmes dévouées au couvent rencontrèrent le nouveau maire, qui venait chercher des pierres au sommet de la colline, au lieu dit le *Cul du Coq, Coudjo,* en patois lorrain. Elles le suivirent et s'étonnèrent qu'il fît ranger le tombereau dans sa cour sans le décharger. Dès le soir, elles contaient la chose aux Baillard, qui leur recommandèrent de bien surveiller la cour du maire et de les tenir au courant.

Peu après, un matin, comme Léopold achevait de dire sa messe, une des bonnes femmes accourut tout essoufflée, annonçant que le tombereau de pierres montait. Et bientôt, il apparut escorté du maire, de quelques conseillers et du maçon du village.

Tout ce monde venait murer la fameuse porte du corridor.

Cette porte, qui permettait aux Baillard de pénétrer librement dans l'église, c'était le dernier vestige des droits qu'ils avaient eus sur la paroisse et le pèlerinage. La murer, c'était clore définitivement leur vie passée. Ils ne pouvaient y consentir.

Quirin accourut devant l'autel, entouré des cinq sœurs. Il commença par exposer froidement, avec cette clarté d'homme de loi qui lui était naturelle, que Mmes Thérèse Thiriet (en religion sœur Thérèse), Jeanne Masson (en religion sœur Euphrasie), Marguerite Cherrière (en religion sœur Quirin), Marguerite Viardin (en religion sœur Marthe), et Marie-Claire Boulanger (en religion sœur Lazarine) étaient légitimes propriétaires du couvent; qu'elles le tenaient de l'acquéresse, demoiselle L'Huillier, de Forcelles-sous-Gugney, communément dite la Noire Marie, et qu'elles s'opposaient, conformément à leur droit, à ce que la jouissance leur fût supprimée d'une servitude qui appartenait à leur immeuble.

Cependant qu'il parlait comme un notaire, les cinq femmes poussaient des cris.

Intimidés par l'argumentation juridique et redoutant un scandale dans l'église, les magistrats se retirèrent, et le parti des Baillard, massé sur le haut de la côte, couvrit de huées leur retraite.

L'Oblat fit honte aux vaincus. Il leur reprocha de s'être arrêtés aux subtilités juridiques d'un imposteur, et il annonça partout que l'opération allait être reprise sans délai. Mais une affreuse tourmente de neige survint qui rendit les chemins impraticables durant plusieurs semaines. Les Baillard virent là un signe de la protection céleste.

A la nouvelle lune toutefois, le temps passa au sec. Par une belle matinée de gel, des charrettes amenèrent de nouveau des pierres devant le porche, et des maçons, traversant la nef et la sacristie, les portèrent à l'entrée du fameux corridor.

Cette fois, les sœurs s'étaient abstenues de pénétrer dans l'église; elles se tenaient sur leur propriété, debout dans le couloir. Mais à peine les ouvriers avaient-ils posé un moellon, qu'une sœur le saisissait, le soulevait, et l'envoyait rouler par-delà l'étroite sacristie jusque dans le sanctuaire. Le Pontife de Sagesse, François, entendant tout ce vacarme, n'y peut tenir. Il survient comme un tourbillon. Sa vue centuple le courage des cinq nonnes; les maçons reculent. Le Conseil municipal, maire, adjoint en tête, apparaît. Ramenés au combat, les ouvriers commencent de construire leur mur sous les injures et les coups. Mais, ô merveille, sœur Léopold-Marie-Thérèse du Cœur de Jésus se couche tout de son long en travers de la porte et s'écrie :

— Vous me maçonnerez sur le corps, mais je garderai le passage !

Une bataille acharnée s'engagea sur la religieuse étendue. Un conseiller municipal y perdit son sabot, dont les sœurs s'emparèrent comme d'un trophée pour le briser sur la muraille. Tant et si bien que les assaillants se retirèrent en déroute sous la conduite de l'Oblat, abandonnant pierres et mortier.

Sans plus attendre et pour prévenir un retour offensif, les sœurs entassèrent les moellons contre la porte de la sacristie, y ajoutèrent force bâches et fagots, et dressèrent ainsi une vraie barricade.

Héroïsmes superflus! Six jours plus tard, la préfecture envoya deux gendarmes, à l'abri desquels les maçons accomplirent leur travail.

Tout Saxon était monté là-haut, et les enfants eux-mêmes. Ces scènes frénétiques firent sur eux une si vive impression qu'ils en furent agités dans leur sommeil plus de dix ans après. Ils crurent avoir vu des saintes transformées en sorcières. Thérèse avait perdu sa coiffe de toile; ses yeux, ses gestes, sa voix avaient l'égarement de l'ivresse. La pieuse et gentille idée qu'un enfant chrétien de village se fait des « chères sœurs » les persuada que celles-ci n'avaient pu être ainsi défigurées que par le Diable.

CHAPITRE IX

Vintras au milieu des enfants du Carmel

VINTRAS, qui voit de loin le péril de son peuple, accourt. Depuis longtemps son cœur brûlait de visiter son église lorraine. Il arriva sur la sainte montagne par les jours les plus sombres de l'année. Il arriva comme une idole dans un char, mené par Léopold et François qui étaient allés l'attendre à Nancy. C'était un jour d'hiver à quatre heures, et une neige glacée couvrait de sa blancheur la montagne et tout le pays. Sa voiture ne parvenant pas à démarrer de Saxon, il dut monter à pied la pénible côte. Les objets, déjà à demi effacés par la brume, semblaient reculer vers un passé lointain, dans un espace immense. Tout jusqu'au vent terrible de Lorraine, jusqu'au vague scintillement de la lune, semblait s'accorder pour donner au paysage une teinte de sauvagerie bizarre et presque fantastique, un vrai *dies iræ*.

Lui-même, immédiatement, introduisit dans cette maison déjà préparée par la fièvre et l'attente une atmosphère d'oiseau de nuit. C'était un petit homme chauve-souris. Il voyait dans le noir, il voyait l'invisible. Ses hôtes le menèrent tout droit dans sa chambre, où il commença, en dépit de la tempête glaciale, par ouvrir la fenêtre sur les ténèbres, et fit à voix haute cette invocation :

— Des éclairs couvrent le clos mortuaire, que l'on a nommé pour nos maisons d'argile le champ du repos; de pâles lueurs glissent furtivement sur les pentes violées du sanctuaire; les morts tressaillent. Ils sortent de leurs tombeaux, ils s'élèvent et leurs âmes blanchissent. Il se fait un grand travail. Depuis que nous sommes entrés dans Sion, les rues des villages pleurent; des gémissements indescriptibles descendent de la colline, sur laquelle le Seigneur m'envoie crier aux villes et aux campagnes de l'Est : « Retirez-vous du nombre des adorateurs qui offrent l'encens divin au colosse de domination, cessez de vous donner à la grande prostituée, à la Babylone romaine. Cette minute est solennelle pour les vivants et pour les morts. »

Il appela les morts dans les nuages chargés de neige que roulait le ciel, et le petit cénacle, bouche bée, le vit qui rangeait, avec des gestes de la main, les esprits par catégories dans l'espace.

A neuf heures, dans cette tourmente de neige et de vent, — une vraie nuit de sabbat, — les fidèles arrivèrent au couvent. Ils furent priés de se tenir jusqu'à nouvel ordre dans la cuisine, car l'Organe — c'est ainsi que Vintras voulait qu'on l'appelât — s'était enfermé, pour prier tout seul, dans le réfectoire transformé en chapelle.

Devant cette porte close, ils étaient tous fort émus et l'imagination surexcitée; mais quelques-uns faisaient les braves.

— Tu l'as vu, Bibi, disait avec émerveillement la mère Munier; il a sauté à terre devant ta maison.

— Oui dame! et même qu'il avait des bottes de veau! Je croyais que les prophètes allaient nu-pieds. Mais les trois Pontifes vêtus avec magnificence apparurent à ce moment, et en passant François écrasa du regard le sceptique du village.

Un profond silence s'était établi. Léopold frappa trois fois à la porte de la chapelle. L'Organe l'ouvrit toute grande... Lui aussi est magnifiquement vêtu. Il porte une robe rouge, une ceinture blanche; il est chaussé de rouge.

— Prophète de Dieu, dit avec solennité Léopold, les Enfants du Carmel de Sion vous sollicitent par nos bouches de leur accorder l'entrée.

Mais l'Organe, en fronçant le sourcil, lui répond :

— C'est ici la porte de Rome, et Dieu a décidé de la fermer en punition de l'orgueil romain. Il y a placé l'Ange de la Force et du Courroux, et les fidèles doivent se présenter à la porte du Carmel.

Les Pontifes s'en vont alors frapper à la porte du Carmel, qui est en réalité celle de la cuisine. L'Organe leur ouvre, et s'en retourne à l'autel, il fait un pas et baise la terre, un nouveau pas et se prosterne encore. Derrière lui, les trois Pontifes s'avancent, réglant tous leurs mouvements sur les siens, et suivis eux-mêmes des fidèles qui les imitent dans toute leur gymnastique.

Dans ce bel ordre, chacun gagne la place qui lui est assignée : les trois Pontifes, trois sièges dans le chœur; Thérèse, un trône en face du tabernacle; à ses pieds, sur quatre tabourets, les sœurs Marthe, Quirin, Euphrasie, Lazarine. Les autres fidèles ont retrouvé leurs bancs habituels.

Et la cérémonie de l'Initiation commença, emportant les villageois en plein mystère.

Successivement l'Organe fait avancer devant l'autel les Pontifes, les religieuses et les fidèles. A chacun il demande de lui donner la main droite, et avec une aiguille trempée dans l'huile sainte, par trois fois, il leur dessine dans la paume une croix, en disant :

— Au nom de Jéhovah, au nom de Sabaoth, au nom d'Andomnie.

Quand tous eurent défilé, reçu les trois onctions et regagné leurs places, l'Organe déclara :

— Notre première pensée doit aller aux morts, en forme d'amende honorable pour la longue attente où les générations défuntes ont été de la parole de salut, que je leur apporte aujourd'hui.

Debout devant l'autel et face à l'auditoire, il fit une longue méditation. Il regardait par-dessus les têtes, et paraissait voir des esprits qui venaient se nourrir de sa parole.

— Mes frères, dit-il, malgré le refus de vos yeux, il faut que vos cœurs voient et entendent la réalité. Vous croyez n'être ici qu'une trentaine. Eh bien! la chapelle est pleine des morts de Sion. Relevez vos regards, ô mes frères, ô mes sœurs, voici vos parents depuis la huitième génération qui planent au-dessus de nous! Je vois le Seigneur; il a à sa droite et à sa gauche le père et la mère de nos trois Pontifes. Puis voici feu Mme Jory : elle porte sur sa poitrine la croix de grâce, que les cieux lui ont donnée...

Se tournant vers Fanfan Jory :

— Ta mère te bénit, mon enfant... Je vois l'avenir. Je vois les cieux tels qu'ils seront dans les siècles. J'y vois ces pauvres femmes qui ont été victimes de la persécution et qui me font ce soir un si bel accueil. L'une d'elles est comme un lis...

— Sans doute Marie Beausson, dit à mi-voix le bon François.

— ...La seconde est comme un jasmin...

— Probablement la mère Poivre...

— ...Et la troisième comme une tubéreuse.

— Mme Jean Cholion ou Mme Seguin, intervint encore le Pontife de Sagesse.

Et l'Organe finit en disant :

— Nous ne ferons entendre aujourd'hui ni *Hosannah*, ni *Alleluia*, ni *Gloria in excelsis*. Nos cœurs gonflés de bonheur veulent conserver cette joie, en jouir long-temps, et des chants la leur feraient perdre. Restons avec l'amour qui nous remplit.

Il exhorta les fidèles à profiter chacun d'un moment de silence qui allait leur être donné, pour écouter les paroles que le Paraclet leur murmurait au fond du cœur.

Pendant ce temps, il prit l'ostensoir, donna la béné-diction aux assistants, et d'une voix plus basse aux êtres invisibles. Il se répandait en paroles désordonnées, souvent inintelligibles, parfois même inarticulées. Il voyait l'au-delà. Mais loin d'entrer victorieusement en lutte avec l'Ange des Ténèbres, il semblait s'en épouvanter lui-même. Tout à coup, on l'entendait qui criait : « Ah! Ah! Ah! » et on croyait le voir courir comme un phalène dans la nuit. Ce fut ce soir-là un papillon tête de mort. Il ne rendit pas le royaume des ombres saisissable, mais par ses sursauts d'enthousiasme et ses accablements, par ses soupirs et ses cris, et aussi par des illuminations trop brèves, il fournissait une sorte de musique expressive et bizarre. Il la poursuivit très avant dans la nuit; il en bouleversa son auditoire. Avec cela, par brusques réveils, la netteté plate, le terre à terre d'un charlatan. Et pour finir, reprenant ses esprits, il donna le programme, dit qu'il ne resterait à Sion que trois jours, que le lendemain serait un jour très solennel et qu'on y connaîtrait les rigueurs de Dieu, et que le surlendemain serait un jour plus solennel encore.

Les Enfants du Carmel se retirèrent dans un grand trouble, et beaucoup firent paraître des états étranges qui allaient du rire nerveux jusqu'à un effroi véritable.

Mais les Pontifes et Thérèse enivrée orientaient tout cela vers l'enthousiasme et volatilisaient les terreurs en disant :

— L'Organe, c'est un instrument sur lequel l'Esprit divin opère comme un virtuose sur son violon. C'est le violon du Paraclet.

Dans la nuit, Vintras eut un ravissement. Il fut enlevé par la lumière divine au-delà de nos horizons et hors des limites de nos sens. Il assista à un conseil de Dieu. Il y avait là tous les Archanges et tous les voyants de la terre. Dieu, qui avait l'intention de détruire l'Univers, demandait l'avis de chacun. Les Anges s'inclinèrent d'approbation et les Voyants crièrent tous : « A mort! A mort! » Quand vint le tour de l'Organe, il plaida la cause de la terre : « Soit! conclut-il, vous la mettrez en poudre, Seigneur. En serez-vous plus honoré? » — « Je garderai ceux qui m'honorent vraiment, répondit le Très-Haut; j'en ai assez de cette messe romaine où mon fils est crucifié tous les jours. » Il expliqua à l'Organe ce que doit être la messe nouvelle. C'est maintenant à l'humanité de prendre la place du divin Sacrifié; c'est aux hommes de se faire victimes, de s'offrir tout entiers, de s'anéantir. L'Humanité est le Christ nouveau. Jésus va enfin entrer dans son repos.

Ce second jour, il vint encore plus de fidèles qu'il n'en était venu à l'office de la veille. Au fur et à mesure de leur arrivée à la cuisine, François rayonnant de bonté heureuse passait au cou de chacun un ruban rouge où pendait une croix de bois blanc, de la grandeur de celles que les sœurs portent sur leur poitrine.

— Gardez bien ça, disait-il, c'est un paratonnerre contre la colère divine.

La petite troupe ainsi armée pénétra dans la chapelle, magnifiquement parée et illuminée. Le Prophète avait revêtu la robe blanche, l'éphod adamique et le diadème rouge; les trois Pontifes, la ceinture bleue, l'étole en baudrier et la grande écharpe blanche; Thérèse portait en sautoir une écharpe bleue brodée d'un cœur rouge, sur laquelle était tracé en lettres de soie : *Voici venir l'Ève nouvelle.* Autour d'elle, tous les enfants de l'Œuvre l'entouraient, radieux sous leurs insignes de protection. Sur l'autel resplendissait le grand calice réservé à la communion de la nouvelle Jérusalem; derrière, dans un abandon méprisant, le calice et la patène ternis du sacrifice romain. On voyait encore, du côté de l'épître, et avec une intention symbolique, le missel romain recouvert, écrasé par l'Évangile de saint Jean largement ouvert.

Le premier geste de l'Organe fut de déposer son diadème. Le bandeau royal ne convient pas à qui va s'offrir en sacrifice. Il déposa également le cordon rouge de Jacques le Patriarche, sur lequel repose un mystère et que devront porter tous les patriarches à travers les siècles comme marque distinctive. Puis il entonna le *Veni Sancte Spiritus*, éclatant appel au Paraclet. Et sur la dernière strophe, élevant les mains et les tournant alternativement vers l'Orient, vers le Nord, vers le Couchant et vers le Midi, il bénit les mondes. Le plus beau moment fut celui où, prenant la patène du sacrifice romain sur laquelle était un pain, il dit :

— Je ne l'offrirai pas, ce pain, parce qu'il est chargé des crimes de la Jérusalem romaine, mais je le consommerai.

Il le brise en effet et le mange avec courage, mais avec une extrême répugnance. Lorsqu'il l'avale, il en est comme malade. Il prend le calice et le regarde avec horreur : il y voit toutes sortes de reptiles. Il supplie le ciel de ne pas le contraindre à le boire. Il demande qu'au moins il ne voie pas les horreurs qu'il renferme et qu'alors il le boira. Il hésite quelques secondes, puis il boit comme on fait pour la plus répugnante médecine. Il jette alors le calice et tombe quasi mort, piqué par le serpent qui se cachait au fond...

Quelques minutes s'écoulent, chacun se lève et, sur un signe des Pontifes, tous s'approchent de l'autel. Ils y contemplent avec émerveillement un semis d'hosties, d'hosties miraculeuses décorées de cœurs roses, d'où sortent des flammes et des majuscules A. M. qui signifient « Aimer Marie ».

L'office se termina par un *De profundis* avec *Requiem* sur la Rome administrative.

On se retrouva le soir pour l'agape. Comme Vintras se faisait un peu attendre, Léopold en profita pour adresser des observations à Bibi Cholion et à la mère Munier.

— Bonne Mère, et vous, Bibi, hier au soir, avant la cérémonie, vous n'étiez pas convenables. Qu'est-ce que ces plaisanteries sur le Prophète et les bottes de veau ? Tâchez, ce soir, de bien vous tenir devant l'Organe, car il est néreux (1)... Délicatesse bien naturelle, ajoute Léopold en levant les yeux au ciel, chez un homme assisté dans toutes les circonstances de sa vie, à sa droite par l'ange Gabriel, à sa gauche par l'ange saint Michel, et suivi de soixante-dix mille esprits célestes qui, distribués en chœur, chantent les louanges de Dieu.

L'agape fut très réussie. Au dessert, Léopold pria l'Organe de chanter certains cantiques qu'il se souvenait avec attendrissement d'avoir entendus à Tilly.

(1) Néreux, vieux mot du patois lorrain : il s'entend au moral d'une personne qui répugne à manger avec des gens malpropres.

L'Organe tourna vers son disciple des yeux pleins d'affection et répondit :

— Tu me demandes, fils, des cantiques de Tilly? C'est demander à un fugitif qu'il cherche à se rappeler ce que la bonté divine s'est plu à vouloir effacer dans le souvenir de ses douleurs.

Cependant il chanta, d'une voix pleine de magie.

Ces chants émurent vivement Thérèse, et son émotion apparut aussitôt sur son visage qui ne cachait rien de ce qui se passait dans son cœur. Piquée de jalousie, Lazarine, qui n'avait pas été du voyage de Tilly, osa interrompre l'Organe pour lui dire que ses chants étaient bien tristes et lui demander quelque chose de plus gai.

L'Organe en fut saisi au point qu'il tomba dans un discours extatique :

— Lazare, on ne saurait être impunément facétieux et léger dans une terre désolée. Le cœur peut éclater en sanglots sur une ruine sacrée, mais il ne peut se livrer à une complaisante allégresse. Chanter gaiement à Sion! Chanter avec des femmes qui sont forcées de peser de tous leurs membres délicats sur le tranchant du fer, seul moyen mis en leur pouvoir pour contraindre le sein de la terre à leur fournir la nourriture! Chanter avec un cœur heureux devant des spoliés et des honnis! Non, Lazare! Notre chant ne peut être qu'une cordiale tentative d'engourdir des douleurs ou des souvenirs. De la gaieté, Lazare! il nous faudrait plutôt un thrène où chacun de nos frères et sœurs dispersés apportât sa note de douleur et d'espérance. Il nous faudrait des paroles d'ouragan ou de tempête, des menaces comme en hurlent les aquilons, des indignations brûlantes, comme la foudre! Pour chanter les saisissements, les douleurs, les dégoûts, la faim, le froid, les humiliations, les injures et les brutalités de tous genres dont furent victimes celles et ceux qui restent à la garde de la foi que nous confessons tous, il faudrait de ces mots et de cette poésie que nous connaîtrons un jour, mais qui nous sont encore profondément cachés ! Ah ! ma chère Lazare, vous voulez plaire au cœur de votre père et pontife, craignez des chants qui ne lui rappelleraient que ces récréations où la vanité féminine se chantait elle-même, plutôt qu'elles ne rendaient les inspirations spontanées du cœur.

La pauvre Lazarine, que le Prophète s'entêtait à appeler Lazare, elle ne savait pas pourquoi, était grandement humiliée sur sa chaise, mais ce qui la consola un peu, ce fut la scène qui suivit.

Après ce discours qui n'avait pas duré moins d'une heure, l'Organe s'étant arrêté tout court demanda pourquoi on ne chantait plus. Convaincu qu'il n'avait encore rien dit, et que c'était pour lui le moment de prendre la parole, il s'excusa, en termes qui surpassaient son humilité habituelle, de ce qu'il ne pouvait pas parler parce que la sueur lui découlait d'une manière extraordinaire et qu'il tombait de fatigue.

Ce n'est qu'un quart d'heure après qu'il se rendit à l'assurance que lui donna toute l'assemblée, et sœur Lazarine la première, qu'il avait parlé, et même surnaturellement.

Le lendemain, qui était la troisième et dernière journée de ces fêtes, Thérèse, suivie des quatre religieuses et des zélatrices, présenta à l'autel un pain magnifique. L'Organe ayant saisi un couteau, dont il déclara que c'était un glaive, invita les cinq religieuses à l'enfoncer dans la miche.

— Réjouissez-vous, mes filles, leur dit-il, car cet acte rituel efface toutes les humiliations de la femme et la rétablit dans ses droits originels. Réjouissez-vous, et moi, pendant ce temps, j'irai m'entretenir avec Dieu.

Alors l'extase le prit et il discourut sous l'influence de l'Esprit.

— Pauvres femmes, pauvres prêtres! C'est mon cœur qui vous parle. Ah! je voudrais que mes paroles s'élevassent comme un cantique. Pauvres femmes, je les vois dans leur ministère si peu comprises, si chétives. Je crois voir une Marie Salomé, une Marie Marthe, une Marie de Cléophas. Elles vont, elles suivent leurs prêtres, elles disent : « Ils entrent là, allons-y avec eux. » Ah! chères femmes, chères sœurs! On vante la reine de Saba venant dans la majesté de sa pompe, et Salomon lui tendant la main, lui, pourtant le roi de la Sagesse. Ah! mon bon maître, que cela me paraît petit auprès de ce qui attend ces pauvres femmes que l'on a honnies, conspuées. Et cette autre femme, c'est notre Madeleine à nous (et en ce moment il se tournait vers Thérèse); comme elle veille avec sollicitude sur ce qui regarde le sanctuaire! Comme elle accueille les Pontifes qui viennent ici servir les besoins de leurs frères! Quand donc les hommes t'aimeront-ils de cet amour? L'heure est venue de les récompenser, je les appelle toutes au sanctuaire.

A ce moment, il se retourna vers l'autel pour prendre le ciboire, et par une délicatesse que comprit tout le cénacle, il le remit entre les mains de Léopold :

— Pontife d'Adoration, dit-il, communiez les saintes et fidèles compagnes de votre épreuve, de votre persécution et de votre triomphe.

Après Léopold, l'Organe donna la communion à son tour. Seulement, lui, au lieu d'une simple distribution de pain trempé dans du vin, il faisait boire, à même le calice, une gorgée de vin, et c'était un vin de Bordeaux excellent. Il accompagna chaque communion d'une courte exhortation. A Thérèse, il dit ces paroles qu'elle recueillit dans son cœur :

— Renoncez à vous-même. Vous cherchez le bonheur et presque toujours vous prenez le chemin qui vous en éloigne. Aimez, c'est la mission qui vous est dévolue.

Sur ces mots, une seconde fois, l'Esprit le saisit :

— Sion, séjour enchanté d'où mon destin m'entraîne ! Que de fois les prophètes m'avaient porté vers toi ! Quand je lisais dans les livres sacrés les cantiques du Psalmiste, devant ces appels qui ressemblent à des cris passionnés adressés par l'Esprit Saint aux filles de Sion, mon cœur tressaillait, mes sœurs. Je préférais mille fois ces vierges enveloppées de leurs voiles célestes à la trop visible épouse du Cantique des Cantiques. J'aimais à voir ces ravissantes idéalités planant entre le ciel et la terre, leurs pieds cachés sous la rosée des blanches églantines qui couronnent les sommets du Maria et du Nebo, et leurs chevelures ardentes pâlissaient de leurs reflets dorés les rayonnements qui précèdent l'aurore. La vie ne m'a jamais montré de grâces comparables à tout ce que mon cœur croyait appartenir aux vierges de Sion ! Hélas ! le premier soir de mon arrivée, est-ce l'empire de cette poétique croyance qui m'a fait trouver Sion-Saxon si sombre et si lugubre ? Je regrettais la beauté du nom de Sion ainsi attaché comme une moquerie à ce pays perdu pour tout ce qui est de bon accueil. Et malgré moi, je me répétais : non, oh ! non, tu n'es pas Sion. Comme nous entrions dans ce village, j'aperçus à leurs portes et à leurs vitrages cette partie de la race humaine qui fait souvent à elle seule le charme, l'animation et l'attrait d'un pays. Presque tout occupé de notre véhicule qui semblait lui-même effrayé des efforts qu'il fallait faire pour avancer dans la seule voie ouverte aux charrettes, aux voitures, aux troupeaux de brebis, de chèvres et de pourceaux, je me disais plus fort que

jamais encore : oh! non, tu n'es pas Sion. Mais victoire, mes sœurs! La lumière s'est faite dans ma
pensée. Ici enfin, je vois les filles de Sion dont parle
l'Écriture. C'est Saxon qui est dure, sale, brutale, gros-
sière; ce sont les femmes et les filles de Saxon, ce sont
les habitants de Saxon qui ont injurié, qui injurieront,
outrageront, vilipenderont, maltraiteront et voleront
les hôtes que le ciel voulait revêtir et parfumer des
grandeurs, des beautés et des splendeurs de la véritable
Sion. Mais ici! La Vierge Marie avant de quitter la
terre distribua ses vêtements à des femmes pieuses qui
l'entouraient. Ici, nous avons plus que ses humbles
et vénérables vêtements, nous avons les roses trouvées
dans son sépulcre après son Assomption. Thérèse,
vous êtes les roses sous le ciel entrouvert. Filles de Sion,
persévérez avec courage, et un jour vos noms seront
répétés avec respect et admiration. Vous croyez n'avoir
qu'un homme à qui vous donnez vos soins. C'est plus
qu'un homme, c'est un Pontife. Ah! ne rougissez pas,
les reines rougiront devant vous. Si vous gardez les
trois ministres du Très-Haut comme les saintes femmes
gardaient Jésus, on dira de vous ce qu'on a dit d'elles.
Filles de Sion, je vous le déclare au nom du Seigneur :
vous êtes grandes et belles devant Dieu. Vous suivez
le sacrifice de vos Pontifes; vous les savez innocents et
justes, et vous leur donnez tout ce qui peut leur ras-
séréner le cœur. Est-ce dans le cloître que vous auriez
su grandir ainsi? Vous vous fussiez perdues, comme
tant d'autres, sous la domination d'une morne règle;
vous vous fussiez données à Baal. Je vous le dis : vous
êtes les saintes femmes de Sion. Vous avez entendu
insulter dans le Temple vos Pontifes. Eh bien! les
saintes femmes n'entendirent-elles pas insulter Jésus?
Elles ne l'abandonnèrent pas pour cela; elles lui firent
un rempart de leurs cœurs. Ah! réjouissez-vous. Votre

nom est connu dans le ciel et ne sera pas oublié jusqu'au jour où vous serez averties que l'heure est venue et qu'il faut vous parer, pour le repas céleste, de vos robes et de vos manteaux.

Jamais la poésie n'a épuisé plus complètement un thème sentimental, ni pénétré plus avant dans les cœurs que ne faisait ce poète baroque dans ces cœurs barbares. Toutes les femmes avaient les yeux baignés de pleurs qui coulaient sans arrêt de leurs yeux agrandis.

Le Prophète, après avoir longuement parlé, fit un mouvement de corps subit et violent, comme s'il tombait du ciel, et parut tout étonné de sa position. Il se signa et commença d'une voix plus douce un second discours sur le sacrifice, où il démontrait de quelle manière les Enfants du Carmel doivent se victimer, se sacrifier et détruire en eux-mêmes tous les faux prétextes de se soustraire à l'amour. D'une voix onctueuse et douce, il prouva que le sacrifice est l'unique preuve de l'amour, et que l'amour demande réciprocité. Et en prononçant avec force, pour le faire passer dans le cœur de ceux qui l'écoutaient, le mot amour, il tomba étendu sur les marches de l'autel.

Vintras resta quelques secondes dans cet état de défaillance, sous une influence surnaturelle. Mais bientôt rendu à son état humain, il se relève, donne la bénédiction du Saint Sacrement et entonne une sorte de cantique : « C'est par un fait d'amour coupable que dans l'Éden s'accomplit notre chute, mais par des actes d'amour religieusement accomplis va s'opérer notre rédemption. »

— Amour, amour, répètent toutes les femmes, depuis Thérèse, brillante, excitée, jusqu'à la veuve Marie-Anne Sellier.

A minuit, l'Organe retournait à Nancy, accompagné des trois Pontifes. En s'éloignant de Sion, il laissait à tous une impression extraordinaire, l'idée qu'ils n'avaient pas vu un être fait de chair et d'os, ou plutôt qu'entre eux et lui flottait un brouillard. Et c'était comme s'ils avaient entendu une musique supranaturelle dans le crépuscule.

Au milieu de la nuit, dans les cahots de la voiture que menait François, Vintras parla en réaliste, en homme éclairé par sa propre expérience. Il annonça à ses amis la réaction politique qui s'annonçait déjà pour les esprits clairvoyants, et dont il prévoyait que leur œuvre serait une des premières victimes. Enfin, il les engagea à considérer comme certaine et prochaine leur excommunication par le pape.

— C'est la Révolution de 48, dit-il, qui m'a tiré de prison. Nous sombrerons avec elle. Mais soyez sans crainte, ajouta-t-il toujours sur le même ton raisonnable : vous serez sauvés par les anges, car, ne l'oubliez pas, vos téphilins pontificaux mettent à votre service les ordres angéliques auxquels vous appartenez et les harmonies célestes.

CHAPITRE X

Les dragons du paganisme réapparaissent

ON voudrait s'arrêter ; on se dit que personne ne vit d'un mensonge, qu'il y a là sans doute une réalité à demi recouverte, un terrain de tourbe où jadis un beau lac reflétait le ciel. On s'attarde auprès de cette vase, on rêve de saisir ce qui peut subsister d'un Verbe dans les bégaiements de Vintras. Ah! si nous pouvions pénétrer en lui jusqu'à ces asiles de l'âme que rien ne trouble, où repose sans mélange, encore préservé des contacts de l'air et des compromis du siècle, ce que notre nature produit d'elle-même avec abondance!

Lui, il se tient pour une énergie primitive. A l'en croire, il a retrouvé ce qu'Adam et Ève possédaient avant la chute : l'intelligence de toute la Création, les relations spirituelles avec les Mondes, les communications sensibles avec Dieu. Toute cette insanité ne laisse pas de parler à certaines parties de notre imagination. Mais quelle maladresse d'invoquer ici les figures d'Adam et d'Ève, et de nous rappeler la minute glorieuse où les premiers des hommes s'agenouillèrent devant le jour naissant! Ce lever du soleil sur la jeunesse du monde, à l'heure où nos premiers parents rendaient grâce au Créateur, c'est le triomphe de la lumière et la fête de l'ordre, au lieu que la tare de Vintras, c'est d'être redescendu au chaos. L'atmosphère qu'il laisse derrière lui à Sion n'est pas saine ni féconde. On y sent le renfermé, la migraine, la prison, le triste cénacle où se pressent des demi-intelligences. Vintras exprime des thèmes qui ont usé leur vie, dépassé la première mort, accompli leur dissolution. Loin d'être une aube, une aurore, c'est le souvenir d'un triste chant de crépuscule.

L'univers est perçu par Vintras d'une manière qu'il n'a pas inventée, et qui jadis était celle du plus grand nombre des hommes. Il appartient à une espèce quasi disparue, dont il reste pourtant quelques survivants! Quelle n'est pas leur ivresse! Vintras est allé jusqu'à cette mélodie qu'ils soupçonnaient, dont ils avaient besoin. Il l'a reconnue, saisie, délivrée. Elle s'élève dans les airs. Ils palpitent, croient sortir d'un long sommeil, accourent. Vintras exprime l'ineffable. Ses vibrations éveillent chez eux le sens du supranaturel. Il renverse, nie les obstacles élevés contre l'instinct des âmes et le mouvement spontané de l'esprit. Il fournit à ses fidèles le chant libérateur.

Sur la sainte colline souillée, c'est une résurrection des forces de jadis. Les dragons du paganisme, vaincus sur le haut lieu par le glorieux apôtre de Toul, saint Gérard, y réapparaissent. S'étaient-ils depuis tant de siècles engourdis dans les anfractuosités de cette vieille terre, dans les mines abandonnées qui creusent encore ses pentes du côté de Fresnelles, dans les souterrains de la tour demi-écroulée de Vaudémont, ou plutôt n'ont-ils pas survécu dans les profondeurs de ces âmes de paysans, derniers souvenirs d'ancêtres lointains? C'est là que Vintras est venu les ranimer. Voici que se réveillent des puissances spirituelles que l'on pouvait croire épuisées. La circonstance rend sa virulence au poison, à la boue qui demeure après le décantage. Autour du sanctuaire de la Vierge, c'est une prodigieuse ronde, qui ne peut se comparer qu'à certaines fêtes païennes dans la saison des vendanges. Puisque la fin du monde était arrivée et qu'ils étaient préservés, pourquoi les Enfants du Carmel se fussent-ils gênés? Ce ne sont plus des prêtres, des frères, des sœurs, d'humbles paysannes, des cultivateurs matois, autant de gens réfléchis et prudents, formés par les disciplines héréditaires, mais une étrange petite église abandonnée à ses humeurs et prenant son plaisir avec un manque inattendu de vergogne.

Personne d'eux ne résiste plus aux affinités qui les entraînent les uns vers les autres. Vintras leur a donné l'effusion, le don des larmes, de l'éloquence, la confiance en soi, une audacieuse irréflexion, la jeunesse du monde. Il leur a réappris à laisser bondir leur cœur.

Dans ces pauvres filles, hier si douces, le Prophète de Tilly a éveillé de véritables êtres parasitaires, des démons et des vampires qui leur mangent l'âme. Elles viennent de respirer les fleurs d'une beauté sauvage et fatale qui étincellent sur les ravins de la perdition; elles connaissent désormais la poésie du mal, dont les premiers rayonnements agissent sur des êtres neufs avec une force presque irrésistible.

Un événement surprenant manifesta tout à coup dans quelle atmosphère, amis et ennemis, orthodoxes et hérétiques, paysans et religieuses, tous vivaient sur la montagne empoisonnée.

Après le départ de Vintras, Mgr de Nancy avait envoyé à Sion un de ses secrétaires, M. l'abbé Florentin, enquêter sur l'abominable scandale. Cet envoyé de Monseigneur était un jeune prêtre, fort instruit des sciences sacrées et spécialement des choses infernales.

Il parcourut dans l'après-midi le village, avec l'Oblat, pour recueillir quelques dépositions, puis ce fut le dîner, suivi d'une longue veillée.

Sans un mouvement, sinon de quelques rides qui, de minute en minute, s'accusaient avec plus de force sur sa figure ronde, le délégué de Monseigneur écoutait avec une attention intense son hôte lui détailler les scènes exécrables. Parfois il posait une brève question. Son effort était manifestement de rattacher les faits qu'on lui racontait à un chapitre précis de l'histoire des hérésies. Quand l'Oblat tira de sa poche un petit objet de bois blanc, l'une de ces croix de grâce que Vintras avait distribuées à foison :

— Parfait ! s'écria-t-il, monsieur le Curé, nous y sommes ! Là, Satan s'est trahi. C'est lui qui par l'intermédiaire de Vintras a imaginé cette petite croix de grâce, une croix sans Christ, notez-le bien, monsieur le Curé, pour remplacer notre crucifix... Comment ne pas reconnaître là son rêve éternel de se substituer à Dieu !

— Je vous le disais ce matin, monsieur l'Abbé. Tout ce que je vois depuis des semaines me prouve que Satan veut reprendre possession de notre montagne sainte.

— De votre montagne et de vos âmes. Prenez garde ! Vous personnellement, mon bien cher monsieur Aubry, vous êtes le plus exposé. Satan veut chasser le Christ du sanctuaire; il veut aussi le chasser des consciences, surtout des consciences de prêtres. Pour cela, tous les moyens lui sont bons.

Et indéfiniment, les deux ecclésiastiques poursuivirent ainsi leur dialogue, le Père Aubry racontant d'une façon saisissante tout ce qu'il avait vu à Sion, et l'abbé Florentin confrontant ces témoignages avec ce qu'il avait lu dans les livres. Tous deux se riaient de la pauvreté d'invention du Diable, car enfin, disaient-ils, ce qui se passe là-haut, c'est ce qu'on a vu dans tous les pays, à toutes les époques. Mais ils admiraient que le Malin recourût toujours aux fascinations de la femme, et ils se répétaient d'un ton pénétré une phrase de Monseigneur : « Ces nouveaux Montanus sont environnés et secondés de nouvelles Priscilles. »

Vers minuit, l'Oblat reconduisit son hôte jusqu'à l'auberge, et lui souhaita bon repos.

Tout le monde était déjà couché dans la maison. L'abbé Florentin prit un bougeoir et gagna sa chambre qui était au rez-de-chaussée. Il se déshabillait quand il lui sembla entendre un léger bruit dans l'alcôve. Il regarda, sans rien voir de net, car la pièce était grande, et la faible lueur qui flottait autour de la chandelle ne servait qu'à peupler d'ombres troublantes les ténèbres. Il crut entendre soupirer. S'armant de courage, il osa s'approcher et vit avec terreur dans le lit la forme d'une femme, une femme au regard de feu, qui lui tendait des bras suppliants. Sans même prendre le temps de distinguer les traits de cette impudique, convaincu que l'on en voulait à sa vertu et à sa réputation, il se jeta hors de la chambre et courut avertir l'Oblat. Mais quand les deux prêtres accompagnés d'honorables témoins revinrent, la créature, comprenant l'échec de sa tentative diabolique, avait eu tout le temps de gagner le jardin et de se perdre dans la nuit.

Un pâtureau qui revenait avec ses bêtes affirma qu'il croyait bien avoir reconnu à la même heure sœur Lazarine, qui regagnait à travers champs le couvent.

Comment interpréter cette circonstance singulière? Nouvelle Judith, sœur Lazarine avait-elle essayé de séduire l'abbé nancéien pour qu'il fît à Monseigneur un rapport moins défavorable aux Baillard? Voulut-elle provoquer un esclandre et perdre l'homme de l'évêché en se perdant elle-même? Prit-elle de sa propre initiative l'une ou l'autre de ces décisions? Ne fut-elle pas plutôt dirigée par Quirin, qui avait exercé de tout temps sur son esprit un ascendant absolu? Ou furent-ils l'un et l'autre calomniés de tous points par un pays surexcité et disposé à les croire capables de tout? Le champ reste ouvert aux hypothèses. Retenons seulement que cette indécence, réelle ou imaginaire, est une trace du passage de Vintras et de son action délétère sur la paix publique. C'est une des vapeurs infernales qui, par bouffées, du sommet du Sion, s'épandent sur la plaine.

Toute la Lorraine ne parle plus que des scandales de Sion. Toute la Lorraine regarde la ronde satanique menée sur la colline, dans les brouillards de l'hiver, par les trois prêtres et leurs religieuses échevelées. Dans chaque village, le prône retentit de saintes imprécations : « Satan impose ses prestiges à vingt pas de Notre-Dame de Sion. C'est autel contre autel et chaire de pestilence en face de chaire de vérité. Le serpent se dresse au parvis où la Vierge lui écrase la tête... Mais que les fidèles se rassurent. Rome va parler. »

Un dimanche, l'Oblat monte en chaire avec une solennité inaccoutumée. Il tient en main le bref pontifical qui excommunie les Baillard. Les trois frères étaient là, debout comme d'habitude au fond de l'église, drapés dans leurs grands manteaux noirs : Léopold, immobile et souverain; François, gouailleur; Quirin, ses lunettes sur le nez et qui grommelait d'une manière continue. A plusieurs reprises, élevant la voix, il prétendit, avec un prodigieux sang-froid de pédant, que l'Oblat faisait des contresens de traduction. Cette suspicion jetée sur la science de leur pasteur indigna les assistants, et le cordonnier Joseph Colin se levant de son banc interpella le Pontife de Prudence :

— Taisez-vous donc, malappris, vous empêchez de comprendre le prédicateur.

Le troupeau des fidèles sortit affolé de l'église. En vain les Pontifes les firent-ils entrer au couvent pour leur expliquer qu'ils étaient condamnés d'une manière qu'on appelle en théologie subreptice, c'est-à-dire par suite de faux renseignements et contre la vérité, et qu'une telle condamnation, d'après une décision du pape Innocent III, était sans effet. Ils y perdirent leur latin. Une terreur divine agitait les consciences. La parole du pape déchirait la robe des trois prêtres, les dépouillait de tous les services qu'ils avaient rendus, les livrait quasi tout nus aux reniements de la foule inconstante. Dès le soir, Léopold, allant avec Thérèse visiter un malade à Saxon, entendit sur son passage monter d'une haie le cri : Au loup! au loup! C'était la première fois qu'un de ses paroissiens élevait contre lui une parole de haine. Il en éprouva une profonde amertume, et surtout il put voir que personne ne se levait pour le défendre. Mais le lendemain, ce fut pis.

Le lendemain, les Baillard entendirent de grands cris qui venaient du fond de la plaine. S'étant avancés jusqu'au bord du plateau, ils aperçurent une troupe d'enfants qui gravissaient la côte en courant, à travers les champs et les broussailles, précédés d'un drapeau et d'un clairon qui sonnait la charge, et chacun d'eux brandissant un échalas de vigne. Dès qu'ils aperçurent le grand François, ils poussèrent des clameurs sauvages et ramassèrent des pierres. Le Pontife d'Adoration jugea prudent de battre en retraite. A peine avait-il fermé la porte du couvent derrière lui qu'une grêle de projectiles s'abattait contre, et peu après des coups de bâton faisaient éclater les vitres, cependant que de jeunes figures animées de vaillance se hissaient le long du mur avec une agilité et une malice toutes simiesques. C'était les enfants de la première communion de Vézelise qui, pour lendemain de fête, s'en venaient en pèlerinage, conduits par le vicaire, et tout brûlants d'ardeur religieuse jouaient contre les Baillard la prise de la smalah d'Abd el-Kader.

La congrégation eut bien du mal à repousser ce premier assaut. Heureusement on sonna la messe, et toute la bande s'y rendit. Sur l'ordre de Léopold, François les rejoignit, assista à l'office, et sur le parvis, à la sortie, s'adressant à quelques parents qui avaient accompagné les enfants, il essaya de leur faire honte. On lui répondit grossièrement :

— Des excommuniés ! Est-ce que ça compte, ça !

François serra les poings. Il fut pris d'une violente envie de disperser toute cette racaille, mais à ce moment sœur Euphrasie, qui surveillait la scène du haut de la fenêtre, prise d'inquiétude, le rappela. Pour lui obéir, le bon François se dégagea, non sans peine, de ce peuple de Lilliput qui se pendait à sa robe, et disparut dans le couvent. Toutes les huées se tournèrent contre la sœur, avec les mots les plus libres. François ne put l'entendre sans fureur, et, dans la même seconde, rouvrant la porte, il s'élança de nouveau sur la place. D'immenses rires de jeunesse accueillirent cette rentrée de clown et redoublèrent quand, sur un nouvel ordre de sœur Euphrasie, avec mille gesticulations, il s'engouffra de nouveau dans la maison, que la congrégation barricada solidement derrière lui.

Les enfants continuèrent la bataille. Une de leurs patrouilles découvrit dans la campagne un des frères travailleurs, le pauvre frère Hubert, qui, terrifié par le vacarme et n'osant regagner le couvent, se tenait à plat ventre dans un champ, comme un lièvre entre deux sillons. Ils firent lever le malheureux qui, poussé, bousculé, déchiré, se réfugia à grand-peine chez la bonne Marie-Anne Sellier dans Saxon. Mais leur grand succès fut quand ils brisèrent les palissades élevées par les Baillard sur l'emplacement des anciennes promenades de la Vierge. Les nombreux pèlerins qui étaient montés à Sion ce jour-là applaudirent. Marie était enfin rétablie dans ses droits de propriété! Et les enfants, de plus en plus excités par leur victoire, entonnèrent sous les fenêtres des schismatiques, une manière de chant de triomphe. C'était, sur l'air de *Maître Corbeau*, une chanson satirique, œuvre de M. Marquis, curé de Vandœuvre, qui courait depuis quelques jours le pays :

> *Venez, petits et grands! Que tout homme s'empresse.*
> *Pour contempler trois sots qui vendent la sagesse.*
> *Après avoir vendu les reliques des saints,*
> *Ils changent d'industrie et se font magiciens.*

Il y avait quatorze couplets de ce ton. Les assiégés ne purent les supporter jusqu'au bout. Après un rapide conseil de guerre, Quirin fut délégué vers le vicaire de Vézelise.

— Prenez garde, monsieur, lui dit-il, vous avez pénétré par bris et effraction dans une propriété privée.

— Pas de grands mots, monsieur Quirin, lui répondit le vicaire avec une bonhomie méprisante; on ne veut pas vous manger.

Pourtant il sonna la retraite.

La mauvaise troupe, en descendant à Saxon pour le retour, s'attaquait à tous ceux qu'elle savait être de l'Œuvre, et notamment fit un charivari à l'excellente Marie-Anne Sellier chez qui tremblait encore le frère Hubert, donna la chasse à la jeune Apolline Bertrand, et culbuta dans la boue du fossé le sceptique Bibi Cholion.

Cette expédition, qui fut dénommée dans les cures du voisinage la croisade des enfants, l'autorité ecclésiastique, avec un sens profond de la vie du village, la jugea décisive. Personne sur la colline ne s'était dressé pour défendre les Baillard. Le dimanche qui suivit, au prône de la messe paroissiale, le Père Aubry glorifia les jeunes vainqueurs :

— Ce serait faire trop d'honneur au Diable, dit-il, que de le redouter encore après que le pape vient de le frapper. Les enfants suffisent maintenant à le mater. La simplicité de ces innocents fera crever l'orgueil du Serpent qui est logé dans ces démoniaques.

C'était livrer les lions aux moustiques.

Les abjurations commencèrent. La jeune Apolline Bertrand, agenouillée avec six témoins au pied de la Vierge, dans un magnifique décor de lumières et de fleurs, rejeta les erreurs de l'infâme secte. Les créanciers apparurent, et en tête le plus considérable et le plus dangereux, la Noire Marie, de Forcelles-sous-Gugney, à qui le couvent n'était pas payé. Leurs derniers amis les abandonnaient. M. Magron, le curé de Xaronval, ayant rencontré Quirin dans une rue de Nancy, détourna la tête pour ne pas le saluer. L'honnête M. Haye lui-même les avait, paraît-il, blâmés nettement. Ils ne pouvaient plus faire un pas hors du couvent sans que des polissons se missent à crier « Cra ! Cra ! » de toutes leurs forces. Et même des personnes notables n'hésitaient pas à leur jeter à la face le terrible « Au loup ! Au loup ! » qui les mettait hors la loi. Les pauvres frères Hubert et Martin étaient poursuivis à coups de pierres, et les sœurs entendaient souvent grommeler sur leur passage les mots que l'on réserve aux femmes de mauvaise vie.

Leurs biens étaient saccagés. Si quelque étranger se détournait pour ne pas fouler leurs récoltes, il se trouvait toujours un méchant drôle pour dire : « Passez dedans, allez ! c'est de l'avoine de cochons. » Dans le village, il ne leur restait plus qu'une poignée de fidèles, fort insensibles aux débats théologiques et bien incapables d'y trouver un sens, mais grisés par ces cérémonies étranges, dociles comme d'excellentes bêtes domestiques à leur pasteur, attachés aux Baillard par une sorte d'instinct de troupeau. Les pauvres gens disaient : « Il est temps que le ciel vienne à notre secours, monsieur le Supérieur, car nous n'y tiendrons pas. »

Les trois Baillard, aujourd'hui, sont trois tabernacles d'où l'on a retiré le ciboire. Mais l'hostie infâme de Vintras y flamboie, et l'opinion publique exige que ces trois coffres damnés soient jetés sous la pluie, dans la boue, au bas de la colline.

CHAPITRE XI

La semaine de la passion

UN matin, — c'était le samedi, veille du dimanche des Rameaux, — Quirin étant descendu à Saxon vit la Noire Marie au milieu d'un groupe de leurs ennemis. Il y avait là Apolline Bertrand, M. Morizot, et tous le regardaient venir. Que devait-il faire? Saluer et passer, sans plus? C'était avouer publiquement la tension de leurs rapports avec leur propriétaire. Quirin, le sourire aux lèvres, marcha droit au péril. Il calcula dans un éclair que la Noire Marie, comme toutes les vieilles filles, aimait les égards, et sans tenir compte du peu de sympathie qui se marquait sur cette face noiraude et parcheminée, il l'invita à déjeuner.

Elle ne se décidait pas. Alors, pour gagner la partie devant ces malveillants, il lui dit :

— Justement, Léopold voulait aller à Forcelles. Il a quelque chose pour vous.

Ce dernier mot arracha un affreux sourire de plaisir à la vieille avaricieuse, qui suivit assez gracieusement l'aimable Quirin à travers le village et le long de la côte jusqu'au couvent.

Là-haut, ils furent bien surpris de les voir venir

ensemble; et lorsque Quirin dit que Mademoiselle leur faisait l'honneur d'accepter à déjeuner, toute la congrégation le regarda atterrée, car depuis beau jour, au couvent, on ne vivait que de légumes et d'eau claire. Mais, d'un regard circulaire, il obligea tout le monde à prendre une mine réjouie. Sa chaleureuse assurance était telle que les bonnes sœurs crurent qu'il devenait fou.

— Chère mademoiselle, disait-il, si nous avions su votre visite, nous aurions eu soin de tout préparer pour que vous soyez reçue avec les égards que nous devons à notre propriétaire.

Et s'arrêtant de faire des grâces, il enjoignit aux sœurs d'aller tout préparer pour qu'on eût un bon repas.

D'un même mouvement, la congrégation, laissant là Quirin et sa maudite invitée, se mit à courir de la cave au grenier.

Le cadet, resté seul avec la Noire Marie, entreprit de lui expliquer que la situation n'avait jamais été si brillante et que c'était extraordinaire de voir l'affection qu'ils inspiraient dans le pays.

— Mais pourtant, repartit la vieille, à Saxon il y en a beaucoup qui se sont séparés de vous. Apolline, tout à l'heure, vous arrangeait bien!

— Bah! des jeunesses qui aiment à rire! mais le cœur n'est pas mauvais. Comme je les connais, elles viendront dimanche réparer par une belle offrande la peine qu'elles font à la Vierge.

Cependant que le prestigieux Quirin essayait ainsi de duper une femme plus maligne que lui, les sœurs, les frères et François revenaient de leur battue à la cuisine, ne rapportant qu'une corde d'oignons, des choux et des pommes de terre germées, et ils tenaient un triste conseil de guerre sur la manière d'en tirer le meilleur parti, quand le frère Hubert, pour la première fois de sa vie, émit une opinion personnelle :

— Je sais que Mme Marne, ce matin, cuisait une carpe. C'est une bonne femme. J'y cours.

Il se glissa jusqu'à Saxon par le raccourci et fut assez heureux pour échanger avec la vieille femme une hotte de bois et deux journées de travail qu'il lui promit contre le gros poisson. Tout essoufflé, un quart d'heure plus tard, il faisait à la cuisine une rentrée triomphale.

Cependant, les bonnes sœurs avaient étendu sur la table une nappe d'autel. Et, sans plus tarder, sœur Lazarine vint annoncer à Quirin et à Mademoiselle que le dîner était prêt.

En passant dans le couloir, la Noire Marie remarqua que toutes les vitres étaient brisées.

— C'est l'ouragan d'il y a huit jours, dit Quirin. Mais que faire avec les ouvriers d'aujourd'hui ! Voici une grande semaine que nous les attendons.

La vieille visiteuse ne formula aucune objection, mais si elle n'ouvrit guère la bouche que pour profiter du bon dîner, ses yeux fureteurs ne cessaient d'espionner tout ce qui se passait autour d'elle. Rien ne lui échappa de l'amabilité forcée de Quirin, ni de l'agitation de François, ni du sombre chagrin de Thérèse, ni de la maigreur de tout ce monde. C'était un festin où chacun jouait la gaieté, et par là singulièrement triste. Au dessert, s'adressant à Léopold :

— Monsieur le Supérieur, dit-elle, votre frère m'a dit, ce matin, que vous aviez mis quelque chose de côté pour moi.

— Oui-da, répondit l'autre, avec le plus grand sérieux.

E, se levant de table, il alla chercher dans un placard une boîte soigneusement enveloppée de papier d'argent.

La Noire Marie le déplia. Il y avait dedans un petit chapelet de saint Hubert.

Une bouffée de sang monta au visage de la vieille fille indignée et colora faiblement ses joues de moricaude.

— Quand on fait des banquets avec des carpes de dix livres, c'est vraiment malheureux, dit-elle, de ne rien mettre de côté pour sa propriétaire.

Et sans toucher aux noix et aux pommes fripées, dont les sœurs avaient à grand-peine rempli un compotier, elle prit brusquement la porte.

Les trois frères sortirent avec Thérèse. Aucun vent ne soufflait et toute la colline demeurait immobile sous le grand ciel paisible. C'était un beau temps printanier, mais les trois Pontifes se sentaient bien tristes. Ils se voyaient au bord d'un précipice, dont jamais Léopold n'avait permis qu'on lui parlât. Parfois, Quirin avait bien essayé de représenter à son aîné que la Noire Marie pouvait les expulser, mais chaque fois Léopold avait annoncé qu'ils reprendraient bientôt leurs quêtes et que tout s'arrangerait au mieux. Comme ils passaient dans les prairies au-dessus de Saxon, ils furent aperçus par une bande de jeunes filles de seize à vingt ans, qui se mirent à les suivre en chantant des cantiques à Marie. Ils tournèrent à droite, elles tournèrent avec eux jusqu'à la rive du bois, d'où l'on voyait briller sur la pente la source Sainte-Catherine protégée par des aulnes. Là, ils s'arrêtèrent et s'assirent sur l'herbe, dans l'ombre mince des buissons tout chargés de sansonnets, tantôt perchés, tantôt bruissant des ailes, congrégation des airs qu'animait une suite de caprices rapides. Alors les méchantes enfants entonnèrent les chansons insultantes, et se tenant par le bras elles passaient et repassaient effrontément. C'étaient des filles charmantes, des bergères et des dentellières. Mais pour les Pontifes insultés, c'étaient, nées du trou boueux de Saxon, des sorcières enivrées, toutes bonnes pour danser le sabbat sur la ruine de Vaudémont.

Toutes les vignes de la côte étaient remplies d'ouvriers qui regardaient, entendaient et riaient. Les trois Pontifes n'opposaient qu'un silence majestueux à toute cette audace. Enfin, au bout de deux heures, les filles se retirèrent, sauf trois, et ces trois étaient de celles à qui le Pontife d'Adoration avait fait faire la première communion, l'année précédente, après leur avoir donné des soins sans pareils. Ces ingrates dépassèrent en insolence toutes les autres, mais c'était à Thérèse qu'elles en voulaient surtout. Elles la montraient du doigt, assise sur l'herbe entre les Pontifes, avec sa robe de religieuse gracieusement étalée. Et sa figure délicate, plus triste et toute fanée, ne les attendrissait pas :

— Voyez la belle prophétesse! C'est à hausser les épaules de pitié! Dites, monsieur le Supérieur, c'est donc elle qui nous fera voir cette incarnation que vous nous promettez?

Elles parlaient ainsi par allusion aux bruits répandus sur la vie déréglée que l'on menait au couvent. Elles criaient encore :

— Ohé! la mère du Saint-Esprit!

Thérèse tremblait de colère. Mais cette irritation céda bientôt pour faire place à un frémissement mystérieux. Une vague et terrible sensation la traversa. Pour la première fois, à cette minute, elle venait d'avoir la révélation de son état. Le voile de poésie, qui, jusqu'alors, lui avait caché les misères de sa situation, se déchira tout à coup; elle se trouva face à face avec les rudesses de la vérité nue. Et se tournant vers Léopold, elle regarda avec épouvante l'homme fatal qui l'avait perdue.

Quand les Pontifes regagnèrent le couvent, ils rencontrèrent encore leurs persécutrices à la porte. Avec une précipitation forcenée, en quelques minutes, elles dégoisèrent les injures qu'elles avaient mis deux heures à chanter. Les Baillard n'avaient qu'une idée, s'abriter derrière leurs murailles. Ils y trouvèrent un hôte trop attendu, l'huissier de Vézelise, M. Libonom en personne. La Noirc Marie n'avait pas perdu de temps! Il venait signifier aux sœurs d'avoir à payer Mlle Lhuillier le prix de l'acquisition du couvent sous trois jours, faute de quoi, ladite demoiselle saisirait leurs biens, meubles et immeubles.

Aussitôt, les frères Hubert et Martin coururent avertir les Enfants du Carmel et les convoquer pour la première heure du lendemain. Il s'agissait de sauver ce qu'on pourrait du mobilier et de répartir entre les dévoués du village les objets les plus précieux.

— Eh! disait la bonne sœur Marthe, y pensez-vous! Travailler demain, c'est le dimanche des Rameaux!

— Ma sœur, dit Quirin, Léopold donne à tous et à toutes une dispense.

Le sommeil de Léopold fut traversé de pénibles insomnies. Pour se donner du cœur, il respira à plusieurs reprises le délicieux parfum qu'exhalait son hostie pontificale. Cette nuit-là, il en sortait une odeur d'encens extraordinaire, l'odeur même que l'on respire au sanctuaire de Tilly, les jours de fête, une odeur suave et pénétrante, qui ne pouvait être comparée qu'à celle de cette huile de nard d'un grand prix que Marie-Madeleine, en cette même veille de Pâques fleuries, répandit aux pieds du Sauveur.

Ces sensations miraculeuses et l'approche du danger eurent pour effet d'exalter chez Léopold le sentiment de la personnalité. Son esprit échauffé fit une construction singulière : il se persuada que la Semaine

Sainte qui s'ouvrait allait reproduire pour lui, sur cette montagne, au milieu de paysans ingrats, tout ce que le Christ avait souffert, en Judée, d'une foule ameutée par les princes des prêtres et les pharisiens. Imagination qui n'a rien pour surprendre, chez un homme dont le rêve fut toujours de calquer sa vie sur des patrons sublimes. Et pour commencer, ce dimanche allait être vraiment son dimanche des Rameaux : entouré de ses fidèles — à l'occasion de son déménagement — il allait faire son entrée dans Jérusalem.

Malgré les bruits inquiétants qu'on répandait dans le village, trente personnes accoururent dès l'aube. A l'issue de l'office, Léopold les éleva, toutes, d'un grade dans les dignités de l'Œuvre. Il confia le bouclier de Marie à Mme Marne, et une hostie que Vintras avait portée à Mme Marie-Anne Sellier. Ces deux veuves dévouées, dont la première avait fourni la carpe pour la réception de la Noire Marie, venaient d'arriver avec des corbeilles d'osier et s'engageaient solennellement à ne pas quitter le couvent que tout fût emballé. Le Pontife d'Adoration donna encore la croix de grâce à ses deux nièces, Marie-Rose-Élisabeth-Léopoldine et Marie-Hubertine Baillard. Enfin, à ceux qui n'étaient pas sortis des rangs inférieurs, il remit des petits sachets renfermant de la terre de Tilly. C'était autant d'armes dont il attendait qu'elles fortifiassent les courages.

Il s'en trouva bien. Les Enfants du Carmel furent admirables de dévouement. En vain le vent soufflait-il avec rage, multipliant les ravages d'une pluie battante qui dura tout le jour. Ils n'y voulurent voir qu'une faveur spéciale de la Providence qui empêchait les curieux effrontés de venir espionner le déménagement. Tout ce jour de fête, les dévotes ne cessèrent d'aller et venir de la cave au grenier, et de répartir les richesses de la congrégation chez les dévoués de Saxon.

Les objets les plus précieux, les papiers de Léopold, les vêtements sacerdotaux, les objets du culte et la grosse truie du couvent furent confiés à l'un des meilleurs fidèles, à M. Mathieu, qui allait louer sa maison à la petite congrégation. Une sorte d'enthousiasme religieux planait sur ces soins misérables. Et Léopold remarqua, avec le douloureux sourire de l'homme qui sait et que n'étonnent pas les apprêts de son martyre, que tous ses fidèles avaient coupé des rameaux pour activer les attelages, en sorte que, sur les onze heures, il descendit entre les palmes sur une charrette conduite par un âne et chargée de meubles, de paillasses, de tonneaux, de pommes de terre, de betteraves, de bois de chauffage, de planches vieilles et neuves. Du haut de cet entassement, il regardait l'ânon qui pliait dans les brancards, il regardait ses frères, ses religieuses, ses enfants dévoués, tout ce départ magnifique, et il trouvait la force de sourire avec sérénité, cependant qu'il disait dans son cœur : « Dernière joie, jour de Pâques fleuries, et dans cinq jours la descente au tombeau. »

Les mêmes soins du déménagement se poursuivirent toute la journée du lundi. Du matin jusqu'au soir, la congrégation trembla de voir apparaître l'huissier, mais la nuit approchant, on commença de dire que la justice n'était pas à la disposition de la Noire Marie. Seul Léopold ne partageait pas cette confiance insensée. Il savait que Pilate allait venir dans une heure. Et en effet, à six heures moins dix, M. Libonom se présenta à la porte du couvent. Trois des plus mauvais habitants de Saxon l'accompagnaient, et, parmi eux, le maire. Sœur Lazarine courut avertir Léopold qui s'habillait dans la chapelle pour la bénédiction du soir. Le Pontife d'Adoration se dévêtit paisiblement de ses ornements sacrés, et s'en alla aussitôt les rejoindre, en répétant à haute voix, dans les couloirs déserts, le texte d'Isaïe que l'Église a mis dans l'épître de ce jour.

— *Stemus simul...* Allons ensemble devant le juge. Quel est celui qui se déclare mon adversaire? Qu'il approche de moi. Le Seigneur Dieu est mon secours. Qui osera me condamner?

Dans le couvent c'était une panique. Les sœurs prises d'épouvante s'enfuirent d'abord dans la chambre à lard, puis réfléchirent, inventèrent toute une comédie. Sœur Euphrasie courut se coucher comme si elle était malade; sœur Quirin s'assit auprès d'elle en jouant l'infirmière, et sœur Lazarine se cacha derrière le lit. La bonne sœur Marthe alla dans l'étable, tenir société à la vache. Thérèse, elle, continua de prier devant la Vierge, dans l'église du pèlerinage.

On sut bien vite sur toute la colline l'arrivée de M. Libonom. Le déménagement fut suspendu, et les fidèles, hommes, femmes, jeunes garçons et jeunes filles se dirigèrent en hâte vers le couvent.

Cependant Quirin, sur le seuil, disait à M. Libonom qu'il était six heures passées et qu'il n'avait plus le droit d'instrumenter.

— Pardon, cher monsieur, répliqua l'huissier en tirant sa montre. Il est six heures moins trois minutes, nous pouvons entrer jusqu'à six heures, et, une fois dans la place, nous agissons aussi longtemps qu'il nous convient.

Puis il pria les messieurs Baillard de le guider à travers la maison.

M. Libonom n'était pas un méchant homme. A la cave, il ne saisit pas les légumes ni le peu de vin qui restait encore au fond du tonneau, et dans l'étable il ne calcula pas strictement la part que la loi accorde au pauvre homme pour la nourriture de sa vache.

Mais par malheur, auprès de la bête, on trouva sœur Marthe, et avisant cette figure innocente, le maire lui demanda brusquement :

— Ma sœur, n'est-il pas vrai qu'on a conduit à pleines charrettes des meubles d'ici à Saxon?

La bonne sœur fit signe que oui.

En vain Quirin protesta-t-il qu'un huissier n'avait pas le droit d'ouvrir une enquête et que c'était l'affaire du juge d'instruction, le maire, haussant la voix, énuméra les maisons où il avait vu décharger les charrettes, et invita l'huissier à dresser séance tenante un procès-verbal que la pauvre sœur Marthe eut la simplicité de signer.

Le jeudi saint, au matin, Léopold faisait sa méditation et se pénétrait de la tristesse de ce jour, sur lequel la liturgie répand la teinte sombre des funérailles, quand les jeunes filles du village, qui sortaient de l'église, entrèrent au nombre de quinze à vingt dans le jardin du couvent, comme autant d'évaltonnées, riant, dansant, courant à toutes jambes, venant faire sous les fenêtres de grands saluts, de grandes inclinations de tête et de corps. Léopold jeta sur elles un regard pénétrant, et les reconnut comme les sœurs de cette populace de Jérusalem, qui faisait des génuflexions insultantes devant le Christ, au moment où les princes des prêtres le tenaient en leur pouvoir.

Il fut tiré de cette méditation, dont l'amertume l'enivrait, par les cris affreux que poussaient les saintes femmes de Sion. M. Libonom venait d'apporter le commandement d'avoir à vider les lieux dans les vingt-quatre heures, et toutes les instances échouaient devant le marbre de son cœur. Derrière l'huissier, la Noire Marie avait pénétré dans le jardin. Elle y trouva sœur Marthe et la gourmanda devant tous en la tutoyant avec mépris. Elle amenait avec elle quatre ou cinq des ennemis de l'Œuvre, qui parcoururent le terrain en faisant des offres de location. Et durant toute cette après-midi, les Baillard furent comme assiégés. Ils se tenaient reclus dans leurs chambres vides, regardant avec désespoir les beaux carrés de légumes si bien soignés, dont ils ne feraient pas la récolte, et où leurs ennemis se pavanaient insolemment.

Dans cette journée, nulle consolation ne leur vint de Saxon. L'assignation lancée par M. Libonom à tous ceux qui avaient reçu des dépôts dans leurs maisons produisait un effet terrible. Six d'entre eux coururent à Vézelise tout révéler au juge de paix. Mathieu lui-même se distingua par sa couardise. Il livra tout, les papiers de Léopold, les ornements d'église, un fourneau et jusqu'à la grosse truie.

Les autres fidèles se terraient. Et Léopold considérant combien il avait peu de monde autour de lui se disait que cela encore devait être ainsi et que le Christ n'en avait pas davantage au pied de sa croix.

Comme s'il devait boire le calice jusqu'à la lie, au soir, Mathieu le fit prévenir qu'il reprenait sa parole et ne louerait pas sa maison. Sa femme lui avait fait honte de loger des sataniques.

Ce fut autour de Léopold un concert de plaintes et de gémissements, mais lui, poursuivant toujours sa rêverie intérieure, dit avec le plus grand calme :

— Cessez de vous agiter, mes frères, car Joseph d'Arimathie et Nicomède ont trouvé, dans le lieu même où le Christ avait été crucifié, un sépulcre tout neuf pour le recevoir.

Ce soir-là, dans le couvent demi-vide, le souper fût bien triste. La lampe du réfectoire s'étant éteinte faute d'huile, on dut achever le repas et s'aller coucher sans chandelles. Il faisait un grand clair de lune; Quirin et la sœur Quirin veillaient à une fenêtre du premier étage, tous deux seuls, et ils voyaient une vive lumière à la maison de l'Oblat. Quirin, considérant longuement cette petite maison, où fréquentaient maintenant les plus importants de la commune, fut pris d'une soudaine angoisse, et lui, d'ordinaire si réservé, il demanda à la sœur Quirin si elle pensait que l'on pouvait encore vivre en communauté.

Elle lui répondit :

— Pourquoi voulez-vous me tendre un piège? Vous êtes résolu à lutter et vous voulez me renvoyer si je n'ai pas confiance en Léopold et en vous. Alors que deviendrais-je?

Mais il jura sur la Vierge de Sion qu'elle pouvait lui répondre en toute franchise, et même qu'il suivrait son avis.

Alors, elle lui dit :

— Les frères Hubert et Martin ont décidé de s'en aller d'ici, et sœur Thérèse, ne le voyez-vous pas, a des raisons pour ne plus demeurer longtemps avec nous.

Quirin ne répondit rien. Il restait assis dans le fond de la pièce, la tête entre les mains. Et la sœur, en se penchant sur lui, vit qu'il était épouvanté de ces paroles raisonnables. Elle reprit :

— Je vous ai obéi. Je vous ai dit ce que je voyais et ce que je croyais. Quoi que vous décidiez, je suis prête à demeurer ici ou bien à partir avec vous.

Au petit jour, Quirin, sans faire d'adieux à personne, se glissa hors du couvent avec la religieuse. Un sac de nuit sur le dos, qui contenait un calice et quelques effets, il se mit en route vers la Bourgogne, se rendant chez M. Madrolles, celui qu'à Bosserville le bon Père Magloire avait appelé le Jérémie de la France.

Tous les coqs de la colline chantaient quand Léopold apprit ce reniement de saint Pierre... Le jour terrible était arrivé : le jour de ténèbres, le jour de la descente au tombeau ! Encore quelques minutes et il faudrait quitter le couvent pour toujours...

L'huissier vint interrompre cette méditation. Son arrivée matinale épouvanta les sœurs au milieu de leurs derniers préparatifs. Sœur Lazarine prit dans ses bras le petit Jésus de la chapelle, si charmant avec son visage de cire et sa perruque d'étoupe; sœur Euphrasie, la rôtissoire, et sœur Marthe deux pots de beurre fondu. Mais M. Libonom avait posté à toutes les issues des sentinelles armées de sabre, qui se mirent à courir après les pauvres religieuses. Sœur Euphrasie eut une illumination. Sur le point d'être prise, elle sacrifia la rôtissoire qui, tintinnabulant sur la pente avec un bruit de ferraille, fit trébucher celui des estafiers qui les serrait de plus près. Le Jésus de cire et les pots de beurre furent sauvés. Ce fut la dernière victoire. Les Enfants du Carmel ne purent plus emporter que les lits, et précipitamment. On les poussait, l'épée dans les reins.

Dehors, la foule s'amassait. Les Baillard n'étaient pas sortis de leurs chambres que déjà les hommes de Mlle Lhuillier, impoliment, s'y installaient. François réclamait ses pincettes, sa pelle à feu et son soufflet; Euphrasie sollicitait de la paille pour la litière de la vache; les autres sœurs cherchaient à emporter deux corbeilles de pommes de terre qui restaient encore à la cave; Léopold ne se préoccupa que de soins spirituels. Il alla dire adieu au petit sanctuaire. Une troupe de garçons et de filles vinrent l'y rejoindre et se mirent à danser autour de lui. M. Libonom apparut à son tour, et comme le Pontife, abîmé dans sa prière, ne bougeait pas, il le toucha sur l'épaule et le conduisit dehors.

Lorsque Léopold et son petit monde, encadrés par

les gens de l'huissier, sabre au clair, sortirent du couvent, il y eut une bousculade et des huées chez les curieux rassemblés pour les voir, mais d'un groupe de femmes montèrent ces mots de pitié : « Le pauvre homme ! » Ils ne furent pas perdus pour Léopold. Touché de l'intérêt courageux de ces femmes qui, dans la faiblesse de leur sexe, montraient plus de grandeur d'âme que le peuple entier de Sion, il leur adressa un regard superbe de bonté, et reprenant toute la dignité de son langage de prophète, il leur annonça, comme avait fait le Christ sur les pentes du Calvaire, l'épouvantable châtiment qui suivrait bientôt l'attentat dont elles étaient témoins :

— Filles de Sion ! ce n'est pas sur moi qu'il faut pleurer, c'est sur vous et sur vos enfants.

Ils descendirent la côte de Saxon, derrière la voiture chargée de leur pauvre literie. La queue entre les jambes, la chienne Mouya fermait la marche. Où allaient-ils ? Leur faudrait-il passer la nuit à la belle étoile ? Pousser jusqu'à des villages lointains ? Comme ils arrivaient aux premières maisons, la bonne Marie-Anne Sellier sortit de sa demeure, la première que l'on trouve à droite, et comme autrefois la femme qui se précipita au-devant du Sauveur pour lui essuyer la face, elle courut à Léopold, et lui montrant la porte ouverte :

— Venez, monsieur le Supérieur. Tant que Marie-Anne aura un toit et du pain, il ne sera pas dit que Léopold Baillard en aura manqué sur la sainte montagne.

Léopold prit rapidement congé des frères, qui continuèrent leur route, et des sœurs Lazarine et Marthe, qui furent recueillies un peu plus loin par des fidèles. Puis avec François, Euphrasie et Thérèse, il pénétra chez Marie-Anne. C'était justement l'heure où Notre-

Seigneur expira, et le petit cercle descendit dans le tombeau de Saxon quelques minutes après trois heures.

Et pour clore la journée, là-haut, Bibi Cholion, traître aux Baillard et renégat, écrivait à la craie, sur la porte de la chapelle : « Fermé pour cause d'épizootie, conformément aux arrêtés impériaux sur les étables. »

CHAPITRE XII

Ou Thérèse se perd dans l'ombre

HUIT jours passèrent. Huit jours sans que l'on vît au-dehors personne des Baillard. Ils se terraient dans la petite maison de la veuve compatissante. Des bandes venaient, de dix lieues à la ronde, chaque jour, après le travail, les y relancer. C'était alors un charivari, pareil à celui que l'on fait, le soir de leurs noces, aux veuves qui se remarient, un tam-tam assourdissant, des cris, des huées, de grands éclats de joie, un vacarme d'arrosoirs, de casseroles et de tonneaux, sur lesquels on frappait comme sur des tambours. Puis soudain, tout le tapage s'arrêtait, et Alfred Séguin, juché sur une barrique, entonnait, à la manière d'un charlatan, et d'un tel gosier qu'on pouvait l'entendre d'un bout à l'autre du village, l'œuvre de M. Marquis, la fameuse chanson des *Pontifes*, largement revue et augmentée par tous les beaux esprits du pays :

> *Venez, petits et grands, que tout homme s'empresse*
> *Pour contempler trois sots qui vendent la sagesse.*
> *Après avoir vendu les reliques des saints,*
> *Ils changent d'industrie et se font magiciens.*
> *Sur l'air du tra la la,*
> *Sur l'air du tra la la.*

De miracles nombreux, les voilà fabricants,
Et d'emblèmes dévots habiles traficants
Ils sont allés, dit-on, apprendre en Normandie
L'art de duper les gens en grande compagnie.
      Sur l'air du tra, la, la, etc.

Depuis longtemps déjà, ils ont à nos regards
Le talent merveilleux de plumer les jobards;
Il ne fallait donc pas, je crois, un grand prophète
Pour les rendre savants des pieds jusqu'à la tête.
      Sur l'air du tra, la, la, etc.

Vous, grossiers paysans, ah! vous ne savez rien,
Vous croyez ce qu'enseigne un évangile ancien;
Mais si vous contemplez la lumière nouvelle,
Ça vous retournera joliment la cervelle.
      Sur l'air du tra, la, la, etc.

Voyez ces trois oiseaux accoutumés au vol :
Autrefois, vrais dindons, ils ont rasé le sol;
Mais à voler bien mieux, instruits par leur grand maître,
S'ils ne sont pas des aigles, ils peuvent le paraître.
      Sur l'air du tra, la, la, etc.

Peuples, écoutez donc. Voilà le grand pontife!
Grand, ma foi! c'est bien vrai. Monsieur! quel escogriffe!
Il est sacré, dit-on, miraculeusement,
Et de fou qu'il était, il est sage à présent.
      Sur l'air du tra, la, la, etc.

Le chef de la boutique est un rusé compère;
C'est lui qui fait l'article avec sa commère.
Pontife et prophétesse et toute la nichée,
Des farces de Tartuffe sont très fort entichés
      Sur l'air du tra, la, la, etc.

Si vous ne croyez pas, imbéciles humains,
Ma foi, tant pis pour vous, je m'en lave les mains,
La fièvre, la colique et la dysenterie
Et tous les maux, sur vous, viendront avec furie.
      Sur l'air du tra, la, la, etc.

171

La lune et le soleil vont se battre en duel.
De nombreuses étoiles manqueront à l'appel,
La terre engloutira et les gens et les bêtes,
Excepté de Sion les fortunés bipèdes.
      Sur l'air du tra, la, la, etc.

Ainsi le Dieu-Vintras, n'ayant aucun égard,
Fera du genre humain une omelette au lard.
Ote-toi, dira-t-il, et laisse-moi la place,
Pour danser la polka sans gêne dans l'espace.
      Sur l'air du tra, la, la, etc.

Ah! ce sera bien beau de voir polker Quirin,
Popol et grand Francis, débris du genre humain,
Thérèse, Lazarine, avec ces libres dames,
Prêtresses de l'amour et brûlant de ses flammes
      Sur l'air du tra, la, la, etc.

C'est alors que du ciel tombera sur la terre,
D'alouettes rôties une pluie salutaire.
Merci, messieurs, merci, ô savants bacheliers.
Avec ces beaux discours, payez vos créanciers.
Vous n'étiez pas sorciers avant d'être prophètes,
Mais vous êtes depuis devenus bien plus bêtes.
      Sur l'air du tra, la, la, etc.

Les sinistres couplets! C'est un prêtre, un ami de
la veille qui les a composés! La prose paysanne vient
d'être cruelle, une fois de plus, et de méconnaître le
mystère de Léopold Baillard. Léopold présentait un
mélange de platitude et d'extravagance, mais en lui
le passé était plein de vitalité. En lui, comme des plus
vieilles couches de la sensibilité et du tuf éternel de
l'homme, jaillissent des sources quasi taries. Cette
poésie des éléments primitifs de la race ne pouvait pas
résister à une force également primitive et plus vigoureuse, à l'ironie éternelle de ces villages. Quelque chose
d'antique vient d'être tué par quelque chose d'antique

et de plus fort. Il n'y eut personne autour de Sion d'assez complet pour comprendre le danger de ce grand duel, pour en éprouver l'ingratitude, pour en voir le sacrilège. Les meilleurs étaient dans la joie.

Sous cette meurtrière ironie, la petite maison de Marie-Anne Sellier restait les volets clos, émouvante de silence et de tristesse. A l'intérieur même, rien ne bougeait; les Enfants du Carmel récitaient leurs pieuses litanies dans la cuisine transformée en chapelle, et, chaque demi-heure, le Pontife de l'Adoration bénissait à travers les murs ses persécuteurs.

Le huitième jour, dès l'aube, Thérèse et Euphrasie, suivies de la Mouya, se glissèrent pour la première fois au-dehors. Pressées par la faim, elles allaient à Lunéville, pour essayer d'y vendre aux religieuses du Bienheureux Pierre Fourrier quelques ouvrages consacrés à leur saint fondateur et qu'on avait sauvés de la tourmente.

Le voyage en diligence, de Vézelise à Lunéville, n'alla pas sans incidents. On était au lendemain du Coup d'État et la maréchaussée exerçait sur toutes les routes une surveillance rigoureuse. Dans la petite ville de Bayon, les sœurs furent arrêtées un instant par les gendarmes, parce qu'elles portaient des livres sans avoir une autorisation de colportage. Relâchées aussitôt, elles continuèrent leur route. A Lunéville, elles eurent la déception de ne pas trouver M. Navelet, sur qui elles comptaient pour leur donner l'hospitalité. Cet ami fidèle faisait en ce moment la menuiserie d'un château des environs, où sa femme l'avait suivi.

Les deux religieuses, bien en peine, se rendirent au couvent, accompagnées de leur chienne qui les attendit à la porte. Quand elles eurent expliqué qu'elles arrivaient de Sion, la tourière s'en alla chercher la Mère Supérieure, qui leur dit, en écartant les livres, que rien de bon ne pouvait venir aujourd'hui des messieurs Baillard. Et comme elles demandaient à rester cette nuit au couvent, la Supérieure les regardant avec autorité leur dit :

— Ce n'est pas ici une auberge.

Puis, après cette dure parole, et comme si elle eût deviné quelque profond désir de Thérèse, elle ajouta :

— On entre ici pour toujours ou jamais.

Les sœurs baissèrent la tête avec une humilité vraie. Sans rien répondre, elles se retirèrent. Il leur sembla que la porte mettait un temps infini à se refermer derrière elles.

Et maintenant, où trouver un abri? Elles entrèrent dans la cathédrale et se mirent à prier, et toutes deux, à mesure que le soir tombait, sentaient leur âme remplie d'effroi. A leur sortie, c'était tout à fait la nuit. Un agent de police voyant ces deux minces formes noires, suivies d'une bête, qui battaient toutes les portes, s'approcha. O surprise! A la lueur d'un quinquet, ils se reconnurent. C'était un ancien frère de Sion, qui avait partagé la prospérité des Baillard et qui s'émut de la détresse des deux religieuses. Il leur indiqua une mauvaise auberge, où elles furent réduites à coucher sur un matelas, par terre, dans une grande salle qu'encombraient déjà des rouliers.

Pendant la nuit, un de ces hommes s'approcha d'elles, mais la Mouya, qui veillait sur les deux femmes, bondit devant et montra des dents si féroces, que l'insolent regagna, sans plus, sa paillasse.

Quelles réflexions fit Thérèse, après un tel émoi, durant sa longue insomnie? Les mots qu'avait prononcés la Mère Supérieure lui revenaient sans cesse à l'esprit : « Toujours ou jamais. » Elle reprit les pensées qui ne la quittaient pas depuis des semaines : sa vie détournée de sa voie naturelle, la poursuite de rêves qui n'avaient peut-être aucune réalité véritable, et par-dessus tout le désir de retrouver le calme, la règle, et de se mettre en paix avec la vie qui était devant elle. A travers les fenêtres, la lune versait sa lumière dans cette salle misérable et, de temps en temps, disparaissait sous les nuages. Thérèse, les yeux grands ouverts, regardait l'astre glisser. Elle repoussait avec horreur les images sordides qui l'environnaient, et se réfugiait dans ces mystérieuses alternatives d'ombre et de clarté.

— Ah! lune charmante, disait-elle, prends-moi, soulève-moi jusqu'à la bonté de Dieu, ou du moins guide ma prière auprès des êtres spirituels qui vivent dans les espaces bleuâtres au-dessus de nous, afin qu'un rayon de la paix des anges descende sur leur très humble servante repentante.

Dès le petit jour, sœur Thérèse se leva. Sa figure toute pâle exprimait à la fois la douleur, la résignation et la confiance. L'épicier auquel elles proposèrent les précieux livres de Léopold leur en donna par pitié quelques sous. Il permit encore à Thérèse d'écrire sur son comptoir une lettre, qu'au sortir de la boutique, elle remit à sœur Euphrasie, en disant :

— C'est pour notre Père Supérieur.

Sœur Euphrasie comprit tout et que Thérèse ne l'accompagnerait pas à Saxon. Elle dit dans son amertume :

— Il y a des belles qu'on ne voit plus quand les violons sont partis.

Mais Thérèse, en se penchant sur la sœur Euphrasie, murmura :

— Ne m'en voulez pas, ma sœur; il vaut mieux que je ne rentre pas à Saxon; j'y serais un sujet de honte pour vous tous. Ah! si quelquefois vous m'avez trouvée orgueilleuse, j'en suis bien punie maintenant,

et je ne pense plus qu'à m'aller cacher avec mon fardeau.

Alors la sœur Euphrasie, comprenant ce qu'elle soup-
çonnait depuis des semaines et que tout le pays dénonçait, embrassa Thérèse. Les deux pauvres filles pleu-
rèrent ensemble, et tandis que sœur Thérèse s'en allait
au couvent de Notre-Dame, sœur Euphrasie reprenait
à pied, avec la Mouya, le chemin de Saxon.

Léopold, au reçu du billet de Thérèse, dont il devina
le contenu avant que de l'ouvrir, se leva. Mais il n'y
avait pas de pièce où il pût aller pleurer en secret; il
dut rester là, sous les yeux de François, des sœurs Euphrasie et Lazarine, et de la vieille mère Sellier. Malgré
son violent désir de dominer sa douleur, des larmes
roulèrent sur ses joues. Mais il ne fit aucune réflexion
et jamais ne demanda de détails à sœur Euphrasie.

CHAPITRE XIII

Le martyre de « la sagesse »

LES schismatiques étaient chassés du plateau, mais
ils s'accrochaient avec l'énergie du désespoir
aux pentes de la colline. Ni le préfet, ni l'évêque
ne pouvaient se satisfaire d'un succès incomplet; un
ferment de désordre restait toujours à Saxon; il fallait
débarrasser le pays des Baillard. C'est ce qu'un gendarme dit un jour tout bonnement au grand François
qui s'en revenait de Vézelise. Il l'aborda avec un mélange de raideur et de bonhomie, et une familiarité qui
ne disait que trop la déchéance des Baillard, et lui tint
ce petit discours :

— Je vous avertis dans votre intérêt. Cessez toutes
vos histoires. Mon chef a reçu des plaintes de la bri-
gade de Nancy. On lui reproche de n'avoir fait aucun
rapport sur vous autres, malgré tous les mauvais bruits
qui courent sur votre compte. Le chef a répondu :
« Je ne peux pourtant pas inventer, mais soyez sûr
que je les tiens à l'œil. » Pour moi, je ne dis pas que
vous soyez des mauvaises gens. Mais il y en a déjà
plusieurs des vôtres qui ont filé; vous devriez en faire
autant.

Quand François lui rapporta cette conversation,

Léopold fut terrifié. Il aurait voulu suspendre pour un temps toutes les cérémonies. Mais la Pentecôte approchait, la plus grande fête de l'année, pour tous ceux qui substituent aux commandements de l'Église leur inspiration personnelle : c'est le jour où l'Esprit descendit. Les Enfants du Carmel pouvaient-ils lui refuser un culte solennel?

Le matin de ce grand jour, à dix heures, on se réunit dans la grange de Pierre Mayeur. Il y avait là une dizaine de personnes : les sœurs Lazarine, Euphrasie et la bonne Marie-Anne Sellier, la mère Poivre, les veuves Munier et Seguin, Amélie Mayeur et le Fanfan Jory. Léopold célébra la messe, assisté de François. Au moment du prône, il commenta de la manière la plus éloquente ce grand texte essentiel de l'Évangile selon saint Jean, qui est le point de départ de toutes les doctrines gnostiques : *Cum autem venerit ille spiritus veritatis, docebit vos omnem veritatem.* Il insistait sur cet *omnem*, plénitude et complément de la vérité, qu'une seconde révélation doit nous apporter, quand soudain, par-dessus les têtes de son petit auditoire, il aperçut des ombres suspectes qui rôdaient dans le jardin. Il se troubla, balbutia. Au même moment, on frappait à la porte. Tous les Enfants du Carmel s'élancèrent pour la fermer. Trop tard ! M. le maire Janot faisait irruption avec l'adjoint et le garde champêtre.

— Monsieur, dit-il, en s'adressant à Léopold, avez-vous la permission du procureur impérial pour faire la réunion que vous tenez ici?

Léopold réfléchit un instant et répliqua :

— Je suis dans mes fonctions sacrées, et ce n'est pas le moment pour moi de répondre à vos questions.

Alors le maire s'emporta :

— Il faut en finir avec toutes vos simagrées.

De son accent le plus sacerdotal, Léopold répondit :

— Nous prions, nous ne faisons aucun mal.

Cependant le garde champêtre, ayant avisé un tableau de sainteté qui ornait le mur au-dessus du tabernacle, le prit pour un portrait de Vintras et voulut le saisir comme un objet délictueux. Dans le même temps, le maire se jeta sur le calice en argent et l'enleva de l'autel. Ce que voyant, le Pontife de Sagesse s'élance, bouscule le maire, lui met le pied sur le ventre et lui arrache des mains l'objet sacré tout tordu. Aussitôt, l'adjoint et le garde champêtre s'écrient :

— Un coup de pied à M. le maire! Un coup de pied à M. le maire!

Et tous trois se hâtent de sortir de la grange. M. Janot parcourt les rues, les mains sur le ventre, se plaignant de fortes douleurs et proclamant qu'il venait de mander les gendarmes de Vézelise. Tout le village menaçant accourt devant la maison. A l'intérieur, autour de Léopold, il ne reste plus que François, Euphrasie et Marie-Anne Sellier. Les autres avaient fui. François se dévoua. Il résolut de sortir pour aller chercher du secours. Mais avant de s'élancer dans la rue, il se mit à genoux devant son frère et lui demanda sa bénédiction.

A peine eut-il paru sur le seuil de la grange que les huées éclatèrent et les cris de : « Au loup! Au loup! » Les jeunes gens s'élancent pour l'arrêter au nom de la loi. Ils le rejoignent devant la maison du petit Henry, qui, courageusement, avec sa femme, veut le faire entrer chez lui. Mais on lui barre la porte. Il prend sa course. D'autres surviennent et se mettent en travers de la route. Il se jette dans les champs. Toute la troupe, composée de plus de cinquante hommes, garçons, filles, enfants, lui donne la chasse à toutes jambes, avec des cris et des rires, car ils ne le détestaient pas, mais saisissaient avec plaisir l'occasion de lutter avec un homme si fort. Ils l'atteignent, lui sautent au collet. Il se débarrasse des premiers assaillants et fait le vide autour de sa personne avec son parapluie. Alors ce fut fini de rire. Sous les coups, ils deviennent furieux, et tous ensemble ils montent à l'assaut. Son chapeau vole dans la boue; sa ceinture est arrachée; sa soutane, mise en pièces. Ils s'enivrent de déchirer des insignes respectés et de taper au nom du vrai Dieu sur le serviteur rejeté de Dieu. Enfin le voilà culbuté dans un bourbier; ses agresseurs tiennent sous leurs genoux sa poitrine, son ventre, ses pieds, et lui frappent la tête contre les pierres, toutes les fois qu'il veut la lever. C'est Gulliver par-dessous les habitants de Lilliput.

Léopold s'était réfugié dans le grenier de Pierre Mayeur. Du haut de sa lucarne, bien caché, il vit revenir François. Dans quel état, grand Dieu! Couvert de boue, il avait la tête nue, les mains liées derrière le dos; le jeune Rouyer, fils d'Alexis, et un valet de ferme, Antoine Mounier, le tenant chacun au collet, le poussaient en avant. Toute une troupe hurlante suivait. Deux dentellières marchaient sur le côté, l'une un brin de muguet aux lèvres, les yeux brillants, et l'autre plus excitée encore chantait. Parfois elles couraient par-derrière pour lui piquer les mains avec les aiguilles qu'elles prenaient à leur corsage.

Là-haut, à sa lucarne, Léopold invisible et tremblant regardait toujours. François, qui devina sa présence plutôt qu'il ne l'aperçut, détourna de lui ses yeux pour ne pas le trahir.

Il n'y eut dans tout le village que deux personnes pour défendre le martyr : Marie-Anne Sellier et une enfant de sept ans, la propre nièce des pontifes, qui jetait les hauts cris en appelant : « Mon Nonon! Mon Nonon! » Elles furent brutalement repoussées, et la veuve courageuse jetée dans le ruisseau du chemin.

On mena François dans la maison commune, où trente à quarante personnes se relayèrent pour l'insulter et monter la garde autour de lui. Euphrasie et Lazarine, qui voulurent s'approcher pour le consoler et lui donner quelque nourriture, furent impitoyablement écartées, jusqu'à une heure de l'après-midi, où sœur Euphrasie réussit à lui remettre un peu de sucre et à lui glisser un billet de son aîné qui lui disait : « Courage, martyr du ciel. J'ai prévenu la gendarmerie. »

Vers cinq heures, le prisonnier, en regardant par la fenêtre, vit venir deux gendarmes à cheval. Il ne douta pas que l'instant de sa revanche ne fût arrivé, et, écartant ses gardiens, il s'installa dans la chaire du maître d'école pour exposer ses plaintes aux représentants de la force armée avec plus d'autorité. Mais le brigadier, comme en fureur lui-même, le fit taire aussitôt :

— Scélérat, vous avez donné un coup de pied au maire.

— Moi! moi! j'ai donné un coup de pied à M. le maire! s'écria le grand François suffoqué d'indignation. Mais avec ma force et ma taille et la prise que me donnait sa corpulence, je l'aurais éventré! Le fait d'ailleurs est contraire à mon caractère sacerdotal et à mon caractère personnel, connu de tous pour être trop bon et miséricordieux.

Pour toute réponse, le brigadier lui passa les menottes, et, s'apprêtant à monter à cheval, lui dit avec simplicité :

— En route, mon garçon!

François, tout endolori des coups qu'il avait reçus le matin, se déclara incapable de marcher.

— Il le faudra pourtant bien, répondit le brigadier exaspéré.

Et aussitôt, il dénoua la longe qui pendait à l'arçon

pour attacher François par les menottes à son cheval. Puis il se mit en selle.

Dès le premier pas, le malheureux chancela et vint tomber sur la croupe de la bête qui fit tête-à-queue.

— Qu'on m'apporte une corde, hurla le brigadier, je la lui passerai au cou.

C'est alors que survint l'honnête M. Haye, qui, de sa voix ferme et posée s'adressant au gendarme :

— Mais, monsieur, ce n'est pas ainsi que l'on traite le monde. Vous voyez bien que M. l'abbé a de la peine à se tenir droit.

— Eh bien! qu'y faire? repartit l'autre, un peu honteux d'avoir été surpris en colère par un homme si raisonnable. Je n'ai pas de voiture. Voulez-vous lui en payer une?

— Volontiers, répondit M. Haye. Combien faut-il?

— J'en fournirais une pour trente sous, dit un des plus acharnés bourreaux qui saisit l'occasion d'un profit.

M. Haye lui remit sur l'heure une pièce de quarante sous, et il ajouta en s'adressant à tous :

— Après tout, ces messieurs n'en valent ni plus ni moins que quand vous buviez leur bon vin.

Il y eut un moment d'accalmie. On conduisit François dans la maison de Marie-Anne Sellier. Il y prit un bouillon et un verre de vin, et se disposait à manger un peu de viande, quand le brigadier donna l'ordre de le réenchaîner et de le mettre sur la voiture. Ils partirent. A peine étaient-ils sortis du village que le brigadier, tout en cavalcadant, dit à son prisonnier d'un air satisfait.

— Ah! mon gaillard, il y a longtemps que je vous surveille!

A Vézelise, on était averti. Les rues, sur le passage du cortège, étaient couvertes de monde, et les gamins accompagnèrent le grand François de leurs insultes. Parmi les spectateurs, beaucoup témoignaient leur joie de voir enfin le canton délivré d'intrigants effrontés, qui faisaient des dupes et jetaient la division dans les familles.

En arrivant à la prison, François trouva une blouse que le juge de paix, par respect pour la soutane, lui faisait parvenir. Mais il demanda vainement qu'on le mît dans un cachot encore inoccupé. On le poussa avec un autre détenu, auquel il abandonna la paille hachée et la couverture.

A cette même heure, à dix heures du soir, à Saxon, la porte de derrière de la maison Mayeur s'ouvrait sur le jardin. Un homme apparut sur le seuil, et, après avoir observé quelques instants la campagne silencieuse, s'enfonça dans la direction de Vaudémont. C'était Léopold Baillard, vêtu de pauvres vêtements laïques et portant au bout d'un bâton, sur son épaule, un maigre ballot noué dans une serviette. On eût dit le conscrit classique, mais le conscrit sans la jeunesse. Évitant les sentiers ordinaires, le fugitif traversa les chènevières, les prairies, les fonds humides dont l'habitude lui avait rendu les détours familiers. Il se dirigeait en grande hâte, avec des mouvements de terreur, vers le pays de Langres. Comme il passait au pied de la côte de Vaudémont, la lune, sortant d'un nuage, éclaira avec plus de force la vaste campagne muette, où quelques bouquets d'arbres mettaient seuls, çà et là, des ténèbres. Craignait-il cette lumière? Éprouvait-il trop de fatigue d'une si terrible journée? Sous les frênes battus du vent, à travers les buissons d'aulnes et de cytises, Léopold gravit la pente et s'en alla s'abriter dans la grande ombre de la tour de Brunehaut, près du petit cimetière.

Elle est bien romantique, cette nuit, la vieille ruine

des comtes de Vaudémont, avec ses pauvres tombes paysannes, son église, ses grands arbres et l'immense horizon sur la plaine nocturne! C'est une de ces solitudes où s'attarde aux heures de crise un héros malheureux; c'est là qu'un vaincu, par les exclamations de son désespoir, appelle les esprits infernaux et leur livre son âme contre une promesse de revanche. On n'y entendait que le coassement des marécages et la respiration mystérieuse de la nuit. Mais Léopold eut bientôt fait de remplir ce désert des fantômes conjurés par sa propre imagination. En leur compagnie, jusqu'à l'aube, il erra sous les grands arbres. Il s'élevait contre ses persécuteurs, et pour soutenir et raviver sa passion, là-bas, sur le plateau du couvent, il voyait briller une petite lumière, la lampe de l'Oblat qui veillait dans la cure. Autour de cette flamme, se ralliaient tous ses ennemis, ceux d'autrefois et ceux d'aujourd'hui.

Les plus coupables, disait-il, les responsables de tout le mal, ceux qui en sont la cause première quoique éloignée, ce sont les chansonniers, ceux qui ont composé et répandu ces affreux couplets si puissants sur le peuple, où sont dépréciées et vilipendées les choses les plus respectables et les personnes d'un caractère sacré. Les plus coupables, ce sont les chanteurs habituels de ces chansons, femmes, filles, jeunes gens qui en ont fait couler le poison mortel dans les cœurs. Les plus coupables, ce sont ces parents cruels qui, au lieu de réprimer ces chants moqueurs, aussi pernicieux pour leurs enfants qu'insultants pour ceux qu'ils attaquaient, les ont soufferts complaisamment et souvent même les excitaient par leurs éclats de rire. Les plus coupables, les premiers coupables, les grands coupables, ce sont surtout les prêtres de toutes les paroisses voisines qui, au lieu de la doctrine de paix et d'amour, n'ont su faire entendre du haut de la chaire que des discours de mépris et de haine contre leurs confrères. Mais par-dessus tous encore, le coupable par excellence, le coupable de tous les autres coupables, c'est l'évêque, qui suspend, interdit, condamne, foudroie par tous les moyens trois prêtres, jusque-là honorés, et qui, lançant contre eux les premières et les plus solennelles insultes, autorise, excite, commande toutes celles qui les ont suivies...

La nuit était magnifique. La pleine lune versait les flots de sa lumière magique sur la plaine et sur la colline rendue plus mystérieuse. Les étoiles se levèrent au-dessus du donjon, des branchages et des croix funéraires. Léopold sentait se rompre le cercle ordinaire de ses idées. Au terme d'une journée si amère, qui venait de l'atteindre aux sources de son âme, il goûtait une consolation de cette tour millénaire et de ces pierres tombales. Leur solitude l'invitait à se faire une solitude dans son cœur. Il renia ses paroissiens, tous les vivants de Sion, de Saxon, de Vaudémont et de toute la plaine, hormis une poignée de justes, pour n'aimer que les morts et le ciel. Il se glorifia en songeant qu'il s'était perdu dans le monde visible pour le service du monde invisible. Et sans détacher son regard de la petite lumière de son ennemi, il se jeta à genoux dans l'herbe des tombes; il pria Dieu; il lui demanda que la Vierge indignée par l'ingratitude des paysans n'abandonnât pas son trône de Sion.

La tradition raconte que quelques-uns de ceux qui, le matin, s'étaient acharnés sur François, avaient guetté Léopold, qu'ils l'avaient vu s'enfuir et s'abriter dans les ruines du château et, que n'osant pas l'arrêter, ils coururent avertir la cure. On décida qu'il n'y avait qu'à laisser faire le schismatique si de lui-même il quittait le pays... Ainsi dans l'heure où Léopold, sur une des pointes de la colline, priait Dieu en surveillant la maison éclairée de l'Oblat, celui-ci, entouré des vainqueurs, rendrait grâces au ciel et, depuis la terrasse de Sion, cherchait à distinguer à travers l'espace les mouvements du réprouvé.

Je ne vais jamais à Vaudémont m'asseoir sur la ruine, auprès du cimetière, que je ne songe au fugitif contemplant la petite lumière de son ennemi dans son domaine perdu...

A l'aube, Léopold Baillard, non sans tourner la tête, s'éloigna sur la route de l'exil en jurant de revenir.

CHAPITRE XIV

La colline respire

REPOSONS-NOUS, la colline est tranquille, délivrée des Baillard. Le monde a rejeté ces trois audacieux. Voici Quirin en Bourgogne, sous un toit précaire, obligé à des travaux indignes de sa cléricature; voici François enfermé pour trois mois dans la prison de Nancy; voici Léopold, enfin, qui arrive tout épuisé à Londres, auprès de Vintras, et à qui une condamnation par défaut interdit pour cinq années de rentrer en France.

La montagne respire du départ de ces insensés. Ils ont follement dépensé, prodigué, gâché ses forces religieuses accumulées. Ils l'épuisaient et la compromettaient. Il faut qu'elle se refasse, qu'elle répare; il faut que la solitude et le silence recomposent les prestiges et l'autorité qu'un cortège de carnaval en quelques mois vient de dilapider. Un beau silence se réinstalle sur la colline. C'est le grand silence du nouveau régime impérial; c'est, mieux encore, le silence des nuits, des matinées, des brouillards. Jouissons de cet apaisement. La Reine éternelle de Sion est reine des batailles; nous l'honorons comme une Victoire sur son acropole, quand elle anéantit une barbarie renaissante; mais elle est aussi la figure de la fécondité, le symbole de la terre inépuisable sous la caresse des quatre saisons. Goûtons-la dans un décor qui varie des diamants d'une gelée d'hiver aux illuminations d'un coucher de soleil en automne.

Connaissez-vous la rude allégresse de gravir les pentes de la colline par une courte après-midi glaciale de l'hiver? Il semble que vous remontiez dans les parties les plus reculées de l'histoire. Le ciel est couvert d'épais nuages qui naviguent et sous lesquels des troupes de corneilles, par centaines, voltigent, allant des sillons de la plaine jusqu'aux peupliers des routes, ou bien s'élevant à une grande hauteur pour venir tomber d'un mouvement rapide, au milieu des arbres qui forment, sur le sommet, le petit bois de Plaimont. Par intervalles, un vent glacé balaye la colline en formant des tourbillons d'une force irrésistible, et il semble que tous les esprits de l'air se donnent rendez-vous là-haut, assurés d'y trouver la plus entière solitude. C'est un royaume tout aérien, étincelant, agité, où la terre ne compte plus, livré aux seules influences inhumaines du froid, de la neige et des rafales.

Mais vienne le printemps et ses longues journées molles, chargées de pluie, chargées de silence. Sur les branches encore nues et sur la terre brune, tout se prépare à surgir, précédé, annoncé par l'aubépine dans les ronces et par l'alouette dans le ciel. La pluie, toujours la pluie! La plaine et les villages, autour de la colline, se recueillent sous les longues averses qui flattent leur verdure. Journées d'indifférence et de monotonie, où les vergers et les prairies et toutes les cultures, sous un grand ciel chargé d'humidité, sommeillent et nous présentent un visage de douceur, de force et de maussaderie. Le printemps est triste en Lorraine, ou du moins sévère; la neige, à tous instants, passe encore dans le ciel et prolonge ses derniers adieux. Vers la fin des plus belles journées, il n'est pas rare que l'hiver, dans un dur coup de vent, revienne montrer sa figure entre les nuages du soleil couchant. N'importe! Nous goûtons une sensation de sécurité; au fond de nous, un être primitif connaît le cycle de la nature et se réjouit avec confiance d'une suite de jours qui vont verdir, et de semaine en semaine, embellir. Quand le soleil brille au-dessus de la terre mouillée et que les oiseaux s'élancent et font ouïr la fraîcheur toute neuve de leurs voix, nous respirons, dans l'averse qui vient de passer, une force prête à se développer, une vigoureuse espérance, un long espace de plaisir, qui va depuis les coucous et les marguerites d'avril jusqu'aux veilleuses de septembre.

Par les grands jours d'été, le promeneur gravit la côte de Praye jusqu'à la Croix de Sion, en cherchant le peu d'ombre qu'y mettent le talus et les minces peupliers. De temps à autre, il se retourne, en apparence pour admirer le vaste panorama, au vrai pour reprendre haleine. Mais là-haut, tout est facile, agréable; c'est la saison pour errer vers Vaudémont, à travers les friches et sous les futaies de charmes, de noisetiers et de chênes, dans le joli bois de Plaimont. Bois charmant, désert et civilisé, où les sentiers sont aménagés en charmilles, où l'on s'attend, à chaque pas, à déboucher sur un décor de vieilles pierres, sur quelque château entouré d'ifs taillés en boulingrins. En flânant, en rêvant, on gagne le Signal, le mamelon herbu qui marque le plus haut point de la colline.

Ici l'immense horizon imprévu, la griserie de l'air, le désir de retenir tant d'images si pures et si pacifiantes obligent à faire halte. C'est une des plus belles stations de ce pèlerinage. On passerait des heures à entendre le vent sur la friche, les appels lointains d'un laboureur à son attelage, un chant de coq, l'immense silence, puis une reprise du vent éternel. On regarde la plaine, ses mouvements puissants et paisibles, les ombres de velours que mettent les collines sur les terres labourées, le riche tapis des cultures aux couleurs variées. Aussi loin que se porte le regard, il ne voit que des ondulations : plans successifs qui ferment l'horizon; routes qui courent et se croisent en suivant avec mollesse les vallonnements du terrain; champs incurvés ou bombés comme les raies qu'y dessinent les charrues. Et cette multitude de courbes, les plus aisées et les plus variées, ce motif indéfiniment repris qui meurt et qui renaît sans cesse. n'est-ce pas l'un des secrets de l'agrément, de la légèreté et de la paix du paysage? Cette souplesse et le ton salubre d'une atmosphère perpétuellement agitée, analogue à celle que l'on peut respirer dans la haute mâture d'un navire, donnent une divine excitation à notre esprit, nous dégagent, nous épurent, nous disposent aux navigations de l'âme.

Mais sur ce haut Signal, même au cœur de l'été, la brise nous pénètre et nous glace. On se remet en route sur l'étroite et longue crête qui mène à Vaudémont. Un berger nous salue, seul au milieu de ce désert, où rien, pas même un arbre, ne lui tient compagnie. Comme le soir qui vient donne aux choses un caractère d'immensité! La rêverie s'égare, dans ce paysage infini, sur les formes aplanies, sur la douceur et l'usure de cette vieille contrée. Et soudain, à nos pieds, à l'extrémité du promontoire, surgit un noble château ruiné, au milieu de toits rouges. Là-bas, ne vais-je pas apercevoir un cavalier qui monte vers la forteresse inconnue? Des sentiments romanesques, depuis longtemps perdus, se réveillent en nous : l'espoir de quelque inattendu, le souvenir d'images aimées bien effacées. C'est dans notre esprit un besoin indéfinissable de légende et de musique. Mais la nuit vient, et je connais la ruine de nos ducs. Je sais que, plus morte que la maison du Maître de Ravenswood, elle n'a même pas de Caleb; il est temps de se préoccuper du repas et d'un gîte; il est temps de retrouver notre voiture dans la plaine.

Cependant l'année s'achève. Rien n'égale les grandes journées de septembre, si douces que l'on voudrait y ralentir l'écoulement des heures, et sans fin les respirer et les remercier. Dans ces journées clémentes, d'une qualité si fine de lumière et d'air, le passant ne croit pas aux sévérités prochaines de la nature, et déjà toute la montagne se prépare soucieusement à l'hiver. Sous le dernier soleil, les manœuvres scient et préparent les bûches pour le chauffage des Oblats. Le grand jardin méthodiquement dépouillé prend sous les derniers soleils son aspect hivernal, et l'œil n'y trouve plus que de hautes tiges de choux qui peuvent impunément subir les gelées. Autour des deux auberges et dans les chènevières, où courent une multitude de volailles, l'humble vie rustique du plateau termine son cycle. Les petits bois nombreux frissonnent sous le vent qui les dépouille et répondent aux mouvements d'un grand ciel nuageux. Tout cherche son sommeil. Et devant cette sorte de résignation, de médiocrité pastorale, on s'étonne naïvement que soit ici le lieu d'un grand épanouissement spirituel.

Qu'elle est charmante dans ses quatre saisons la colline bleuâtre! Mais l'on s'ennuierait à la longue de cette solitude. Le cœur s'y gonfle d'air pur, mais reste sans mouvement, inactif, inerte; il voudrait aimer, réprouver, agir. Cette nature toute seule nous communique mille sentiments qui ne savent que faire d'eux-mêmes dans ce désert. Il manque ici une présence, quelque forme qui incorpore les énergies de ce haut lieu. Où sont les fils de la colline? Que deviennent les Baillard? Au milieu de ces splendeurs physiques, pouvons-nous ne pas apercevoir François, si mince, à peine respirant, tapi dans le creux de Saxon; et le regard de l'esprit peut-il ne pas chercher là-bas, dans le brouillard de la Tamise, Léopold assis sur la rive étrangère, qui récite inlassablement les psaumes de l'exil? Les fontaines qui s'enfuient de ces pentes, où qu'elles aillent se perdre, participent de la colline qui les mit au jour. Les anciens donnaient le même nom, rendaient le même culte au sommet et à la source qui en sortait. Elle et lui ne formaient qu'un seul principe divin. Une force invincible unit toujours les Baillard à la montagne sainte. C'est assez pour que nous maintenions sur eux notre regard, durant ces misérables années d'un hivernage sans sommeil, durant ces cinq années où, séparés les uns des autres, ils vivent en veilleuses.

Trois mois après la journée de la Pentecôte, qui avait vu l'écrasement des Enfants du Carmel, sur la fin d'une après-midi d'octobre, une ombre se glissait dans Saxon et jusqu'à la maison de Marie-Anne Sellier, une ombre misérable : c'était François, mis en liberté après avoir subi sa peine, François, maigre, efflanqué, demi-fou, qui regagnait son gîte. Chez la veuve compatissante, il retrouva la pauvre sœur Euphrasie, et tous trois, baissant la voix, passèrent la nuit à causer de Léopold qui, depuis Londres, avait enjoint à son cadet de rentrer sur la sainte colline pour y donner ses soins à la petite communauté.

Le grand François qui est revenu! Cette nouvelle fit une prodigieuse explosion dans tout le village. Les enfants, avertis au sortir de l'école, s'élancèrent joyeusement, leurs sabots à la main, sur les pentes du plateau et attendirent le pauvre homme, là-haut, devant l'église où son premier soin avait été de monter pour y prier et pour s'y déchirer le cœur. Il apparut. Quelle mascarade! Défense lui avait été signifiée de porter dorénavant le costume ecclésiastique. Il était vêtu d'une longue redingote noire et d'un vieux pantalon, chaussé de gros souliers crevés et coiffé d'un gibus informe. Une abondante chevelure retombait presque sur ses épaules. Son nez s'était allongé, ses joues flétries et creusées, sa haute taille voûtée. Entouré, assailli par cette nuée sans pitié, on eût dit un mannequin des champs qui a cessé d'effrayer les oiseaux. L'Oblat, un peu caché dans le corridor de la cure, comparait ce cortège de carnaval avec les processions que les Baillard menaient jadis sur le plateau, et il admirait la justice de Dieu.

Pour le pauvre revenant, ainsi bafoué par des polissons à qui récemment encore il faisait le catéchisme, ce qui lui retourna le cœur, c'est quand il vit la chienne de Léopold, la Mouya, la Meilleure, qui se tenait la queue basse sur le seuil de la cure où, depuis la grande catastrophe, elle avait trouvé sa pâtée. Effrayée par tout ce tapage, la bête n'eut aucun mouvement vers son ancien maître, qui, lui-même, sentant l'impossibilité d'une nouvelle rixe, tâchait de regagner au plus vite sa niche.

Il eût voulu s'y terrer, ne plus bouger d'entre ses deux femmes. La faim l'obligea de sortir. On le vit circuler dans les fermes en quête de travail.

Ce furent des affronts qu'il trouva. Le malheureux cassa des cailloux sur les routes. Il lisait son bréviaire, caché derrière une haie. Partout les enfants le suivaient, s'amusaient à le mettre en colère, à s'en épouvanter, à lui jeter des quolibets et des pierres. Il devint le souffre-douleur qu'il y a toujours dans un village.

L'hiver s'avança, et au début du printemps il se louait avec la sœur Euphrasie, pour les travaux des champs. Une vieille demoiselle septuagénaire, Mlle Élisée Magron, m'a donné une image saisissante de leur misère. « Étant jeune fille, m'a-t-elle raconté, je descendais avec mon oncle, le curé de Xaronval, par une chaude après-midi, la côte de Sion. Un homme et une femme, près de la route, bêchaient les pommes de terre. L'homme avait un pantalon de treillis, comme les soldats à la corvée, et un vieux chapeau de paille. La femme, une pauvre jupe raccourcie, ainsi qu'on en voit aux mendiantes devant les fermes. Tous deux, les pieds nus dans des sabots. Ils saluèrent profondément mon oncle, qui leur rendit le salut et passa. Je vis bien qu'il était troublé et, après un temps, je lui dis : « Ils « vous ont salué, mon oncle, comme des gens qui « vous connaissent. » Il me répondit : « C'est le grand « François et la sœur Euphrasie. Je n'ai pas voulu « m'arrêter, mais tout de même, ça m'a fait quelque « chose. »

Voici donc en quel état un familier des jours heureux et la petite fille que Léopold avait tant effrayée, quand il s'était nommé devant elle sur le seuil du presbytère, retrouvaient un collègue, jadis chargé d'œuvres et d'estime ! J'ai senti, dans ce souvenir de soixante ans que je ranimais sous les cendres, ce qu'eut de retentissement pathétique la chute des Baillard dans le cœur des plus nobles de leurs anciens amis. Mais ceux-ci pour un bien supérieur devaient étouffer leur sentiment. Si quelque pitié s'éleva dans la plaine de Sion, elle ne prit pas de voix. Personne ne mit en question le droit de tous à lancer des pierres au chien galeux.

Le pauvre Pontife de Sagesse ! Il est là, tapi dans la

maison de Marie-Anne Sellier, pas une maison con-
fortable comme celle des parents Baillard à Borville,
ni comme les presbytères de village, ni comme le couvent de Sion! S'il pleut, on entend l'eau sans répit
ruisseler sur les murs et percer des gouttières dans le
toit; aux temps de dégel, on est transi d'humidité. Le
grand vent de Lorraine, quand il enveloppe et pénètre
cette masure de ses sifflements, l'isole encore du
monde. Et là-haut, sur le sommet, la ruine est pire,
plus désolante que tout pour le cœur de François.

Ceux qui virent à cette époque le plateau de Sion
ne l'ont jamais oublié. C'est une image qui, dans ce
pays tout de repos et d'imagination assoupie, a exercé
une influence énorme sur la formation de toute une
jeunesse. « Lorsqu'on nous menait en promenade à
Sion, me raconte un sexagénaire, ancien élève du collège de Vézelise, nous passions devant la chétive maison des Baillard; on se la montrait du doigt et l'on
disait tout bas : « C'est là qu'ils demeurent », car ils
nous paraissaient marqués au front par le doigt de
Dieu; ils étaient hors de l'Église et pour lors des
damnés. Et arrivés sur le plateau, nous faisions irruption, en vrais sauvages, dans leur grand couvent,
ouvert à toutes les pluies et pas gardé. Nous nous
croyions les vengeurs de la sainte Église, les soldats
de Dieu. Nous salissions et brisions tout. Quel bonheur
de jeter indéfiniment des débris, des pierres, des tuiles
dans le puits très profond, pour écouter le temps qu'ils
mettaient à toucher l'eau! Quelle volupté encore de
faire écrouler une poutre, un plafond branlant!... »

Dans cet effondrement, comment l'âme de François
put-elle subsister? Cette âme religieuse, exclue de
l'Église et vidée de tout son contenu dogmatique, a
dû devenir la proie des spectres qui se lèvent de la
solitude. Sûrement le choc de la catastrophe a fait

surgir en elle de folles terreurs. Jeté hors de son ordre et, l'on peut dire, hors de la loi, séparé de toute société, sauf de quelques pauvres gens qui se serrent contre lui, François est retourné à cette sorte de fatalité qui pèse sur un paysan ignorant... C'est du moins ce qu'on croit au presbytère. On imagine que chez Marie-Anne le prêtre schismatique est sur la paille avec le Diable. Eh bien! non, il est avec les anges. Il lit à ses deux compagnes éblouies les messages prophétiques que depuis l'exil lui envoie Léopold.

C'est l'esprit qui souffle de Londres qui maintint François au-dessus de l'animalité. Il vécut des lettres de son frère et d'une correspondance intarissable. Pendant cinq années, Léopold projeta jusqu'à Sion les grandes rêveries que Vintras élaborait. Elles consolèrent, enivrèrent le pauvre solitaire de la colline. Ce qu'il y avait d'enthousiasme et d'amour au fond de ces extravagances le sauva. Dans sa niche de Saxon, François Baillard est un chien épouvanté par des ombres, que son cœur fidèle sauvegarde, et qui se rassure s'il entend d'incompréhensibles paroles, pourvu qu'elles viennent de ceux qu'il aime.

Et Léopold lui-même, comment aurait-il pu vivre, si tous les liens avaient été rompus pour lui avec cette colline où il puisait depuis toujours les aliments nécessaires à sa vie morale? Installé dans un faubourg de Londres, le petit cercle extravagant des Vintrasiens partageait les privations des proscrits de l'Empire et semblait se confondre avec eux. Mais à mieux voir, c'était un cercle de derviches tourneurs. Pendant cinq années, Léopold, un coude sur le genou, la tête appuyée dans la paume de sa main, contempla de son regard intérieur les milliers de songes qui se levaient incessamment de sa conscience, comme des nuées de moustiques d'une eau morte, ou bien, soulevant ses paupières, il surveillait le prophète Vintras. L'homme positif, l'homme d'entreprises qu'avait été le restaurateur de Flavigny, de Mattaincourt, de Sainte-Odile et de Sion, cet homme si actif, qui venait d'être jusqu'à la cinquantaine animé par des soucis d'argent et de domination, semblait s'être évanoui. On l'avait chassé de toutes ses entreprises; il se réfugia vers le fond de ce mouvement lumineux qu'il entrevoyait en lui. Il ne vivait plus que pour pressentir l'Invisible. Ces cinq années ne furent pour lui que de grands espaces remplis du seul mouvement de son cœur. Dans cette épreuve de la ruine et de l'exil, il se réfugiait sur son trésor intérieur, dans la région de l'âme où il n'y a plus de raisonnement, aucune pensée formulée.

A certaines heures toutefois, il se plaignit qu'au milieu des brouillards de l'exil, il n'eût plus d'effusion, plus de désir, plus une raison de vivre. Il se tournait alors en esprit vers la colline et son petit cénacle. A cette idée seule de Sion, il se remettait à tressaillir. Pour recharger sa conscience, que la perpétuelle contemplation du Dieu de Vintras aurait pu épuiser, il suffisait d'un mot de François. Cette voix de la sainte montagne ravivait en lui toutes les forces de l'Espérance.

Ainsi les deux frères vécurent réellement en deux endroits à la fois; François auprès de Léopold à Londres et Léopold à Sion aux côtés de François. Chacun d'eux était dans l'exil et sur la colline. Et leurs lettres, ce sont des strophes alternées qui s'emmêlent et se répondent, les hymnes de la captivité.

Et Quirin? Il participe à cette vie de ses deux aînés, à leur échange perpétuel de regrets et de désirs. Le bon M. Madrolle a mis libéralement à sa disposition une maison agréable avec un beau jardin de fruits et de légumes, et lui donne du vin à volonté. Il n'est pas à plaindre. Pourtant, lui aussi, il pense à Sion. La nature pour le façonner n'avait plus trouvé que très peu de la riche pâte dont elle avait fait Léopold et François, mais, plus mince, il est de la même farine et du même levain. Comme eux, il subit l'attrait de la colline; il y veut voir leur fortune rétablie. Et que Léopold s'élance vers Sion, il abandonnera les petits avantages que M. Madrolle lui a ménagés, il accourra avec son inséparable sœur Quirin.

Un jour, en effet, le captif de Londres n'y tient plus. Il veut sortir du dur exil de son âme. Cette ville noire, confuse, inexistante pour lui, cette ville que son regard n'a jamais fixée, où son âme n'a rien puisé, il l'abandonne dans un coup de passion; il court vers sa montagne de Sion, claire, mélodieuse et vraie; il déserte le lieu stérile et qui jamais ne produira pour lui de feuilles ni de fruits, et d'un tel élan qu'il ne calcule pas et qu'à peine débarqué en France, on l'arrête, on le jette en prison pour qu'il y purge sa condamnation...

Une année encore, une année où il ne voit rien, ne reçoit rien de l'extérieur, où il ne fait que se durcir et se ramasser dans sa pensée comme dans une plus étroite caverne. Mais au sortir de cette prison d'Angers, en 1857, après une année de détention et quatre d'exil, cinq ans après la nuit de tragédie qu'il a passée dans les ruines de la vieille tour, il ne fait qu'une envolée jusqu'à Saxon. Ses deux frères l'y attendent avec Marie-Anne Sellier, avec les sœurs Euphrasie et Quirin, avec quelques fidèles, tout un petit peuple, plein de modestie, de bonne volonté et d'émotion. Le pauvre François, bien changé, bien affaibli, mais tout heureux, le serre dans ses bras. Ce beau jour est son œuvre. Une fois encore, Ariel a ranimé les flammes éteintes dans l'île de Prospéro. Charmant François ! Il a fait l'office du bon chien de berger, au cœur fidèle, resté seul sur le domaine abandonné et qui saisit avec un bond joyeux le moment de rassembler ses moutons dispersés.

La colline de Sion-Vaudémont a réellement fasciné les Baillard. Léopold l'a aimée d'un amour qui venait quasi des arrière-fonds de sa nature animale. Quel pouvoir exerçait-elle sur cette âme primitive? On songe à ce lac bleu des Vosges dont les eaux glacées avaient infatué Charlemagne. Le vieil empereur n'en pouvait plus détacher son esprit, son regard. C'est qu'il y avait laissé choir son anneau, nous raconte la légende. Léopold Baillard a jeté, dans le pli que forme Saxon au milieu de la sainte colline, sa jeunesse, sa fidélité de clerc, d'immenses espoirs et peut-être sa vie éternelle. C'est à Sion qu'il a été le plus puissant de corps et d'esprit. C'est là qu'il a mésusé de ses forces et que, par cette faute, par cette fissure de son âme, les plus amers sentiments et les plus inoubliables l'ont pénétré. Mais il lui doit de garder l'enthousiasme et l'élan.

CHAPITRE XV

Léopold sur les ruines de Sion

UNE heure après son arrivée, Léopold gravit la colline de Sion. Là-haut, son couvent l'appelle. Il défend qu'on le suive, il laisse au village la petite communauté et s'achemine tout seul, vers le soir, sur les pentes sacrées.

Quel spectacle l'attendait! De la ruine et du sublime. Le plateau avait repris sa dignité religieuse. A l'infini, l'immuable et magnifique horizon, rempli du repos de l'été, avec ses villages et ses moissons, entourait gravement la colline, et toute cette nature silencieuse semblait adorer son lieu saint. Sous les feux du couchant, la petite plate-forme avait l'aspect croulant et hiératique des sanctuaires de la vallée du Nil. On y réentendait l'esprit éternel, maintenant que les disputes s'étaient tues.

Léopold resta longtemps auprès de l'église déserte à contempler son couvent ruiné. Les toits étaient effondrés, les portes brisées battaient sous la poussée du vent, les fenêtres manquaient de vitres, les pierres écroulées jonchaient le sol au milieu des ronces et des orties. Cette chère et sainte demeure, qu'il avait vue pendant une suite d'années toute pleine de richesse et de gloire, lui apparut, en cette soirée de juillet, silencieuse comme un sépulcre. Mais cette solitude, bien faite pour affliger son cœur, eut cet effet inattendu de surexciter son orgueil. Ces ruines désespérées affirmaient la grandeur de ses conceptions et l'injustice de son exil; elles parlaient pour lui. Les années avaient passé sans qu'il fût remplacé. Chacune de ces pierres, en tombant, jetait un amer reproche à l'évêque de Nancy : « Vous nous avez prises à celui qui nous aimait, et vous ne savez rien faire de nous. Monseigneur, comme tout cela vous accuse! »

Dans le grand jardin où il pénétra par une brèche du mur, c'était la même impression de désastre. Plus d'allées dessinées, plus une bordure de buis, plus une tuile sur les murs. Seuls quelques vieux arbres subsistaient encore au milieu du terrain mis en prairie. Léopold se glissa dans la maison abandonnée. Il n'eut même pas à pousser la porte, le vent l'ouvrit devant lui. Il s'en alla tout droit à la chapelle. Un renard effrayé se leva sous ses pieds et s'enfuit sur les dalles du corridor, où avaient passé les robes des religieuses. Des chauves-souris voletaient en le frôlant de leurs ailes épouvantées. Et sur ces murailles sacrées, au milieu de *graffiti* obscènes, s'étalait l'ignoble crayonnage de Bibi Cholion : « Fermé pour cause d'épizootie. » L'exilé tomba à genoux, au milieu des gravats, sur la place où avait été l'autel honoré par tant de preuves de la faveur divine, et récita avec exaltation le psaume de la captivité : « Seigneur, vos serviteurs aiment de Sion les ruines même et les pierres démolies; et leur terre natale, toute désolée qu'elle est, garde leur tendresse et leur compassion. »

Il voulut revoir la chambre de Thérèse et, gravissant avec précaution l'escalier branlant, il s'engagea dans le couloir du premier étage. Pour sa nature craintive, ces ténèbres, ces crevasses du plancher, ces rats qui s'enfuyaient dans ses jambes, ces toiles d'araignée où il se prenait le visage donnaient à cette promenade quelque chose de fantastique. Enfin il arriva, mais la porte qu'il poussait ne s'ouvrit pas sous sa main, et comme il insistait :

— Qui m'appelle, s'écria une voix sèche et furieuse, qui m'appelle?

Et de la porte brusquement ouverte, Léopold vit surgir avec épouvante une vieille femme, grande et squelettique, enveloppée d'un drap de lit et armée d'un bâton.

— Malheureux! Imprudent! cria-t-elle, arrière!

C'était la Noire Marie. Elle n'avait pas réussi à vendre le couvent, et trop pauvre pour l'entretenir, elle y trouvait un abri croulant, où elle se chauffait avec ses planchers et ses poutres.

Quand Léopold se fut ressaisi :

— Je ne veux déplaire à personne, mademoiselle, dit-il, avec cette grande politesse qui lui venait de la haute idée qu'il se faisait de son personnage. D'ailleurs, reconnaissez-moi, je suis M. le Supérieur Léopold.

— Supérieur de quoi? reprit la vieille, courroucée. Allez! vous tous, les prêtres, vous ne valez pas mieux les uns que les autres.

Ce que ces paroles trahissaient de rancune contre ses collègues émut d'un profond bonheur Léopold.

— Mademoiselle Marie, dit-il, c'est la Providence qui me met en face de vous dès mon retour dans le pays. De grandes choses vont arriver. Bientôt, je vous rachèterai Sion au meilleur prix.

La Noire Marie poussa un profond soupir, et invita honnêtement Léopold à se reposer un instant chez elle.

La chambre était démeublée, mais encombrée d'une quantité de provisions. Ils s'assirent l'un en face de l'autre, sur des sacs de pommes de terre.

Quand le vieil homme se vit dans la chambre de Thérèse, devenue l'antre d'une sorcière, il fut pris d'une sorte d'enthousiasme :

— Je suis Léopold Baillard, disait-il, et je reviens d'exil pour relever la gloire de Sion.

D'une voix douce, sans une hésitation, avec une parfaite platitude de termes, mais avec l'autorité du visionnaire qui décrit ses idées fixes, il annonça que l'*Année Noire* était proche. On en serait averti par l'apparition de flammes dans le ciel, que mieux que personne, depuis ses fenêtres, la Noire Marie était bien placée pour voir venir.

— Le couvent sera peut-être détruit, disait-il, qu'importe! Je n'attache d'importance qu'à l'emplacement. Vous savez si je sais construire! Je dresserai ici ce qu'on n'a vu nulle part.

La vieille l'écoutait avec méfiance, en clignotant des yeux, et dans son visage d'un jaune de cire, où les lèvres avaient disparu, la bouche n'était plus qu'une fente transversale. Mais à la longue, elle subit cet art de parler, cette haute grâce que Léopold possédait comme aucun prêtre qu'elle eût jamais entendu.

— C'est vrai, dit-elle que des emplacements, il n'y en a pas deux dans l'univers qui conviennent aussi bien pour un monastère. Et cet évêque qui refuse d'y mettre le prix!

Ses cheveux voltigeaient par mèches diaboliques.

Soudain, Léopold devint plus solennel encore :

— Mademoiselle Marie, promettez-moi que vous ne vendrez à personne sans que nous ayons causé.

Elle le lui promit. Alors, il se leva avec une profonde émotion et lui serra les deux mains. Mais soudain, se frappant les genoux, comme s'il se punissait d'avoir fait un grave oubli, il chercha dans ses poches et en tira une petite croix de bois blanc :

— Veuillez prendre cette croix de grâce chrématisée; elle vous protégera personnellement, à l'heure de la grande catastrophe.

La vieille fille fit une atroce grimace :

— Merci, dit-elle, vous m'avez déjà donné un chapelet de saint Hubert qui ne m'a pas porté bonheur. Il ne m'a même pas préservé des mauvais locataires.

Pourtant elle ne lui tint pas rigueur. Quand il se leva pour partir, elle lui dit de prendre garde, que certaines planches pouvaient s'effondrer. Et le tenant par la main, elle le mena à travers les ténèbres sur une poutre dont elle était sûre et qui faisait comme un pont au-dessus du vide.

Quand Léopold, dans l'ombre, redescendit de Sion à Saxon, il fut longuement suivi, de la fenêtre du presbytère, par des yeux qui, durant des années, n'allaient perdre aucune de ses démarches. Les Baillard revenus sur la colline étaient plus que jamais sous la surveillance de la haute police de l'Oblat.

Dès le lendemain, la vie des trois frères fut réglée. Ils se mirent à courir le pays : Quirin pour placer des vins de Bourgogne, et François pour solliciter des assurances. Quant à Léopold, il se réservait le commerce des esprits célestes et des âmes. L'heure était solennelle et les conjonctures d'une exceptionnelle gravité. Le feu du ciel pouvait tomber demain; il fallait que tout le monde fût sous les armes. Il s'employa sans délai à se refaire une armée et à battre le rappel de ses anciens partisans.

Pour débuter, il s'en alla visiter ceux qui avaient assisté à sa dernière messe dans le fameux jour de la Pentecôte, ou plutôt, comme il disait, le jour du martyre de la Sagesse. A chacun d'eux il apportait, par un privilège spécial, et par une attention de Vintras, un nom d'ange. C'était soulever pour eux le voile d'un grand mystère auquel l'Apocalypse a déjà fait allusion. Lors de la révolte des anges, les uns sont restés fidèles, d'autres méritèrent d'être précipités dans l'abîme, d'autres enfin, disait l'Organe, se sont tenus dans une coupable abstention, et de ce fait furent relégués sur la terre. Les fidèles de Saxon appartenaient à cette troisième catégorie. En leur révélant leurs noms d'anges et le secret de leurs origines, Léopold pensait les enflammer d'une nouvelle ardeur pour le service de Dieu. Sœur Euphrasie devint Vhudolhael, ange des voix attractives qui portent à Dieu; Marie-Anne Sellier, Phrumelhael, voix centuplée des monts divins; Mme Munier, Prodhahael, élevée dans les flammes qui environnent le tabernacle de Dieu; Pierre Mayeur, Fulsdhelhael, écho des remparts divins.

Les cérémonies reprirent. Aux heures sombres du soir, les Enfants de l'Œuvre venaient par deux, par trois, chez Marie-Anne Sellier, et quand cette poignée de zélateurs était rassemblée, le Pontife d'Adoration leur donnait le dernier état de la doctrine de Vintras :

— Les catastrophes prochaines se partageront en deux phases : dans la première, il n'y aura que le conflit de l'Homme contre l'Homme : ce sera la grande guerre, l'*Année Noire;* Sion verra les massacres et les incendies. Alors les Enfants du Carmel prieront sans agir; ils devront s'abriter dans leurs demeures sous la protection des armes de défense, croix de grâce chrématisées, théphilins, hosties personnelles, dictames, eaux de salut et légendes bénies pour clore les issues de leurs demeures. Mais dans la seconde phase, les Enfants de Dieu, qu'ils soient de la terre, des mondes ou des cieux, auront une action extérieure de secours, de consolation, de protection, aussi active et étendue que les malheurs dont ils seront témoins...

Et il tenait à préciser.

— La première phase sera annoncée par des flammes apparues dans le ciel; la seconde, par Michaël, qui surgira au zénith et lancera le mot d'ordre : *Quis est Deus?* A cet appel, nous tous, Enfants de la Miséricorde, nous nous précipiterons au milieu de la lutte comme anges consolateurs. Notre rôle sera sublime. Nous servirons d'intercesseurs entre la Divinité irritée et l'Humanité corrompue, puis nous bâtirons dans les ruines du plateau le Temple de la Réconciliation : *Satiabor cum apparuerit gloria tua;* je serai rassasié quand ta beauté apparaîtra.

Pendant des années, Léopold parcourut infatigablement tout le pays. Les villages le revirent avec stupeur. Vêtu tout de noir avec un léger filet blanc autour du col, à la manière des clergymen, l'étrange homme passait, droit et rapide, un peu voûté, la tête inclinée à gauche, sans arrêter sur personne son regard fulgurant. Il allait, annonçant l'*Année Noire* et distribuant sur son passage les noms d'ange, les croix de grâce et les théphilins. Ses adeptes, peu nombreux, mais bien entraînés, se tenaient sous les armes. Ils savaient ce qu'ils auraient à faire dès la première apparition du feu dans le ciel. Chacun d'eux tenait dans sa poche son billet de mobilisation. Il n'y avait plus qu'à attendre le signe annonciateur des vengeances de Dieu. Et Léopold, avec ses yeux d'une vivacité brusque, qu'il fût chez lui ou en tournée, le guettait, de jour et de nuit, aux quatre coins de l'horizon.

Jamais d'ailleurs les cieux ne furent plus explicites. Ces cérémonies bizarres, cette distribution d'armes mystiques, cette promotion de quelques villageois à l'angélité semblaient ravir les puissances aériennes.

En Pologne, à cette date, on remarqua que la pleine lune portait dans son centre une grande macule noire. Cette lune tragique se penchait, tantôt vers la droite, tantôt vers la gauche, se balançant plus rapidement à mesure qu'elle s'élevait au-dessus de l'horizon. Tout à coup, elle tomba avec une rapidité extraordinaire et remonta immédiatement. Deux heures plus tard, elle cessa ses balancements, mais se mit à changer continuellement de figure, tantôt s'aplatissant, tantôt prenant une forme elliptique ou carrée, mais toujours conservant sa couleur de sang avec sa macule noire au milieu. Bientôt elle fut prise de tremblements et de mouvements spasmodiques, qui durèrent jusqu'à ce que la tache noire disparût. Et pendant tout ce temps, la lune ne jeta aucun rayon. Elle semblait une grande boule ardente suspendue tristement dans les airs.

En même temps que le firmament prodiguait à la petite communauté de telles consolations, les pestes et les choléras faisaient rage. Le cercle de menaces et de promesses se resserrait autour de Sion. Et Léopold, vêtu de ses oripeaux d'évêque vintrasien, au milieu de son petit peuple épouvanté et ravi, alliait à sa figure très nette de visionnaire quelque chose d'un roi de la foire.

Il vivait au centre d'un royaume que son imagination agrandissait sans mesure. La colline de Sion en demeurait la ville sainte, et le vieux château d'Étreval y tenait lieu de forteresse.

Étreval est un des rares châteaux que les guerres du dix-septième siècle ont laissés à peu près intacts en Lorraine. Intact, c'est trop dire : il meurt; mais cette fois les soldats de Richelieu n'y sont pour rien; il s'effondre de vieillesse. Cette demi-ruine, ancienne résidence d'été des Bassompierre, encore charmante avec ses trois cours successives, avec ses linteaux de porte

ouvragés et le joli encadrement de ses fenêtres, cons-
titue aujourd'hui une petite cité agricole, où plusieurs
familles de paysans se sont organisé des logis. M. Haye,
de son vivant, avait été le personnage le plus important
et, en quelque sorte, le maire sans titre de cette sorte de
phalanstère. Hélas ! ce vieil ami de la prospérité et des
mauvais jours venait de mourir; les Baillard ne le
revirent pas, mais sa femme, sa fille veuve et ses
petits-enfants, à l'exception de l'aîné qui étudiait pour
être prêtre au grand séminaire de Nancy, demeuraient
encore là, et Léopold venait souvent les visiter dans
ce singulier et plaisant séjour.

Il arrivait généralement sur les trois heures de l'après-
midi, enveloppé été comme hiver de son éternel par-
dessus. Avant le souper, il allait causer, de porte en
porte, dans les trois cours; on lui faisait partout bon
accueil, en considération de ses hôtes. Vers sept
heures, il rentrait chez Mme Haye. Avant de se mettre
à table, quand la jeune femme se préparait à coucher
les enfants, jamais il n'aurait manqué de leur faire réciter
la prière du soir, pour s'assurer qu'ils étaient bien instruits de leur religion. Et ces petits bordés dans leurs
lits, la soupe posée sur la nappe blanche, c'était d'abord
une simple et aimable causerie, jusqu'au moment où,
d'une pente fatale, il exigeait qu'on en vînt à ce qui
lui tenait tellement au cœur... Jusqu'alors son sourire
avait été fin et doux; c'était une figure de bon vieux
curé, ou encore d'ancien officier, anguleuse, sans
dureté. Mais à mesure qu'il parlait de l'*Année Noire*
et des flammes dans le ciel, de la comète et de l'ange
Michaël, son extérieur se transformait; les yeux qui
clignotaient un peu devenaient fixes, et le regard brillant; la voix, naturellement douce et paisible, prenait
les accents de la prédication et s'élevait à des effets
dramatiques.

— Laissez donc tout cela, monsieur le Supérieur, disait la vieille Mme Haye épouvantée. Prenez encore une assiettée de soupe.

Charmantes soirées d'Étreval ! Elles étaient l'oasis des tournées pontificales de Léopold. Mais quelle amertume pour lui de passer oublié dans les lieux où il avait été puissant : Flavigny, Mattaincourt, Sainte-Odile ! Dans ces villages, c'était le roi Lear chez ses filles, plein de douleurs lyriques et de chants à remplir le monde. Un jour qu'il traversait Mattaincourt, il fut arrêté par un homme qu'il avait jadis placé comme jardinier chez les religieuses. Cet homme, lui ayant offert un verre de vin, le mena admirer la belle église qu'on venait d'élever à la gloire du Père Fourrier, une église d'un goût maniéré qui laisse fâcheusement dans l'ombre la pauvre maison paysanne du bienheureux. Il était entré autrefois dans les plans de Léopold de la bâtir, cette basilique, et la vue admirable de ces pierres neuves, gentiment agencées et dorées à la mode du jour, lui serra le cœur. Il resta un long temps immobile et dit tristement :

— Cela restera et mes œuvres sont tombées.

Mais ces instants de faiblesse étaient rares, et toujours l'Ange de la Certitude venait le relever, et le soutenait sur les routes où il repartait en frappant la terre de son bâton.

Pour se redonner du cœur, pour rafraîchir en lui l'idée qu'il se réinstallerait prochainement sur la sainte colline, il montait au couvent, se complaisait dans ses ruines, y prolongeait sa ronde romantique et reprenait avec la Noire Marie le même éternel dialogue, où il se faisait assurer qu'elle ne vendrait jamais sans l'avoir averti.

Un jour, il appela la vieille femme, comme il avait coutume, sous les fenêtres du jardin. Elles étaient grandes ouvertes, et pourtant personne ne lui répondit. Il se retira. Mais au cours de la journée, une certaine inquiétude lui vint, et dès le lendemain il retournait là-haut. Les fenêtres étaient toujours ouvertes, et dans la chambre, la pluie tombait comme sur la place. Il appela de nouveau, jeta une poignée de terre contre les vitres, et puis, décidément inquiet de tant d'immobilité et de silence, il pénétra à travers les couloirs jusqu'à la chambre. La Noire Marie était là, couchée sur le dos et les yeux largement ouverts... Son arrivée mit en fuite toute une armée de rats qui couraient sur le corps de la vieille femme et qui lui avaient déjà mangé les pieds.

Événement d'immense importance! Il sautait aux yeux que le couvent, si ruiné qu'il fût, à cause de sa position éminente et de sa longue histoire, devait redevenir un bien d'Église. Et sur-le-champ un bruit arriva de Nancy que l'évêque en faisait son affaire. Les pauvres Baillard n'étaient pas prêts à lui disputer cette acquisition au feu des enchères. Ils prévirent avec angoisse l'installation solennelle sur la colline de leurs ennemis les Oblats. Ils comprirent clairement ce que Léopold avait discerné dès son retour, que leur vieille ennemie, en s'obstinant à garder sa ruine, avait favorisé leurs chances et collaboré aux plans de la Providence. O dérision, mystère! Que les moyens de Dieu sont cachés! Celle qui avait décidé de leur déchéance, ils durent la pleurer. Ils furent même les seuls. Tout le pays la traitait de sorcière : chacun reportait sur ce cadavre saisissant l'horreur qu'inspirait maintenant le noble couvent disqualifié par les schismatiques. Léopold, assisté de François et de Quirin, célébra en l'honneur de la vieille fille un service funèbre selon Vintras. Il l'introduisit dans la sainte nomenclature des femmes dignes de mémoire, et proclama devant les Enfants du

Carmel que, sous des aspects décevants, Mlle L'Huillier était une des faces de l'Ève Régénérée, une des hosties du monde, sacrifiée pour racheter les crimes de Saxon. *O salutaris hostia!*

Ces pieux devoirs ne purent pas arracher un mot de douceur au sombre Quirin, ni dissiper la profonde inquiétude de Léopold. Au quitter de l'autel, celui-ci s'en alla seul à travers la campagne. L'idée que Monseigneur allait posséder le couvent le troublait jusqu'au fond de l'âme. Certes, il ne doutait pas des promesses du ciel, mais il ne pouvait supporter l'idée qu'en attendant les jours annoncés de la Grande Réparation, la colline fût souillée par la présence du prince-évêque de Nancy, de ses vassaux et de ses vavassaux.

Ses pas le conduisirent du côté d'Étreval. Était-ce, sans plus, un instinct du cœur, le désir d'apaiser son angoisse auprès d'amis fidèles, ou bien accueillait-il un espoir de trouver, dans ce centre de son diocèse, quelques fonds miraculeux pour racheter les bâtiments de Sion? Dans un champ, au bas du ravin que domine le château, la vieille Mme Haye étendait son foin avec ses gens. Elle interpella cordialement Léopold :

— Montez chez nous, monsieur le Supérieur. Justement vous trouverez notre petit séminariste qui vient d'arriver en vacances.

Et Léopold trouva là-haut l'aîné des petits-fils de Mme Haye, celui-là qui se destinait à la prêtrise.

— Ah! dit Léopold, avec sa bonne grâce accoutumée, vous voilà maintenant avec la soutane.

Il lui en fit des compliments, et sans paraître remarquer la réserve du jeune homme, il commença de le questionner affectueusement sur ses études :

— Quel traité avez-vous fait cette année?

— Le *Traité de l'Église,* monsieur Baillard.

— C'est un traité qui a ses difficultés, mais qui est bien intéressant.

— Oui bien, monsieur Baillard, dit avec rudesse le jeune ecclésiastique; on y apprend qu'il y a des gens qui déchirent la tunique de l'Église.

— Oh! répondit le vieillard, je vous voir venir... (Il disait cela sans amertume et même d'un air souriant.) On vous a endoctriné contre nous. Nous sommes des damnés.

— Parfaitement, monsieur Baillard.

De sa belle voix noble et tranquille, Léopold commença de se justifier. Mais le jeune abbé visiblement suivait une consigne :

— Monsieur, il y a assez de temps que vous venez ici pour détourner mes parents de la vraie foi...

— Je comprends ce que vous voulez, dit alors Léopold.

Et sans rien ajouter, il quitta la maison.

Au bas de la côte, Mme Haye le vit revenir avec surprise.

— Comment, monsieur le Supérieur, vous ne demeurez pas comme d'habitude pour le souper?

— Bonne mère, on m'a chassé.

— Chassé! Et qui donc?

— Votre petit-fils.

La vieille femme fut indignée.

— Comment! Chasser M. le Supérieur! Un saint! Un homme à la cheville duquel ce gamin n'ira jamais! Il ne sait donc pas qu'on venait pour vous entendre de sept lieues à la ronde!

— Que voulez-vous, bonne mère, il écoute ce qu'on lui dit... Il en aura des compliments à la cure de Sion.

En vain essaya-t-elle de ramener son vieil ami à Étreval. Léopold ne se laissa pas convaincre, et, rempli d'amertume, il reprit le chemin de Saxon.

Ce n'était pas pour y trouver la paix. Sous le pauvre toit de Marie-Anne régnait une atmosphère d'angoisse et de grandeur. Quirin et la sœur Quirin, qui considéraient qu'eux seuls subvenaient aux besoins de la communauté, ne cessaient de récriminer sur les repas, sur toute la vie qu'ils trouvaient trop misérable. Leur dispute remplissait la maison, rumeur sourde et servile d'ailleurs, au-dessus de laquelle se tenait le silence souverain de Léopold.

Ce soir-là, après qu'ils eurent mangé leurs pommes de terre et terminé leur chétif dîner, les trois frères demeurèrent réunis, Léopold assis près de la fenêtre, à travers laquelle se montrait, derrière les arbres fruitiers, la pente qui glisse de Sion vers Chaouilley, et les autres, comme à l'ordinaire, n'osant guère causer qu'à voix basse. On entendait dans les chènevières les chiens du village aboyer. Il n'y avait pas de chandelle allumée dans la pièce, mais elle était tout éclairée par la pleine lune, et l'on distinguait en silhouette la figure de Léopold, immobile sur la chaise où il était venu s'asseoir en sortant de table.

A quoi rêvait-il, le vieux prêtre, son coude appuyé sur le bord de la croisée, et ne quittant pas du regard les nuages? Y voyait-il les contours de ses domaines perdus, les formes de Sainte-Odile, de Flavigny, de Mattaincourt? Tenait-il les étoiles comme autant d'âmes restituées à la pure lumière par sa propagande? Ou bien, se dépassant d'un nouvel échelon, s'élevait-il au-dessus des désirs terrestres, au-dessus du souci plus noble des âmes, pour atteindre, sur l'échelle de Jacob, le point d'où le Voyant participe aux songeries du ciel? Hélas! il fallait que de ses ambitions, de son apostolat et de ses hautes folies, il redescendît au niveau de son petit monde divisé, mécontent, insatisfait, et qu'il entendît à ses pieds, au ras du sol, la dispute.

Marie-Anne dénonçait que Quirin et sœur Quirin buvaient en cachette le vin dont ils faisaient commerce pour la communauté.

— Menteuse! répliqua la sœur Quirin. Qui est-ce qui travaille ici? Aujourd'hui encore, Quirin a placé quatre barriques.

Tout cela murmuré, chuchoté plutôt que parlé.

Le bon François chercha une diversion. Il demanda qu'on fît lecture de la dernière lettre de Vintras. Sœur Euphrasie la prit sur le bureau de Léopold, alluma une chandelle et lut à haute voix :

« Sion pleure, Sion est abattue. Mais il n'en sera pas toujours ainsi, et le Seigneur la relèvera, et ceux qui ont souffert, qui ont été repoussés à cause de la Sion que le Seigneur veut édifier, se réjouiront, et ils feront retentir le lieu saint de leurs cantiques d'allégresse. »

Tous furent émerveillés de cette prédiction, qui venait si bien à propos pour proclamer la vanité des projets de l'Évêque sur le couvent, et Marie-Anne, qui avait un goût décidé pour le génie enthousiaste des lettres de l'Organe, s'écria, comme devant le fait le plus étonnant :

— Il paraît qu'il ne boit jamais une goutte de vin?

— Et comment en boirait-il? observa Quirin avec aigreur. Ils n'ont là-bas que de la bière.

Le bon François, en toute innocence, suggéra alors qu'il serait convenable d'envoyer une barrique à Londres pour faire une politesse à Vintras.

Quirin répondit froidement qu'il enverrait bien volontiers un très bon ordinaire, mais qu'il voulait savoir comment il rentrerait dans ses frais.

A ces mots François éclata, quoique toujours en se gardant de trop élever la voix :

— N'avez-vous pas honte, mon frère, de réclamer de l'argent? Oubliez-vous tout ce que l'Organe a fait pour notre aîné et ce que, nous-mêmes, nous lui devons au spirituel? Allez-vous lui marchander un peu de vin dans le moment où il nous garantit le relèvement de Sion? Tenez, ce n'est pas une pièce de vin commun que nous devrions lui envoyer à titre gracieux, mais une pièce de vin fin.

Léopold n'eut pas un mot qui le mêlât à cette dispute. Il semblait plus concentré et plus inabordable que jamais. Sa pensée fuyait de telles bassesses. Son visage ne se tourna même pas vers les querelleurs. Il ne voyait pas les êtres humbles et doux qui s'abritaient dans son ombre; il ne les voyait pas davantage s'ils s'avilissaient. Et il se mit à marcher dans la chambre en proférant comme pour lui-même, des choses terribles, des injures sur Saxon :

— Saxon la brutale, Saxon la huronne, ville de pillards et d'Amalécites! Tes cavernes sont remplies de dépouilles ravies à tes bienfaiteurs de Sion. Et maintenant ton esprit d'iniquité, d'un flot grossi, vient envahir la maison du Juste d'Étreval et souiller jusqu'ici les esprits consacrés par Vintras. Le doute m'environne, m'assaille et me flagelle. La Noire Marie, bien qu'elle fût l'instrument de grands desseins providentiels, a douté. Pour la purifier, le ciel a dû la livrer aux bêtes immondes, que seul j'ai chassées. Un doute gisait dans l'âme du plus juste des hommes et l'a fait périr, et j'ai vu aujourd'hui ce germe mortel se trahir, s'épanouir odieusement dans les actes et les propos de son malheureux petit-fils. Plus près de moi, le doute fait ses ravages. Ceux qui l'accueillent dans leur âme mourront. Que la hache se lève et s'abaisse à coups répétés; elle m'ébranche, mais c'est pour que j'élance ma tête plus haut.

Aux accents de cette grande voix, il semblait qu'une clarté sépulcrale fût projetée sur un réprouvé. Tous s'écartaient de Quirin et de sœur Quirin. François se reculait dans l'ombre du lit. Son souffle fort et entre-coupé révélait un état d'émotion violente. Dans cette hypertension, les trois paysannes aux cheveux gris, aux épaules courbées, étaient prêtes à enfourcher le manche à balai, et par la cheminée, dans un tourbillon, à s'enfuir vers la ronde des sorciers. Léopold s'en retourna prendre, contre la fenêtre, son poste éternel de guetteur du ciel.

L'atmosphère dans cette masure devenait irrespirable. A la fin de la semaine, la nouvelle arrivait de Nancy, certaine et définitive : Monseigneur achetait le couvent, et l'on ajoutait que les Oblats sollicitaient d'y établir des Pères de leur congrégation. Aux yeux de Quirin, c'était la partie perdue. Il prit la décision de ne pas s'attarder davantage. Et bientôt, ce prêtre paysan, à la figure jaune et maigre, avec quelque chose à la fois de chétif et d'inusable, quitta Saxon pour se remettre avec la sœur Quirin sur la route de l'aventure. Il était las d'une religion dont l'autel ne nourrissait plus ses prêtres. C'est qu'il ne se faisait pas un sentiment assez poétique de lui-même pour se consoler de cette vie misérable, en songeant qu'il était un pontife errant sur les chemins et qui cache ses pouvoirs divins sous les fatigues d'un voyageur de commerce. N'accusons pas son prosaïsme. La vie auprès de Léopold voulait une âme trop tendue. Léopold n'était pas le prêtre qui lit et médite les psaumes, mais le prophète qui les res-suscite dans sa propre destinée. Quirin voulait vivre, il devait s'en aller. François, tendre et soumis comme il l'était, ne pouvait que mourir.

Toutes les épreuves, qui avaient tanné et durci Léo-pold, avaient délabré l'organisme, jadis si puissant, de François. Maintenant il se sentait à la merci d'un battement de son cœur affaibli. Il dut peu à peu renoncer à ses tournées de courtier d'assurances, et pour tuer l'ennui, il recourait aux distractions d'un vieux paysan. Il allait chercher des salades de pissenlit dans les herbes de la colline, ou bien à la saison cueillir les prunelles sur les haies de Vaudémont. Le bon géant avait toujours été un peu porté sur la bouche; il excellait à distiller de ces petites baies une savoureuse eau-de-vie, et volontiers il faisait des politesses avec son élixir. Assis près de la fenêtre, dans les longues journées où Léopold était absent, il cherchait à entrer en conversation avec les passants. Ceux-ci étaient-ils désarmés par la transformation qui s'était produite dans le pauvre homme à mesure que l'on s'éloignait du temps où il était tout jovialité? La maladie et la misère avaient-elles purifié à leurs yeux cette grosse figure, hier réjouie et maintenant toute bouffie? Il y en avait qui ne faisaient plus difficulté pour entrer dans la maison de Marie-Anne, et certains mêmes, comme Bibi, le sceptique du village, en recherchaient l'occasion.

— Bibi, lui dit un jour François, notre adhésion à l'œuvre de la Miséricorde est tout ce que l'on peut nous opposer. Eh bien! c'est une affaire de conscience. Pourquoi ceux qui ignorent ce que nous savons voudraient-ils nous condamner? Nous nous chargeons de notre fardeau et ne l'imposons à personne. C'est Dieu qui sera ici le juge comme il l'est ailleurs.

Puis il se mit à lui expliquer la doctrine de Vintras. Bibi avait écouté sans mot dire, en sirotant sa liqueur, et quand le grand François lui dit pour finir :

— Êtes-vous persuadé, Bibi?

Il répondit :

— Je suis persuadé que je n'ai jamais bu de si bonne prunelle.

Et si l'interlocuteur ne trouvait pas l'échappatoire de ce farceur de Bibi, s'il répliquait à la Sagesse par quelque argument de bon sens, la scène était encore plus comique : le grand François expliquait très sérieusement qu'il était en possession de quatre cent dix-neuf raisons prouvant la vérité de sa cause, et qu'il se sentait particulièrement appuyé par le prophète Isaïe, sans parler d'Ézéchiel et de Jérémie. Il ne s'arrêtait que vaincu par ses battements de cœur.

Aucun des propos du pauvre garçon, nulle des démarches de Léopold n'échappait à la cure de Saxon. Le Père Aubry, sachant avec quelle force rejettent, sur un vieux sol religieux, les plus profonds instincts que semblaient avoir chassés les prières et l'eau bénite, aurait voulu vider l'abcès, y mettre le fer et le feu. C'était bien l'avis de l'évêque. Nulle transaction avec le diable, pas d'armistice avec l'enfer ! Mais en sage prélat, il ajoutait : « C'est avant tout sous le silence que vous devez les écraser. » Fidèle à cette consigne, l'Oblat ne bougeait pas, se bornait à se tenir sur le qui-vive et à se procurer, quasi chaque jour, une sorte de rapport militaire sur ce qui se passait dans la secte.

Un matin, le facteur, en montant le courrier au presbytère, avertit la servante que François Baillard venait de passer une nuit très mauvaise et qu'il était au plus mal. La bonne femme prévint aussitôt son maître, qui, laissant là son déjeuner, se hâta de descendre chez Marie-Anne.

Ce n'était pas la première fois que l'Oblat assistait à l'agonie d'un Enfant du Carmel. Jamais il n'éprouvait de résistance et tout se passait comme si le moribond avait été un paroissien ordinaire. Mais un prêtre hérétique et qu'il faut ramener dans la communion de l'Église ! L'Oblat ne méconnaît pas la difficulté ; seulement il compte sur la Providence pour l'assister, cette fois encore, comme elle n'a jamais cessé de le faire depuis son arrivée sur la colline. Grâce au ciel, toutes les positions des Baillard n'ont-elles pas été successivement emportées? Le couvent vient de leur être repris sans espoir de retour; ils sont bannis de leur forteresse d'Étreval; Quirin a fait défection. L'extrémité où se trouve François, c'est une nouvelle étape dans la voie que la Providence a marquée au Père Aubry, et qui est d'installer son ordre dans l'ancienne demeure des Tiercelins. C'est pour la gloire de Dieu et pour la grandeur de l'Institut des Oblats de Marie qu'il demande de surmonter l'endurcissement de François. Il se rappelle, comme un heureux présage, la faveur qu'il a reçue du ciel, le jour déjà lointain de son arrivée, quand il a recueilli dans ses bras un mendiant moribond. Il va assainir, purifier l'âme d'un mourant, quoi de plus simple! C'est jeter du chlore dans une maison où vient de s'achever une maladie infectieuse. Ainsi raisonne le Père Aubry; il descend la colline avec une haute conscience de son devoir, mais sans inquiétude sur le résultat final; il se fie dans la valeur de ses arguments et dans les sentiments qui naissent naturellement à l'approche de la mort.

Marie-Anne Sellier lui ouvrit.

— Il va mourir, dit-elle. M. le Supérieur est absent depuis trois jours; nous ne savons où le prévenir.

Sœur Euphrasie, entendant des voix, arriva dans le couloir. Elle pleurait et elle dit :

— Depuis ce matin il étouffe. Ce sont toutes ces histoires avec Monseigneur qui lui ont brisé le cœur.

Toutes deux menèrent l'Oblat dans une pièce au premier étage.

Le bon François, enveloppé de couvertures, gisait dans un fauteuil, la barbe très longue et la face toute violette.

Le prêtre s'approcha et lui prit la main :

— Cher monsieur François, c'est moi, votre curé, votre ami.

Puis, voyant que le temps pressait, il lui demanda s'il ne voulait pas recevoir les derniers sacrements.

François indiqua par signe qu'il le voulait bien.

Alors l'Oblat lui dit avec une sorte de jovialité, en désignant au mur les théphilins et les croix de grâce :

— Eh bien! monsieur Baillard, nous nous entendons, n'est-ce pas, pour renoncer à tous ces prestiges qui vous ont abusé?

François fit un effort pour parler et visiblement pour défendre Vintras. Mais l'Oblat l'interrompit et lui représenta qu'il n'y avait que deux moyens de recevoir une mission divine : le premier par la voie hiérarchique, qui vient des apôtres, et le second par un appel spécial de Dieu, prouvé par des miracles irrécusables, et il finit son discours en disant :

— Les prodiges de Tilly avaient-ils les conditions de véracité divine exigées par la théologie?

— Ils en étaient redondants! s'exclama péniblement le moribond.

L'Oblat fut interloqué. En vain reprit-il ses arguments un par un : il ne trouvait pas l'entrée du cœur de François, non plus que du cœur des deux vieilles femmes, qui se tenaient debout de chaque côté du fauteuil. Il sentit qu'il faisait fausse route, battait les buissons, laissait s'écouler des minutes irréparables; il s'irrita, éleva trop la voix. Et comme Euphrasie se penchait, François lui dit avec son dernier sourire, où l'on crut voir un indicible mépris :

— C'est Gros-Jean... qui veut... en remontrer à son curé.

Puis il entra en agonie.

L'Oblat regagna sa cure plein de tristesse et se reprochant d'avoir été le mauvais champion de Dieu.

Par légèreté, par imprudente confiance en soi-même, il avait oublié le charme puissant qu'il a plu au Créateur de laisser à Satan, et il n'avait pas su faire éclater aux yeux du pauvre abusé la force de la vérité. Toute la nuit bourdonna à ses oreilles la plainte de cette âme qu'il n'avait pas su atteindre, qu'il avait laissée s'enfuir, opiniâtre et non réconciliée...

Les portes de l'église se fermèrent devant le cercueil du schismatique. Cette rigueur, conforme au droit canonique, fit un immense effet dans toute la population. Le jour de l'enterrement, sœur Euphrasie, navrée, humiliée à la pensée que l'homme qu'elle vénérait s'en irait au cimetière sans être accompagné de personne, alla trouver une vieille femme pauvre et lui offrit vingt francs pour suivre le convoi.

— Mes fils, ma famille ne me le pardonneraient pas, répondit celle-ci à la sœur. Gardez vos vingt francs.

Les Enfants de l'Œuvre se tapirent au fond de leurs maisons. Sœur Euphrasie, Léopold et Marie-Anne Sellier, tous les trois seuls, accompagnèrent et portèrent le corps au petit cimetière de Sion. Le maire, toutefois, marchait devant le cercueil. « Était-il donc à quelque degré son adepte? » ai-je demandé à l'un des survivants de cette lointaine époque. « A quoi pensez-vous? Non, certes! m'a-t-il répondu; mais c'était comme représentant de l'autorité et pour qu'un homme baptisé, un ancien curé, ne fût pas enterré comme un chien. »

On planta une haie entre la tombe de François et les autres tombes pour témoigner que, même dans la mort, le prêtre schismatique demeurait séparé des fidèles.

CHAPITRE XVI

Les symphonies sur la prairie

Ni l'abandon de Quirin, ni la mort de François n'abattent Léopold. Bien au contraire. Tous les liens qui retenaient encore son imagination semblent brisés : il se livre à son cœur. François était son moyen de communiquer avec les vivants. Il ne les connaîtra plus. Il en sera dédommagé. Milton ayant perdu les yeux voit se dérouler dans sa conscience le monde des formes éternelles; Beethoven devenu sourd n'est plus importuné par le bruit de la vie, ne prête plus l'oreille qu'aux harmonies intérieures. Léopold a toujours voulu créer, éterniser son âme. Par la pierre, d'abord : il bâtissait des murs, murs d'églises et de couvents. Le jour où, faute d'argent, il dut cesser d'assembler des pierres, il ne renonça pas à construire : il assembla et tailla des pierres vivantes. Et maintenant que le cénacle de ses fidèles s'est délité sous l'action du temps, de la misère et de la mort, maintenant qu'il est seul, démuni de tout et de tous, il construit encore : il bâtit avec ses rêves. C'est l'homme aux trois recommencements, qui se parachève, s'éprouve et, de deux formes imparfaites, se dégage pour surgir rare et bizarre et monter dans les cieux. Il a rompu violemment le câble qui le rattachait à la terre ferme; il a levé les ancres; il va à travers les nues, à la merci des quatre vents.

La nécessité matérielle l'oblige à reprendre la suite des affaires de François, pour les assurances, et de Quirin, pour la maison Galet, vins et vinaigres, à Dijon. Toute la semaine, il court les villages; du lundi au samedi soir, il est un commis voyageur qui fait des assurances et qui vend du vin. Ces fastidieuses besognes ne le dénaturent pas. Excédé, abaissé, il se tourne avec d'autant plus de force vers les solitudes du ciel; il y guette les signes qui vont annoncer l'intervention vengeresse de Dieu; et la pensée de sa colline le remplit, comme la pensée du tabernacle remplissait l'âme de David au désert. C'est le cerf qui soupire après l'eau des fontaines.

Le dimanche était le jour béni où, sur la côte de Sion, il rechargeait d'espérance son âme. Dans la plaine, toute la semaine, le monde lui a paru couvert de ténèbres, mais depuis les hauteurs de Sion-Vaudémont, le septième jour, la vie va lui apparaître resplendissante de lumière. Dès la première heure, en présence de Marie-Anne Sellier, de sœur Euphrasie, de Mme Mayeur et de quelques autres, il célèbre la messe selon Vintras. Il prie pour ses anciennes paroisses, pour les religieuses de Flavigny et de Mattaincourt, pour les frères et sœurs de Saxon, pour tous ceux dont il a reçu jadis dans ses quêtes les offrandes. Ces ombres fidèles l'entourent, comme les souvenirs des jours heureux se pressent pour le consoler, autour d'un vieillard. A ces âmes clientes, il promet la meilleure part des prospérités qu'il attend, et sitôt l'office achevé, il les entraîne. Il s'achemine avec leur troupe invisible vers le sommet de la sainte montagne. Non pas vers son cher couvent, vers son église de jadis! Depuis la reprise des ruines par l'évêque, la belle terrasse de Sion ne dit plus rien au cœur de Léopold. En toutes saisons, par tous les temps, il gravit l'un des sentiers qui mènent aux parties les plus désertes du haut lieu. Il échappe à l'empire du raisonnement. Les fêtes sans frein de l'imagination commencent.

Sitôt que Léopold arrive sur les chaumes, c'est comme si de toutes parts se levait une assemblée de choristes. Le vent perpétuel, la plaine immense, les nuages mobiles éveillent la grande voix de ses idées fixes. S'il baisse les yeux, il déplore son domaine perdu; s'il les lève, il attend le signe divin. En sorte que c'est un continuel vertige, sur ce double gouffre de la terre et du ciel, de ses regrets et de ses espérances. Et si, par aventure, les éléments le laissaient insensibles et dans un état d'atonie, il avait pour s'émouvoir un moyen en quelque sorte mécanique. Chacune des phrases de l'Écriture où se trouvent les promesses que Jéhovah adresse à Sion exerçait sur lui une puissance magique. La sonorité seule de cette syllabe de Sion suffisait à soulever son âme. Il se répétait indéfiniment la monotone et puissante poésie des psaumes, jusqu'à ce qu'il fût parvenu à un certain degré de chaleur et que son cœur se mît en mouvement.

Vieux cœur sacerdotal, rose de Jéricho! Cette musique orientale, en même temps qu'elle le ranime, le jette à la divagation. Il semble que le malheur ait été pour lui cette coupe magique pleine de vertus, de chants et de prières, ce breuvage enchanté qui confère la possession des mélodies. Un vieux dessin représente le pape saint Grégoire écrivant ses neumes tandis que la colombe du Saint-Esprit lui introduit son bec dans l'oreille. Léopold reçoit son inspiration d'un oiseau fou. Le paysage tient au vieux prophète de longs discours universels. Léopold est le lieu d'une multitude de rêveries intenses, de la plus haute spiritualité, mais perdues, abîmées sous une avalanche de choses informes, obscures, enchevêtrées. C'est tantôt une poésie égale, pleine et pressée comme le débit d'un fleuve, tantôt une suite d'envolées, d'élans triomphants au-dessus de la plaine, de longues fusées perdues. Rien qui puisse se transmettre comme une notion terrestre ou céleste, rien de concevable et d'intelligible, mais lui, il s'y retrouve; il a ses points cardinaux, les points autour desquels indéfiniment tournoie sa pensée : le repaire des renards (entendez le couvent où gîtent les Oblats), les faux amis (entendez l'universel abandon dans la mauvaise fortune), le fond de Saxon et toutes les humiliations accumulées là depuis vingt ans; trois, quatre idées, toujours les mêmes, trois, quatre thèmes qu'il médite et qu'il nourrit des couleurs du ciel et de la plaine, mêlées avec tous ses chagrins.

Ces émotions, ces grandes symphonies d'un vaincu, s'il avait su les recueillir et leur donner l'expression musicale (qui, mieux qu'aucune autre, leur eût, semble-t-il, convenu), le vieillard aurait pu, comme faisait Beethoven en tête de ses partitions, mentionner les scènes réelles et les jours de sa vie d'où elles étaient sorties; il aurait pu, comme le grand Allemand inscrivait « Souvenir de la vie champêtre », inscrire sur telle et telle rêverie « Village des ingrats vu par un jour de novembre » ou bien « Visite de l'exilé aux domaines dont il est dépouillé ». Léopold avait des dimanches pareils à Thérèse, d'autres pareils à son frère François, à Vintras, et des petits jours de mars qui rappelaient l'aigre Quirin. Les sentiments mystérieux qui s'éveillaient dans cette âme extravagante s'en allaient se mêler aux buées de la terre, des arbres, des villages lointains, des cieux chargés de neige. Oui, l'on imagine que, d'une telle matière morale et physique, Beethoven

eût créé des symphonies, Delacroix des tableaux sublimes, et Hugo les poèmes bruissants de sa vieillesse.
Mais il s'agit bien de cela pour Léopold ! Il fait sur son
plateau, le dimanche, une véritable veillée d'armes.
Demain vont éclater les grands événements annoncés
par Vintras; demain, c'est l'*Année Noire*. Déjà les
temps s'assombrissent. Des crevasses s'ouvrent dans
le soleil. L'Organe les a vues. Et dans ses grandes
solitudes dominicales, Léopold ne s'égare pas en libre
poésie : méthodiquement il dénombre dans les nues
ses légions de secours, chaque semaine augmentées,
qui s'assemblent...

Au milieu du plateau, à l'orée du bois de Plaimont,
et non loin de la croix érigée par Marguerite de Gon-
zague, on trouve une lande où les bergers disposent
sur l'herbe rare, pour leurs jeux, des pierres dont les
amoncellements rappellent les cromlechs de Bretagne.
Sur un bois de pins familiers aux oiseaux de nuit, des
pins d'un noir presque bleu, le vent gémit, et à l'écart,
dans un isolement qu'on dirait volontaire, un vieux
poirier se dresse, âgé peut-être de trois cents ans, et
que j'ai lieu de prendre pour un « arbre penderet ». Ils
commencent à se faire très rares, ces arbres, choisis
pour servir de gibet parmi les poiriers sauvages les
plus robustes et les plus hauts placés de la seigneurie,
et qui formaient autrefois un des éléments officiels du
paysage lorrain. (Callot les a souvent représentés avec
leurs fruits.) Les services du vieux poirier de la colline
sont oubliés des nouvelles générations, mais des corbeaux, non. Ils viennent toujours en grand nombre
se poser et croasser sur ses branches. Par un temps
bas, sur cette lande, il y a du mystère. Léopold s'y
complaisait; il y retrouvait ces grands pressentiments
d'un nouvel ordre du monde qu'il avait eus à Tilly,
quand il parcourait avec son maître Vintras le plateau

qui domine la riante vallée de la Seulles, un plateau où des petits bois encadrent des labours, un lieu agréable et bucolique et, bien que peu éloigné du village, d'une solitude intense. Impossible de rêver un endroit plus éloigné du grand aspect austère de Sion, et pourtant les deux paysages adressaient les mêmes discours au sombre promeneur. Là-bas et ici, le Dieu de miséricorde et de vengeance était de la même façon sensible à son cœur.

C'est auprès du vieux poirier penderet et de la sombre pinède que Léopold, dans ses magnifiques concerts du dimanche sur la montagne, trouve le chant liquide, la cantilène la plus suave et la plus immatérielle. C'est ici qu'une mélodie s'élève de la masse symphonique. Le pontife franchit les degrés sur l'échelle invisible, et de motif en motif s'élève au monde des esprits. Nous ne rencontrons plus de fées au bord des fontaines, ni de fantômes sur les cimetières ; pourtant, ces esprits flottent toujours sur leurs domaines, et nous les verrions encore si notre âme avait reçu l'éducation appropriée. Pour Léopold Baillard, au centre du mystérieux univers, la colline est peuplée d'êtres surnaturels. Il les appelle les anges. Il perçoit leurs présences invisibles à la traversée du bois de Plaimont, ou s'il respire la fraîcheur des trois sources. Et quand du fond de son âme s'élèvent des rêveries non influencées par sa raison, il ne doute pas que ce ne soient les voix des messagers aériens, avant-coureurs de l'armée réunie pour la délivrance prochaine. Voilà ses vengeurs qui s'assemblent. Le visionnaire assiste à la mobilisation de ses alliés célestes. Il contemple les phalanges divines, il assiste au conseil des chefs, il glorifie les ordres de Dieu.

Et le soir, après ces grandes randonnées, Léopold, de retour chez lui et attablé devant une table pauvrement servie, raconte son après-midi, passée au milieu des cohortes angéliques, avec des détails tout plats et un accent patois, comme il ferait le récit d'une revue sur le plateau de Malzéville. Quel étrange, quel déconcertant spectacle, ce prophète qui mange une soupe et une salade, en racontant tout à son aise à deux vieilles femmes de campagne les extrêmes folies de l'imagination humaine!

Léopold a trouvé le bonheur, son bonheur. Ce n'est plus de construire des châteaux, c'est de délivrer le chant qui sommeille dans son cœur. Jadis, il voulait l'exprimer, cette musique profonde, en bâtiments, en cérémonies, en fondations, et maintenant il en jouit mieux que s'il l'eût réalisée dans une forme sensible. A cette heure, il s'enivre de ce qui faisait dans son âme le support mystérieux et puissant des œuvres qu'il rêvait de créer. Marie-Anne dessert la table, lave la pauvre vaisselle, mais ne cesse pas un moment de prêter l'oreille aux propos de son maître, et entre ces deux êtres, des intuitions et des visions d'un caractère si tendu et si solennel deviennent un paisible bavardage, un peu commun, qui dure jusqu'à ce que la vieille femme se couche.

Alors le pontife prend le recueil des lettres de Vintras, qu'il amasse précieusement et, fort tard dans la nuit, sous la lumière d'une pauvre lampe, la seule allumée à cette heure dans Saxon, il médite leur sens caché et suppute le moment où tous les corps de l'armée céleste entreront en campagne.

Le lendemain, le cycle de la vie terre à terre recommençait. Léopold retournait se charger de désirs mystiques dans la médiocrité de ses occupations professionnelles. Il reprenait ses courses pour le vin de Narbonne et pour les assurances. En sorte qu'il en était de cette vie, où les dimanches étaient ainsi espacés au milieu des soins les plus prosaïques, comme de ces vieilles épopées où, dans l'entre-deux des beautés, le poète s'endort.

Quand ils faisaient leurs quêtes à travers l'Europe, les frères Baillard aimaient visiter les champs de bataille napoléoniens. Aujourd'hui Léopold, en vendant du vin, en plaçant des assurances, éprouve toujours le même besoin de s'émouvoir, mais plus spiritualisé; il aime visiter les églises, les vieilles forêts, les vallées solitaires, les sources... Il allait à pied le plus souvent. Pour se reposer, il n'entrait guère à l'auberge. Certes, il aurait donné du sérieux, voire quelque noblesse à la table du cabaret par ses grands *Benedicite*, et les paysans si graves, si polis, ne l'auraient pas distrait, mais il préférait s'asseoir sur les bancs de l'église ou, mieux encore, dans la belle saison, sous les vieux arbres qui poussent près des tombes. Il s'accordait tout naturellement avec les morts, puisque comme eux il se trouvait mis hors de la vie. Il partageait leurs grandes espérances et répétait avec les inscriptions funéraires : « Mon corps repose en attendant la Résurrection. »

Étranger aux soucis et aux joies de la famille, exclu des soins de la vie publique, privé d'amitié particulière, dédaigneux d'aucune distraction vulgaire, il ne voyait et n'entendait, au cours de ses monotones tournées, que ce qu'il y a d'éternel et quasi d'essentiel en Lorraine. Il s'accordait avec tout ce qui est silence et solitude; il ramassait et ranimait tout ce qui lui faisait sentir le mystère et la divinité. Léopold vivait comme un moine : Saxon était sa cellule, toute la Lorraine son promenoir.

Chaque jour, la cloison qui séparait ses dimanches et ses jours de travail cédait sous la poussée de ses forces intérieures; il réalisait l'unité de sa vie, il pénétrait tout de religion. Rejeté par les prêtres, il prenait

229

pour sa part ce qu'ils laissent, tout ce qui flotte de vie religieuse et sur quoi l'Église n'a pas mis la main. Avec un amour désespéré, ce maudit, toujours marqué pour le service divin, ramassait les épis dédaignés.

Léopold aimait prier auprès des sources. Ces eaux rapides, confiantes, indifférentes à leur souillure prochaine, cette vie de l'eau dans la plus complète liberté le justifiait de s'être libéré de tout lien dogmatique. C'est un miroir des cieux. Qu'en va-t-il devenir? Elles jaillissent et d'un bond réalisent toute leur perfection. A deux pas, elles se perdent. Il songeait à Thérèse, il songeait à ces vies trop parfaites qui se corrompent sitôt qu'elles sont sorties de l'ombre. De ces eaux courantes mêlées à ses pensées hérésiarques et à ses souvenirs, Léopold faisait spontanément des prières. Peu à peu, il se donna mission de bénir et d'absoudre les réprouvés qui reposaient dans les champs mortuaires des lieux sur son passage. Il rejoignit au fond des ténèbres les ombres de ceux qui naquirent trop tôt pour connaître Vintras et recevoir sa consolation. Souvent, il lui arrivait de chercher les vestiges des maladreries et de rêver indéfiniment sur les villages où furent allumés le plus de bûchers. Son cœur s'épanouissait dans cette compagnie imaginaire des lépreux et des sorciers. C'était une armée invisible qu'il levait. Il recrutait à travers les siècles la troupe immense de ceux qui veulent être vengés.

Parfois, au soir de ses longues journées exaltées, l'étrange commis voyageur de la maison Galet à Dijon voyait les tertres funéraires les plus abandonnés, ceux que ne décore aucun marbre, mais seulement un gazon inculte, voler en poussière, et ce nuage emporté par la tempête découvrait à l'infini une plaine de fontaines jaillissantes, sorte de réponse à son ardente nostalgie et de promesse solennelle d'un prochain apaisement.

Qu'importe à Léopold qu'à cette date les Oblats se multiplient sur la montagne et qu'ils entreprennent d'y rebâtir le couvent! Ils n'occupent de cette terre religieuse que la largeur de leurs semelles, et sous leurs pieds comme sur leurs têtes, c'est une immense protestation. Les imprudents étrangers! ils viennent offenser le fils de la colline, qu'entourent les plus puissantes amitiés souterraines et célestes! Le vieillard, au cœur de qui se multiplient les gages de victoire, ne tourne même pas vers eux son regard. Que leurs architectes et leurs maçons s'empressent à profaner les murs des Enfants du Carmel, l'injustice ne prévaudra pas. Les murs et le sol même le clament; la montagne de Sion s'entrouvre et délègue un mystérieux messager.

Des ouvriers, qui tiraient de la pierre pour les constructions des Oblats, découvrirent dans un champ du plateau, à quelques pas du chemin que les processions et les théories ont suivi de toute éternité, des monnaies, des plats en bronze, des fibules, des agrafes, des épingles d'os et d'ivoire et puis une petite statuette de bronze qui souleva dans tout le pays une grande curiosité et un peu de scandale. C'était un hermaphrodite. On monta des villages pour le voir. Léopold y vint comme les autres. Marie-Anne Sellier et sœur Euphrasie l'accompagnaient. Les ouvriers avaient installé l'idole sous l'abri où ils mettaient leurs outils. Elle se tenait debout; sa tête était d'une femme, au profil charmant, avec de longs cheveux retenus en chignon par une bandelette; sa poitrine d'un jeune homme; elle cambrait son petit corps et tendait les bras avec langueur.

Léopold n'était pas archéologue; il restait devant le petit dieu sans pensées claires, mais il le respectait. Il voyait là un puissant repos exprimé d'une manière qui, pour ce vieillard grave, gardait un caractère sacré. Il regardait sans songer à s'étonner et encore bien moins à railler, en homme du sanctuaire et en paysan, pour qui tout ce qui sort de sa terre devient un trésor. Autour de lui, on faisait des plaisanteries grossières. Voilà leur ancien dieu, et nul d'eux ne lui fait accueil. En reparaissant à la lumière, le dieu, qu'un fidèle jadis enterra, ne rencontre de sympathie que dans le cœur de Léopold. C'est qu'il retrouve dans ce grand vieillard quelqu'un de sa race. Ce dieu immobile, chez qui les deux types de l'humanité sont réunis, qui sommeille dans sa perfection, ne convient-il pas à celui qui a toujours vécu de sa propre substance, qui maintenant vieillit dans deux ou trois cavernes, je veux dire deux ou trois pensées immémoriales, et chez qui rien du dehors ne vient plus éveiller le désir?

Léopold prit entre ses mains le petit corps de bronze, et il en éprouvait une chaleur secrète, une sorte d'enthousiasme. Il le tenait avec gravité et le faisait voir aux deux vieilles femmes.

A cette minute arrivèrent les Oblats. Les deux clergés ne se saluèrent pas. Après un rapide coup d'œil, le Père Supérieur, d'un ton qui n'admettait pas de réplique, ordonna de transporter « cette obscénité » au couvent.

Personne ne fit opposition. Seule, une pensée inexprimable, où se mêlaient la vénération et la nostalgie et puis la haine contre l'étranger, se formait, sorte de romance sans paroles, du ton le plus grave, au fond de la conscience sacerdotale du vieil amant de la colline. Ils ne reviendront jamais, les siècles de jadis, mais ils sont blottis, tout fatigués et dénaturés contre nos âmes, et que dans un cri, dans un mot, dans un chant sacré, ils se lèvent d'un cœur sonore, tous les cœurs en seraient bouleversés.

Ce même jour, après le souper, les Oblats se promenant sur la terrasse, par cette belle soirée d'été aperçurent une forme qui longuement errait autour de la cachette violée. Ils se penchèrent et reconnurent Léopold; il était là, seul avec l'esprit de la solitude, et ils cherchèrent à deviner la nature de l'attrait et du sortilège qui retenait le réprouvé auprès de cette fosse.

Léopold songeait à l'ensevelisseur de l'idole. Quel était-il, le fidèle qui, jadis, à l'heure où la foi nouvelle, avec des cris menaçants, escaladait la colline, saisit et coucha son dieu dans ce trou? Avec l'image divine, ce pieux serviteur enterrait des pensées, des sentiments, toute une humanité. La nuit enveloppe ce suprême disciple qui, le dernier, posséda le dépôt d'une science divine. Quand il mourut, ce fut une lumière sacrée qui s'éteignit.

La pensée de Léopold, du vieux prêtre excommunié, bondit dans les vastes espaces. Jadis il eût voulu des cérémonies et des formules de liturgie qui fussent propres au pèlerinage, qui vinssent réveiller dans le cœur lorrain la tradition des grands jours historiques de Sion. Maintenant il remonte jusqu'au bout la perspective ouverte sur le passé : il désire de recueillir les pépites d'or que roulent mystérieusement les ruisseaux de la colline; il s'échappe d'un vol incertain, mal guidé, à travers les siècles; il remonte vers les autels indigènes, vers un monde inconnu qu'il ne sait pas nommer, mais qu'il aspire à pleine âme.

Les malheurs et les passions, ces fleuves de Babylone, comme les appelle l'Écriture, ont entraîné les végétations et les terres friables, tout le dessus de Léopold : rien ne reste chez ce vieil homme que le granit, les formations éternelles, les pensées essentielles d'un paysan et d'un prêtre, les souvenirs de la vieille patrie et les aspirations vers la patrie éternelle.

Depuis trente ans que son christianisme est en dissolution, du fond de son être montent de vagues formes,
tous les débris d'un monde. Conçoit-il que son âme
a été formée, il y a des siècles, et qu'elle baigne dans
un mystique passé, qu'elle fleurit à la surface du vieux
marais gaulois à demi desséché? Qu'il le sache ou
qu'il l'ignore, c'est un fait qui le commande. Son
orgueil n'est si solide, son être ne se durcit au passage
des Oblats, il ne les sent comme des étrangers sur la
colline que parce qu'il les tient pour des Romains et
que, lui, il y a des années, avant que saint Gérard y
installât la Vierge, il était déjà là-haut avec Rosmertha.

De là-haut, les Oblats le regardent toujours. Ils ne
peuvent pas deviner ses pensées et ils ne peuvent pas
davantage détacher de lui leur regard. C'est, dans cette
nuit de la montagne, le ver luisant qui brille sans
laisser voir sa forme. Mais le Père Aubry rompt le
silence :

— Tant qu'il fait jour, la terre est aux vivants; le
soir venu, elle appartient aux âmes défuntes. Léopold
Baillard se promène la nuit, parce qu'il est un mort.

— C'est surtout un vieux fou, ce me semble, dit
un des Pères nouvellement installés. Vous l'avez fait
mettre en prison, jadis. Entre nous, un asile d'aliénés
lui aurait mieux convenu.

Et le plus jeune des religieux intervenant à son
tour :

— Regardez donc, regardez donc! Ma parole, le
bonhomme fait des révérences à la lune.

Et tous de rire, sauf le Père Aubry. Offensé par la
vulgarité du ton et par des railleries qui risquaient
d'atteindre, par-delà Léopold, la conception même du
surnaturel, il repartit vivement :

— Ne parlez pas ainsi! Ce n'est pas nous qui pouvons ignorer à quoi s'occupe Léopold Baillard. Le

malheureux s'occupe des choses dont le bon Dieu s'est réservé le secret.

Dans cette nuit si calme, comme un son léger glisse à l'infini sur une eau sonore, ou plutôt comme une onde électrique s'en va émouvoir à travers l'espace un enregistreur, la pensée de Léopold était-elle donc allée mystérieusement frapper l'âme du Père Aubry? Ce religieux était-il de ces organisations exceptionnelles qui possèdent des facultés divinatoires et qui peuvent vibrer de ce qui échappe aux sens grossiers des autres hommes? Non, c'était une nature de paysan, d'écorce assez rude, mais il avait une conscience de prêtre, et, à l'égard de Léopold, depuis des années, un remords affinait, aiguisait son sentiment. Il se reprochait d'avoir interprété d'une manière trop basse la faute des Baillard, de n'y avoir pas vu le péché contre l'Esprit Saint. Il se demandait si, à son arrivée sur la colline, tout jeune prêtre inexpérimenté, il s'était bien rendu compte de la qualité spirituelle des soucis qui tourmentaient les trois frères. Depuis son échec au lit de mort de François, des scrupules, des remords le rongeaient. Et d'un ton ferme, il coupa court à l'entretien en déclarant :

— Voilà vingt ans que j'ai vu Dieu abandonner Léopold Baillard à Satan, pour des causes qui nous sont inconnues, vingt ans que le malheureux va recueillant et ravivant sur cette colline ce qui subsiste des idoles et qui n'a pas été purifié par les prêtres du Christ. A cette minute, il tourne dans le cercle maudit; prions pour lui, prions Notre-Dame de Sion qu'Elle assure à son âme le secours surnaturel dont il a besoin.

Les trois prêtres se mirent en prière et firent une longue méditation devant ce paysage nocturne, dont la beauté était si grande qu'ils le regardèrent bientôt comme ils eussent écouté de la musique d'église.

C'était une nuit d'été calme et profonde, une de ces

nuits où nos rêves s'enfoncent pour nous revenir plus chargés de mystère. Les rumeurs de la plaine et les couleurs du ciel entraient dans les âmes. Toutes les inspirations des cultes dont la colline avait été l'autel s'exprimaient en quelque sorte d'une manière visible, l'enveloppaient d'une atmosphère magique, encore accrue par le thème énigmatique exhalé de la fosse d'où venait de surgir le petit dieu inconnu. Cette nuit de Sion formait un vaste drame musical où, sur le fond d'un large motif de religion éternelle, se détachaient le chant catholique des Oblats et le thème en révolte de Léopold. Eux et lui étaient à coup sûr insuffisants pour recueillir tout ce qui s'exhalait de cette terre mystique, mais ils l'aspiraient, l'agitaient, y produisaient d'admirables ondulations de rêveries. Et dans les hauteurs de cette nuit, les anges qui planaient pouvaient entendre, mêlant les couleurs d'une ferveur divine à celles d'une véhémence diabolique, les prières des Oblats et de Léopold jaillir de cette vieille terre religieuse et y retomber en tristesses et en secours.

— Arche sainte, Porte du ciel, murmuraient les Oblats, Vierge dont le pied écrase l'antique Serpent, vous nous avez donné pour mission de servir votre gloire sur votre colline, prêtez-nous la force et les moyens de relever les pieux bâtiments écroulés; recevez-y nos frères en grand nombre, afin d'écraser sous leur masse la tête de l'éternel Ennemi.

Et Léopold, assis auprès de la fosse vide, sur l'amas de pierres et de sable que les ouvriers en avaient retiré, regardait les étoiles. Il portait sous sa poitrine une pensée aussi dure, aussi étincelante qu'aucune d'elles : l'espoir de la résurrection, l'attente du jour divin des réparations, le désir d'une large communion où seraient appelés toutes les forces indigènes, tous les souffles de la colline :

— Esprit Saint, Paraclet, qu'attendez-vous de pis pour agir? Comment pouvez-vous supporter que des étrangers fassent la loi sur votre haut domaine, qu'ils osent excommunier une pensée de nos pères et confisquer le fruit de la colline?

Ainsi les deux prêtres priaient et s'absorbaient dans un magnifique duel religieux, comme si les vanités du siècle se fussent évanouies dans cette nuit. Léopold Baillard ne voyait dans toute la montagne que le Père Aubry, pareil à un soldat en faction et qui se dessinait, au clair de lune, là-haut, sur la terrasse. Et l'Oblat, de son côté, ne regardait que le schismatique. Toutes les maisons étaient closes dans Saxon et dans Sion; pas une lumière à l'horizon, pas un passant sur les routes. Les deux serviteurs de la divinité étaient seuls, l'un devant l'autre, dans cette vaste solitude, et soutenus, remplis par un prodigieux sentiment tragique. L'Oblat sentait derrière lui toutes les forces de la hiérarchie échelonnées jusqu'à Rome, et Léopold se savait assisté par une immense armée des morts et par les cohortes célestes. Autour d'eux, les villages dormaient. Ils dormaient comme les moissonneurs autour de Booz qui songe, comme les compagnons de Jacob quand celui-ci lutte avec l'Ange. A tous instants, des éclairs, pareils aux signaux d'un grand phare invisible, parcouraient cette nuit brûlante, et chacun des deux prêtres, en se signant, appelait, attendait contre l'autre une intervention surnaturelle.

C'était aux premiers jours du mois de juillet 1870.

CHAPITRE XVII

L'année noire

JUILLET 1870! Les derniers jours du mois de juillet, les petites villes de Lorraine les passèrent toutes tendues vers la voie du chemin de fer à regarder courir les trains qui, sans interruption, emportaient nos troupes à la frontière. Des zouaves, des soldats de toutes armes, des chevaux dont on voyait les têtes haletantes en haut des claires-voies des wagons. Quelle chaleur d'orage et quel enthousiasme! Les populations se pressaient dans les gares pour offrir à ces braves enfants du vin, de la bière, du café, du tabac. Trop de vin, trop de bière! Et l'on criait : « A Berlin! » Sébastopol, Solférino, Puebla sonnaient dans les mémoires. Il n'y avait qu'à faire donner nos mitrailleuses, et puis à pousser droit devant soi, la baïonnette en avant. La gloire de la France et l'épopée impériale déjà resplendissaient d'un éclat nouveau. Les images d'Épinal répandaient, célébraient la fureur à l'emporte-tout de nos turcos, ces moricauds héroïques... Soudain, on apprend Forbach, Wissembourg, Reischoffen. Et voici qu'une fois de plus, l'immense flot germain se soulève, accourt sur la Gaule, frémissant d'une joie dévastatrice. Aux champs de bataille éternels de l'Alsace, le barrage gallo-romain vient de céder. « Sauve qui peut! Les Prussiens! Les Prussiens! »

Sous une pluie diluvienne, c'est l'effroyable défilé de la retraite française. Nos malheureux soldats! Après quelques heures, ils se lèvent des prairies souillées où ils se sont laissés tomber pour la nuit, et quand on a vu leurs derniers fourgons disparaître au tournant du chemin, chacun n'a plus que le temps d'enfouir au jardin ou bien de descendre au fond du puits ses couverts d'argent, quelques napoléons, de vieilles armes de famille. Maintenant la petite ville impuissante attend les Prussiens.

Il n'a guère varié, le cérémonial de leur entrée dans nos petites villes lorraines en 1870. Le plus souvent, quatre uhlans précèdent la colonne; ils arrivent seuls à la hauteur des premières maisons. Autour d'eux, la foule accourt et s'amasse, d'autant plus nombreuse qu'ils ne sont que quatre. Brusquement ils choisissent un individu, qu'ils jugent sur sa mise un notable, et lui commandent de les conduire à la mairie. Ils l'encadrent et s'avancent, la carabine sur la cuisse, en mesurant d'un dur regard que rien ne détourne la file des fenêtres. Ce coup de feu tout prêt calme déjà bien des curiosités. Les voici à la mairie : « Monsieur le Maire, il nous faut tant de pain, tant de viande, tant de voitures. » Et, monsieur le Maire, il faut comprendre l'allemand.

Quelques heures après, c'est la ruée torrentielle. Du matin jusqu'à la nuit, le fleuve s'écoule, un défilé ininterrompu de Bavarois, Prussiens, Wurtembourgeois, hussards de la mort, hussards de Blücher, uhlans, cuirassiers, fantassins, cavaliers, canons, d'où se détachent soudain des patrouilles vers le boulanger, vers le boucher, vers la poste, vers le percepteur, vers la recette municipale. Ils saisissent l'argent des caisses publiques; ils font charger toute la viande, tout le pain, tous les légumes sur des voitures qu'ils réquisitionnent... Le monde assez nombreux qu'il y avait d'abord pour les voir passer a disparu. Peu à peu, chacun est rentré chez soi, et maintenant plus personne, la rue est toute aux Prussiens. Leur flot sans trêve, cet immense silence, cet ordre puissant, cette force rythmée inspirent de sinistres pensées. Des fifres précèdent les longues files sombres de l'infanterie, où les pointes des baïonnettes étincellent. Les longues et lourdes pièces noires de l'artillerie aux caissons bleu de ciel roulent sur le pavé avec un bruit tragique. Nul cri, nul désordre dans ces troupes en marche; elles respirent l'abondance, et la petite ville, derrière ses persiennes, songe, le cœur serré, aux Français du corps de Failly ou de Mac-Mahon, qui ont passé l'avant-veille, toutes les armes mêlées, troupeau épuisé, démuni de tout, au point que les quincailliers ont vendu aux officiers ce qui restait dans leurs tiroirs de vieux pistolets et les éperons qu'on ne demandait plus depuis la création des chemins de fer. Le flot coule toujours; les maisons semblent mortes; l'angoisse de la petite ville ressemble à de la paralysie. Les vieux sont encore nombreux qui ont vu l'occupation de 1815 à 1818, et ils font savoir que cela pourrait bien recommencer comme au temps des Cosaques et qu'il ne faut sortir de chez soi sous aucun prétexte.

Au soir seulement, quand les Prussiens ont passé, sont déjà loin et, rapides, poursuivent les Français sur Châlons et Sedan, la petite ville se reprend, réapparaît dans ses rues, pour constater que le drapeau de sa mairie, ses chevaux d'attelage et toutes ses provisions ont disparu.

Mais bientôt, c'est un deuxième flot qui arrive, le flot des troupes rendues libres par la prise de Strasbourg. La nuit est tombée; la famille est réunie autour de la table; on vient d'achever le souper, et l'on cause. De quoi? de la guerre, des chances qui demeurent de vaincre. Voici l'heure du coucher; une des filles de la maison ou bien la servante a passé dans la pièce voisint pour clore les volets. Tout d'un coup, elle revient et d'une voix étouffée : « Les Prussiens! » On cache les lumières, on se met sans bruit aux fenêtres. Une longue colonne monte la rue, tellement silencieuse qu'elle semble glisser. A droite, à gauche, les portes des maisons s'ouvrent, et des groupes se détachent pour y entrer d'un bloc. C'est d'un effet saisissant, ce long serpent dont la tête s'avance et qui se coupe, disparaît par fractions dans les granges et les portes cochères, aussitôt refermées, sans que la marche de l'ensemble soit arrêtée un moment... Mais on frappe en bas violemment, avec un pommeau de sabre. Le chef de famille dit aux femmes de s'enfermer dans une même chambre, et lui il descend. C'est l'envahissement de toute la maison, le vacarme le plus brutal, puis le silence des soldats exténués.

Ces nouveaux venus sont plus redoutables que les premiers. Quelques semaines de campagne les ont ensauvagés. Au quitter de Strasbourg en flammes, dans la traversée des Vosges, ils ont subi les attaques nombreuses des francs-tireurs et des mobiles, qu'ils appellent des paysans armés. Ils n'en cachent pas leur peur maladive. Ce sont des demi-brutes déchaînées, qui ont fait l'apprentissage du sang et de l'incendie. Que les autorités municipales prennent garde! Elles restent seules, puisque tous les fonctionnaires et jusqu'aux gendarmes sont partis. Ah! c'est fini, l'agrément d'être M. le Maire, et le bien-être d'avoir de la fortune, de la considération! Maintenant les notables sont tenus pour otages. Si l'on touche au moindre cheveu d'un soldat prussien et s'il plaît à quelque patriote de devenir un héros, c'est M. le notaire, c'est M. le docteur, c'est M. le gros propriétaire qui seront collés au mur.

Nul homme n'est aussi peu étonné que Léopold Baillard. C'est bon à Napoléon III, sur le trottoir où il est descendu avec angoisse pour avoir plutôt des nouvelles, sur le trottoir devant la petite sous-préfecture de Sedan, de murmurer : « Quelle suite de fatalités inexplicables ! » Pour Léopold, rien de plus clair, rien de plus attendu. Ces fatalités inexplicables accomplissent la terrible prophétie, dont voilà dix ans qu'il guette avec frénésie les signes avant-coureurs dans le ciel de Lorraine.

Pendant des semaines, le petit village de Saxon, à l'écart des grandes routes qui mènent vers Paris et sur lesquelles se hâtaient les troupes prussiennes, subit la guerre sous la forme la plus primitive, sous la forme de la razzia, entendez qu'il fut dépouillé de ses grains, fourrages, bétail, chevaux, bref réquisitionné sans merci. On n'y connut que de ouï-dire les grandes catastrophes de la France. Mais un soir enfin, Léopold obtint sa récompense : un soir, il vit de ses yeux le désastre vengeur, et sous les couleurs de feu que son imagination avait toujours annoncées.

Dans la nuit du 1er au 2 octobre, à quatre heures du matin, six hommes de la landwehr, logés dans différentes maisons de Vézelise pour assurer le service des approvisionnements, avaient été surpris et enlevés par une bande de francs-tireurs qui, dans la même nuit, tuèrent deux autres Prussiens à Flavigny. Dès le lendemain, par représailles, les Prussiens incendiaient les maisons où la surprise avait eu lieu...

Hélas ! hélas ! La ville qui méconnut les saints, la ville qui enchaîna la Sagesse est purgée par le feu !

Que celui qui n'a point fléchi le genou devant Baal fuie du milieu de Babylone! Depuis la terrasse de Sion, Léopold, ce soir, regarde les longues flammes jaillir du fond où se cache Vézelise. Il les regarde avec un sentiment d'horreur sacrée et la brutale certitude d'avoir été le confident de Dieu. Il n'en a jamais douté, certes, mais à cette minute, il en tient sous ses yeux toute la tragédie, et sur le haut plateau il se glorifie et remercie le Seigneur.

Et derrière lui, un effroyable enthousiasme soulève ses deux compagnes, Marie-Anne Sellier et même la douce sœur Euphrasie. Les désastres de tous temps ont excité les vieilles femmes. A cette minute, ces deux-ci ne répondent pas au rêve de paix et de recueillement que leur proposait Vintras dans ses instructions catastrophiques; elles ne se préparent pas à s'élancer entre les hommes comme des anges de miséricorde! Tout ce qu'elles ont souffert depuis vingt ans semble trouver une issue, jaillit et réclame vengeance.

Par quel surprenant réveil, du fond de sa jeunesse, Marie-Anne Sellier retrouva-t-elle les vieux couplets, qu'ici même, un soir de Noël, aux derniers temps de leur vie heureuse, avait chantés sœur Thérèse? C'est la joie de la vengeance, c'est l'odeur de la guerre, c'est la secousse quasi physique de l'incendie qui concourent à ranimer chez la paysanne cassée ces images des reîtres de jadis :

Basselles et pâtureaux,

. . . .

Vite, au plus tôt, courez parmi les champs,
Pour ramasser nos troupeaux tout d'un temps,
Pour les faire retourner
Pendant que je ferai la sentinelle,
Car je suis pris
S'ils nous trouvent ici.

Ce dernier vers du refrain, qui dans le patois est bien autrement saisissant de peur et de narquoiserie mêlées :

Ça je serin pris
Si nous traurin toussi,

les deux sorcières le grommelaient, soulevées par une telle excitation qu'elles ne pouvaient pas tenir en place et qu'elles faisaient une danse autour de Léopold. Et lui, pressé par son imagination et par la terrible réalité, assuré que cet incendie dardait ses flammes contre les Oblats profanateurs, il parcourait sans cesse du regard le ciel immense, espérant y voir les anges de la désolation se frayer une route lumineuse à travers les ténèbres de la nuit.

Personne jamais n'enregistra les coups et les redoublements d'une catastrophe avec l'ivresse qu'éprouvèrent les Vintrasiens de la colline. A chaque coup des canons de Toul ou de Langres, dont le bruit sourd ébranlait toute la Lorraine, le petit peuple des Baillard entonnait un furieux *Gloria in excelsis*, à se faire massacrer par les villages, s'ils l'avaient entendu. Léopold retrouva une seconde jeunesse. C'était comme s'il avait soulevé la pierre d'un caveau pour revenir à la lumière.

Chose étrange d'ailleurs et difficilement croyable, il y eut à ce moment, sous le drap de deuil, à ras de terre, un frémissement de liberté. Quelque chose s'était desserré. Sous cette dure discipline étrangère s'épanouissait une certaine licence, tout humble, toute plébéienne, un affranchissement des simples et des enfants. La disparition des agents de l'État donnait aux contribuables une béatitude inconnue. Le vin et tous les produits imposés circulaient sans droits; le sucre et le café qu'on faisait venir de la Suisse se vendaient pour rien;

on voyait les paysans apporter leurs tonnelets d'eau-de-vie et les débiter sur place. Pour tous les enfants commençait une inoubliable période de vagabondage, de rêveries, de terreurs et de hardiesses. Tandis que les bonnes sœurs réunissaient les tout-petits pour faire des montagnes de charpie, les moyens et les plus grands passaient leurs journées entières à polissonner au milieu des soldats, à dérober des poignées de riz ou de chlore aux sacs éventrés, à lancer des pierres dans le ventre des vaches abandonnées par les régiments et qui pourrissaient au fossé des routes. Dans ce désordre universel, Léopold se multipliait autour de la colline. Il allait répétant partout que Vintras et que lui-même, depuis vingt ans, annonçaient tous ces malheurs, et personne n'avait rien à lui opposer. Du coup, il reconquérait son prestige. Dans ce village où ne restaient que les enfants et les vieilles gens, il était devenu un personnage formidable qui inspirait un mélange de vénération et d'effroi. Chez Marie-Anne Sellier, devant la fenêtre ouverte sur le ciel profond, au milieu d'un petit cercle formé quasi de toutes les gens de la colline, il annonçait, à la terreur générale, qu'on n'avait encore rien vu et que maintenant on allait voir dans la nue le visage de Dieu.

— Aujourd'hui, prêchait-il, c'est le jour de la hache et du canon ! Après ce jour, la nuit qui viendra sera la nuit de feu ! Et le jour qui suivra cette nuit sera le jour de l'empoisonnement des fontaines ! Et la nuit qui naîtra après ce jour sera la nuit des mains liées et le supplice des rois ! Puis viendra l'inexorable pillage ! Puis les drapeaux noirs ! Puis les cent parlements et le travail des tombeaux ! Puis la croix de grâce, le dictame, l'eau de salut, les éliaques ! Puis la fête des Eucharistiques ! Puis les fanfares célestes. Puis les parfums qui viennent du Midi ! Les quatre arcs-en-ciel !

Les chants d'en haut! L'étendard des anges! Le nouveau temple!

Et si on lui demandait :

— Mais quand donc arriveront ces grands événements?

Il répondait :

— Quand le dernier Prussien sera sorti de France.

Tout le petit village soupirait après ce moment, qu'il fallut attendre trois longues années.

Au fur et à mesure qu'arrivaient de France en Allemagne les wagons d'or, les Prussiens évacuaient pas à pas la Lorraine. Ils quittèrent Mirecourt, le 25 juillet 1873, Charmes le 27, Saint-Nicolas et Nancy le 1er août. Rien aujourd'hui ne peut faire comprendre à ceux qui ne l'ont pas éprouvée, l'émotion patriotique, d'une qualité religieuse, qui souleva toutes ces petites villes au départ de leurs garnisons prussiennes. Il en alla partout à peu près de même. Dès le matin, un caporal sapeur de la compagnie des pompiers était dans le clocher avec la mission de surveiller les Prussiens. Toute la matinée, on en voyait encore dans les rues. Vers midi, ils commençaient à disparaître. Bientôt le guetteur annonçait la formation de la colonne. Un prodigieux silence de toute la population se faisait. A cinq heures sonnant, leur chef poussait trois hourras, et la troupe s'ébranlait. Quand le soldat de tête débouchait sur la grand-route, les cloches de l'église se mettaient à sonner en volée; le caporal sapeur accrochait son drapeau en haut du clocher, près du coq; instantanément la petite ville se pavoisait, et chacun se précipitait dans la rue. C'était une fourmilière heureuse, une famille dont tous les membres se congratulent, une espèce de victoire, une première revanche. Un seul mot frémissait dans les airs : Espérance! Espérance!

Et ce cri patriotique, sur toute la France, fut soutenu d'un immense mouvement mystique. Des voix inspirées s'élevèrent de toutes parts; on ne rêvait que miracles et prophéties; plusieurs Voyants annoncèrent le règne de l'Antéchrist et la fin du monde; d'autres, au contraire, le triomphe définitif du grand Roi et du grand Pape. Un vaste mouvement de supplications commença. Des multitudes enflammées par les appels de leurs prêtres s'en allèrent chanter, prier, s'agenouiller à Lourdes, à La Salette, à Pontmain, à Paray-le-Monial, au mont Saint-Michel, à Sainte-Anne-d'Auray, à Saint-Martin-de-Tours, à Chartres. Le premier mouvement de la Lorraine rendue à sa libre respiration fut d'organiser à Sion un grand pèlerinage national, une fête religieuse et patriotique, en l'honneur du couronnement de Notre-Dame, patronne de la province.

— Nous y voilà! dit Léopold.

Ce jour-là, 10 septembre 1873, dès le matin, le vieux pontife fut sur la colline. La pluie tombait à verse; un vent froid faisait rage; mais, bravant le mauvais temps, un peuple immense s'acheminait. Tous les sentiers, toutes les routes fourmillaient de pèlerins, à pied, en carrioles ou bien entassés dans les voitures omnibus que les petites villes avaient appareillées pour ce jour. Quand tout le monde se désolait de cette inclémence du ciel, soudain, à huit heures et demie, les nuages se déchirèrent, et l'on s'émerveilla de voir apparaître miraculeusement le soleil au-dessus de la sainte montagne.

Sur une estrade dressée devant le porche, un cardinal et sept évêques bénirent trente mille pèlerins qui défilèrent au chant des cantiques, au bruit des fanfares, en agitant leurs bannières, parmi lesquelles la foule saluait avec religion celles de Metz et de Strasbourg en deuil. Au centre du cortège, portée sur un coussin de soie blanche, étincelait une splendide couronne offerte à la Vierge de Sion par les familles lorraines. Et le moment solennel, ce fut quand les Pères Oblats soulevèrent la statue miraculeuse, de façon qu'on l'aperçût de tous les points du plateau, et que le cardinal, ayant reçu la couronne des mains du Père Aubry, la déposa sur la tête de la Vierge. Alors les pèlerins poussèrent une immense clameur de vivats, entonnèrent un *Magnificat* d'une puissance incomparable.

Léopold Baillard mêlait sa voix à ce formidable concert et animait du regard et du geste son petit cénacle enflammé. On se le montrait du doigt.

Bien qu'il eût, toute sa vie, obstinément tourné son visage vers le ciel, le vieillard, maintenant presque octogénaire, était courbé, cassé comme ceux qui ont passé leurs jours à lier la vigne ou bien à arracher les pommes de terre. Il portait son éternel pardessus sur sa lévite noire; un feutre à larges bords jetait de l'ombre sur ses yeux étincelants; un gros cache-nez de laine entourait son cou; une immense gibecière, retenue aux épaules par une large courroie en cuir jaune, lui battait sur les reins. Elle était gonflée des armes célestes, croix de grâce et théphilins dont il s'était largement pourvu, en prévision de la tragédie divine qui allait se dérouler...

On se le montrait... Quelques-uns ricanaient, un petit nombre se scandalisaient, mais ce n'était pas un mouvement d'horreur qu'éprouvait à son endroit cette foule exaltée; chez la plupart, il touchait des parties obscures de l'âme ranimées par la tristesse qui s'exhale d'un malheur national et par le caractère de cette journée de supplication. Et les prêtres eux-mêmes, répandus par centaines dans cette foule, disaient : « Le voilà donc, ce fameux Léopold Baillard ! » d'un ton où il entrait plus de curiosité que d'animosité.

Quant à lui, l'ancien prêtre-roi de Sion, quel haut sentiment n'a-t-il pas de sa présence au milieu de cette procession « suppliante » et « expiatoire » sur le plateau de la Vierge! Constamment il s'est tenu au premier rang, auprès de M. Buffet, président de l'Assemblée nationale, en face des sept évêques et du cardinal, et maintenant que l'heure du sermon est arrivée, il est debout au pied de l'estrade où l'orateur, au milieu du vent qui s'est remis à souffler en tempête, apparaît dominant la multitude qui se presse pour l'entendre.

Au sentiment de Léopold, le moment décisif est venu. Il somme dans son âme le prédicateur de confesser la Vérité. Il attend. Quoi donc? Que tous fassent leur soumission, reconnaissent les signes de Dieu et l'autorité de l'Esprit. Quand l'orateur déclare dans un grand mouvement d'éloquence que Dieu a frappé la France pour ses fautes, Léopold dit : « Eh bien! Eh bien! » en frappant la terre de son bâton. Il exige des conclusions pareilles à celles que lui-même a tirées des événements, et comme elles ne viennent pas, lui et son petit peuple se démènent.

Cependant la violence du vent, augmentée sur le soir, ne laissait plus entendre le sermon. Des centaines d'auditeurs découragés se retiraient et allaient s'installer par groupes sur les pelouses pour s'y restaurer des provisions qu'ils avaient apportées. Le vieillard, lui, ne bougea pas. Il resta immobile sous la bourrasque, et il encourageait avec une frénésie intérieure la tempête, comme il eût applaudi une cabale céleste couvrant la voix d'un indigne comédien.

Ce vent qui disperse et éteint les paroles du prédicateur, qui domine et rabat l'enthousiasme de la foule, ces groupes lassés qui s'assoient et mangent pendant le discours sacré, toutes ces forces de nature insurgées contre cette apothéose du clergé, c'est une tragédie

qui échappe au vulgaire, mais qui soulève Léopold :
une fois de plus, dans cette tempête, il rejette la hiérarchie, il répudie l'ordre humain et se proclame le fils de
l'Esprit qui souffle.

A quoi bon s'attarder plus longtemps au milieu de
cette foule trahie par ses pasteurs ! Il ne sait à cette
minute qui détester le plus de ces évêques mitrés ou
de cette multitude aveugle et sourde à tous les éclairs
et à tous les tonnerres. En descendant de la colline, il
s'écria avec amertume :

— Les Français n'ont pas été assez malheureux...
C'est à recommencer.

CHAPITRE XVIII

Un hiver de dix années

E T maintenant quel silence, quelle indifférence autour de Léopold Baillard! La guerre a rejeté tant de choses au fond des siècles! L'histoire des Baillard fait désormais partie d'un monde aboli. On n'en voit plus au milieu des broussailles que l'espèce de tour ruinée qu'est la vieillesse de Léopold. Des légendes flottent dessus. Comme les Raymond Lulle et les Nostradamus, ce maudit a connu l'art de tirer l'or des poches obscures où il sommeille. Dans les veillées, on parle de ses grands voyages, comme des aventures que coururent toujours les chercheurs de trésors. Sa visite surtout chez l'Empereur, à Vienne, éblouit. Nul ne voit les anges et les fantômes au milieu desquels il vit, mais beaucoup admettent qu'il sait de grands secrets. Les dernières rêveries du moyen âge le rejoignent. Et lui, toujours pareil à lui-même, il reprend son éternelle songerie et son dialogue avec Dieu. Des années encore, son rêve bizarre va jaillir de son âme, monotone et régulier comme le bourdonnement d'une coquille d'œuf sur le jet d'eau d'un vieux jardin. Rien de la vie, pas même les appels de la mort, ne peut plus le distraire. Et pourtant, à coups redoublés, la destinée l'assaille.

C'est d'abord Quirin, Quirin l'infidèle, qui rend l'âme, dans l'hospice réservé aux vieux prêtres, à Rozières-aux-Salines, après une abjuration complète de la doctrine vintrasienne. Depuis longtemps on ne recevait de lui à Saxon que de vagues et lointaines nouvelles. Léopold a-t-il gardé de son cadet plus d'images que nous n'en possédons nous-mêmes? Jusqu'à ces derniers temps, dans les séminaires lorrains, on avait coutume de raconter aux jeunes diacres l'histoire d'un prêtre, magnifiquement doué d'éloquence et d'intelligence, qui avait écouté les suggestions du démon de l'orgueil. A quel degré de misère était-il tombé! Un jour, dans les rues de Nancy, on l'avait rencontré, vêtu d'une longue blouse et le fouet à la main, conduisant un haquet de marchand de vins. C'était Quirin, passé à l'état d'image exemplaire pour épouvanter les jeunes séminaristes... Par ailleurs, on racontait l'avoir vu dans le petit village vosgien de Rugney, campé dans une roulotte, sur la place, entre la fontaine et l'église, avec une femme et des enfants. Était-ce sœur Quirin? On ne sait. Elle portait un bonnet noir; elle entrait peu ou pas à l'église. Mais Quirin, lui, ne manquait pas un office. Couvert d'une longue pèlerine noire, et coiffé d'un vaste chapeau de même couleur, il se plaçait près du confessional et suivait les prières sur son livre avec un grand recueillement. Sa roulotte était un théâtre de marionnettes. C'était lui qui tirait les fils et faisait parler les pantins, en contrefaisant sa voix.

Après Quirin, c'est Euphrasie qui meurt. On était si bien accoutumé à la voir humble devant tous, dévouée à Léopold et soumise aux Oblats, que personne ne prenait la peine d'apprécier cette vieille femme,

Léopold et Marie-Anne Sellier pas plus que les autres gens du village. Elle s'éteint. C'est un *Miserere* qui se tait, une imploration que la mort accueille, une forme chétive qui s'en va humblement sous la terre.

Quirin, Euphrasie disparaissent; les larmes ne montent pas aux yeux du vieillard insensible; elles pourraient l'empêcher de voir clair dans le ciel et de saisir le moment où apparaîtra la comète. Mais Vintras qui meurt! Tout son être s'émeut. Quel vide immense dans l'univers! C'est l'orchestre du monde soudain qui se tait.

L'annonciateur de la nouvelle loi n'est plus. Que la création entière prenne le deuil! Il était entré dans la vie des Baillard comme un coup de vent dans la pauvre cabane, comme le messager de Dieu. Et ce grand favori du ciel, aux heures où l'Esprit le laissait en repos, se montrait le plus simple des artisans et le plus tendre des amis. Sa maison respirait les vertus de l'atelier de Nazareth... Vintras est mort. Léopold pleure; il a perdu son bon maître, son consolateur, celui qu'il tenait par la main pour le dur voyage de la vie.

Avec quelle ardeur, faite de tendresse humaine et de sentiment de l'infini, au milieu de la toute petite église assemblée, le Pontife d'Adoration célèbre une messe solennelle pour celui qui mena son peuple à deux pas de la Terre de Chanaan sans pouvoir y pénétrer lui-même. D'une voix toujours forte, il entonne le cantique de la Miséricorde et, aussitôt après, un triomphant *Alleluia*. Il affermit sur sa tête la mitre qu'y a déposée Vintras. Le prophète disparu, les promesses divines subsistent. Pas un instant, Léopold ne doute de relever un jour les murs de Sion. Dans son naufrage, quasi seul sur l'océan, le vieillard ne se détourne pas une minute de sa ligne. Il continue de nager vers la rive promise en tenant au-dessus des flots son poème d'espérance (1).

Tous les soirs, durant des années, Marie-Anne couchée, le vieil homme reste seul debout jusqu'à minuit, non pour rêver devant les cendres éteintes, mais pour attendre les âmes de ses morts. Saxon repose, tous les villages dorment; le vent tournoie avec un bruit lugubre autour de la maison maudite; les voix de Vintras, de François, d'Euphrasie, de Thérèse passent dans ces grands espaces désolés, dans ces bourrasques lorraines, leur donnent une âme et transforment des forces physiques en un immense sentiment de douleur. Léopold appelle devant l'âtre de sa cuisine ses trépassés. Il les accueille, converse avec eux, et s'il les a vainement attendus, avant de se coucher, il prend soin de ranimer le feu et de disposer des chaises devant, car ils viendront tout transis finir la veillée chez lui.

Ces interminables divagations mortuaires où le vieux pontife s'égarait, plus fréquentes à mesure qu'il cédait à l'assoupissement du grand âge, qui pourrait nous en donner la clef? Il y laisse abîmer sa raison. Il ne fournit plus rien au monde et n'accueille plus rien du monde, sinon le souffle des tempêtes dans sa cime. Par son seul tronc, il fait encore l'effet le plus imposant, mais il a passé la saison des feuilles. Les tempêtes l'ont ébranché; nul oiseau, même d'hiver, ne vient se reposer sur lui, et la seule touffe verdoyante qu'il tende vers le ciel, c'est, comme un bouquet de gui parasitaire, la pensée

_____

(1) Vintras mourut à Lyon, la ville religieuse, la ville humide où champignonnent autour de la foi nationale toutes les variétés de la flore mystique. A son lit de mort, semble-t-il, il élut pour son successeur le fameux abbé Boullan. Il lui chuchota les secrets que lui-même avait reçus de Martin de Gallardon et probablement aussi quelques noires pensées de derrière la tête, que le vieillard de Sion, tout limité au drame de sa colline, ne soupçonna jamais.

vintrasienne. Dans cette intelligence entourée de brumes, quelques souvenirs, toujours les mêmes, passent à de longs intervalles, rappelant ces vols de buses qui, sous un ciel neigeux, s'élèvent des taillis de la côte, y reviennent, en repartent, obéissent à quelque rythme indiscernable. Un vent froid et sonore commence à souffler continûment sur la colline; le soleil ne l'éclaire plus que bien rarement d'une franche lumière. Dans ce vieux cœur, la vie prend les couleurs désolées d'un février lorrain, tout de vent, de dégel et de pluie; l'horizon se rapproche, le silence se fait, les formes s'enveloppent de brouillard. C'est l'hiver plus en rapport avec sa défaite, avec la monotonie de son âme, avec le repliement de son génie monocorde. Léopold semble aux yeux de tous un vieillard plus aride et plus pierreux que le sommet de Sion, mais sur cette lande, les esprits dansaient. C'est l'âge et c'est l'heure où Victor Hugo produit *le Pape*, *l'Ane*, *la Pitié suprême*. Personne ne tient plus les orgues, mais elles continuent de vibrer et d'emplir les voûtes.

Un soir glacial de l'année 1883, au milieu d'une tempête de neige, un jeune paysan qui se rendait à cheval de Vézelise à Étreval, entendit dans un champ des appels désespérés. Il se dirigea vers l'endroit d'où partaient les cris et trouva un vieil homme, affolé de terreur et de froid, qui battait les champs au hasard. C'était Léopold Baillard.

L'hiver, cette année-là, était particulièrement rude. Depuis trois semaines, la neige et le froid tenant Léopold bloqué dans sa pauvre masure, il passait ses journées avec Marie-Anne, tous deux serrés dans l'âtre de la cuisine, et de fois à autre, désireux de regarder au-dehors, ils approchaient un fer chaud de la vitre pour fondre la glace qui se reformait aussitôt. Cependant l'argent manquait à la maison, et ce matin-là, bravement, Léopold avait dû se mettre en route pour aller recouvrer une créance à Vézelise. Son affaire s'y régla plus vivement qu'il n'avait osé l'espérer; trois heures achevaient de sonner; la soirée dans la petite ville s'annonçait pénible et coûteuse. Quoique la nuit en cette saison vienne avec rapidité, il calcula qu'il avait le temps de regagner Saxon, et sans plus tarder il prit les sentiers à travers champs. A cette heure où le crépuscule commençait de tomber la plaine offrait un spectacle plein de tristesse. La neige poussée par le vent s'était amassée aux points où quelque obstacle l'arrêtait, contre une clôture de haie, contre un revers de talus et donnait au pays un aspect inconnu. Sous ce linceul argenté, les objets perdaient leur apparence réelle. La nuit descendait rapidement. Bientôt il n'y eut plus de clarté que celle qui sortait du sol éblouissant de blancheur. Une brume glaciale qui s'abattit sur le plateau acheva de brouiller et de confondre toutes choses. Le vieillard perdu en plein champ, exténué, transi de froid, aveuglé par la neige, n'entendait ni un pas, ni un aboiement, ni une sonnerie de cloche. Il n'apercevait aucune lueur. Tout ce qui faisait depuis des semaines l'objet de ses entretiens avec Marie-Anne lui revint à l'esprit : les loups, poussés par la faim, venant rôder jusque dans les villages; plusieurs facteurs tombés de froid dans le fossé des routes; le vin gelé dans les tonneaux, les pommes de terre dans les caves et les porcs dans les réduits. Aucun doute, cette fois, c'était la véritable *Année Noire* qui commençait. La terreur envahit le cœur de cet homme vieux, fatigué et qui avait toujours été d'un naturel craintif. Il se mit à crier désespérément, et ses longs cris qui lui revenaient dans le silence nocturne eurent pour effet de redoubler son épouvante. Léopold tournoyait sur lui-même, assez pareil à quelque oiseau égaré et perdu, unique survivant d'une espèce envolée, d'une troupe disparue derrière les nuages d'un soir d'hiver. A la fin, épuisé, à bout de forces, il se laissa tomber... C'est alors que le paysan le trouva, attiré par ses gémissements. Ce bon Samaritain, qui était un jeune et vigoureux garçon, prit le pauvre pontife dans ses bras, le hissa sur son cheval et l'emmena en croupe dans la direction d'Étreval où il habitait. Mais chemin faisant, quand il eut reconnu dans ce passant égaré le fameux M. Léopold Baillard, il fut pris d'un vague malaise, comme s'il portait le diable en croupe, et ma foi ! la force avec laquelle le vieillard avait noué ses bras décharnés autour de son cavalier donnait quelque vraisemblance à ce soupçon. Il ne se soucia pas d'introduire chez lui ce bizarre compagnon, et avec une courtoisie prudente, il lui demanda s'il ne lui serait pas agréable de passer la nuit au château d'Étreval, chez les enfants de M. Haye.

Étreval !... M. Haye !... Souvenirs lointains, mots magiques ! Ils ranimèrent Léopold et lui donnèrent de l'imagination.

Il y avait longtemps qu'elle n'avait pas vu une arrivée aussi romanesque, la charmante ruine Renaissance, aux fenêtres sculptées de feuillages et de fruits, qui couronne la hauteur d'Étreval. Elle put frémir joyeusement, à l'apparition de ce cheval efflanqué et de ce jeune paysan qui lui amenaient en croupe le plus vieux et le plus étrange rêveur de cette terre. Jamais Walter Scott, le chantre des races opprimées, n'imagina un rendez-vous nocturne plus romantique que celui de ces vieilles pierres déchues et de ce représentant des antiques chimères. L'arrivée des deux cavaliers et le pas du cheval donnant sur la terre durcie par le gel, dans le silence de cette heure tardive, révolutionnèrent les trois cours du château. Des portes s'ouvrirent en dépit du froid, et Léopold se trouva tout à coup au milieu d'un cercle de lumière.

— Prenez-le, vous autres, dit le jeune paysan qui l'amenait; il est à moitié mort de froid.

Des bras se tendent vers Léopold, qui se laisse glisser du cheval. On le porte dans la cuisine, auprès d'un grand feu. Il remercie, et toujours sous l'empire de ses grandes imaginations, il se persuade que tous ces gens l'entourent avec épouvante, qu'ils lui demandent de les protéger, dans l'effroyable tourmente de neige et de froid où, ce soir, le monde va périr. Avec un esprit magnanime, il les rassure tous :

— Ne craignez rien, dit-il, je viens marquer la porte de vos demeures, afin que la colère de Dieu ne s'exerce pas sur vous.

Étonnés d'une si bizarre espèce de folie, chacun se pressait et échangeait les diverses interjections par lesquelles se témoigne la stupeur lorraine.

Mais Léopold peu à peu reconnaissait Mme Haye la petite-fille de son vieil ami, et près d'elle, dans ce cercle qui l'entourait, il retrouvait, hommes faits et pères de famille, ceux qu'à cette même place, vingt-cinq années auparavant, il avait vus enfants. On les lui nommait, il s'attendrissait.

— Bonne dame, disait-il, voilà bien longtemps que je n'ai franchi le seuil de votre maison, mais je suis passé souvent près de votre cimetière, et je n'ai jamais manqué d'y entrer pour bénir les tombes des vôtres, la tombe de mon vieil ami, celle de la bonne maman, et vous savez, quand j'étends les mains, je délivre les pauvres âmes.

Cependant, la maîtresse de maison avait préparé une grande soupière de vin chaud. Elle en présenta un verre à Léopold. Il n'en but qu'un doigt, mais c'en fut assez pour le ranimer et pour le lancer plus avant.

Maintenant, il ne lui suffisait plus d'avoir écarté de cette maison la colère du ciel, il voulait y apporter un bonheur miraculeux. Avisant un petit garçon qui se tenait dans un coin sombre avec un bandeau autour des joues, Léopold le prit dans ses bras et le regarda avec bienveillance.

— Mon fils, lui dit-il, tu ressembles au bon M. Haye.

— C'est son arrière-petit-fils, lui dit-on, le petit-fils de sa fille. Voilà deux jours qu'il a le mal d'oreilles.

Le vieillard s'attarda devant cette ravissante figure d'enfant, où revivaient, avec quelque chose de céleste, les traits du plus sûr de ses amis. Éprouva-t-il à cette heure le trouble d'une vieille âme qui ne se survivra dans aucune postérité? Peut-être. Mais ce sentiment paternel, s'il exista dans son cœur, il l'exprima à sa manière bizarre et par un acte de pontife.

— Le Christ, dit-il, a donné à ses apôtres le pouvoir de guérir les malades, puisqu'il a dit : *Super ægros manus imponent et bene habebunt.* Attention, petit! je vais te guérir.

A ces mots, l'enfant prit peur et se réfugia vivement dans les jupes de sa mère. Mais celle-ci lui dit tout bas à l'oreille d'écouter M. Baillard qui n'était pas méchant. L'enfant revint alors auprès de Léopold qui lui demanda pourquoi il s'était sauvé et ce que sa mère lui avait dit. Il le répéta naïvement. Le vieillard fut attendri de plaisir. Il embrassa l'enfant, lui imposa les mains, prononça la formule : *Super ægros manus imponent et bene habebunt*, et ajouta avec autorité en lui enlevant son bandeau :

— Maintenant, tu ne souffres plus.

Et l'enfant, au milieu de l'assistance émerveillée, convint avec une joie mêlée d'épouvante que sa douleur était partie.

Scène d'un caractère éternel, pareille à mille autres

qu'elle ranime au fond de l'âme paysanne. Les gens rassemblés, ce soir, à Étreval, sont aussi prêts à gouailler qu'à croire cette chose extraordinaire qui vient de se passer sous leurs yeux. Quant à Léopold, refermant ses lourdes paupières pour cacher l'éclair orgueilleux de ses yeux, il ne voit pas, n'entend pas les mouvements divers qu'il suscite; plus enivré par sa réussite que par le doigt de vin qu'il a bu, il jouit de sa toute-puissance. « Bonne mère, dit-il en son cœur et tournant son regard vers l'âtre où les trépassés se chauffent, invisibles et voyant tout, bonne mère, avait-il raison, le jeune prêtre trop méchant qui m'a chassé de votre maison? » Ainsi pense-t-il et, sans un mot de récrimination, il distribue à tous des croix de grâce, que chacun accepte parfaitement, car dans le doute qu'est-ce qu'on risque? Puis il leur dit qu'ils peuvent se retirer et s'aller coucher tranquilles.

Quant à lui, il refuse le lit qu'on lui offre, en disant qu'il ne veut pas dormir, mais veiller sur le sommeil de tous, étant donné les grandes chances qu'il y a pour que cette nuit ce soit la fin du monde.

Après avoir un peu insisté, ils le laissèrent auprès du grand feu, puisque c'était sa volonté, et chacun s'en alla chez soi sans attacher autrement d'importance aux prophéties de cet étrange visiteur.

Bientôt, tout Étreval dormait, enchanté d'une si curieuse soirée. Seul, l'enfant miraculé ne pouvait fermer les yeux. Ce n'était pas que son mal d'oreilles eût repris, mais son petit lit touchait à la cuisine, et à travers la cloison il entendait le vieillard qui marmonnait des choses inintelligibles, entrecoupées de profonds soupirs. La curiosité, à la fin, l'emportant sur la terreur, il se leva, et à travers une fente de la porte regarda.

Léopold se tenait debout, tourné vers la partie la

plus obscure de la pièce, et s'adressant alternativement
à des personnages invisibles, il disait :

— Je vous attendais, Vintras... Te voici, François...
Où repose Thérèse? Est-elle à l'abri du froid, du vent,
de la tempête? Où t'a mené la vie, Thérèse?

Ces ténèbres et ces soupirs, ces flammes de l'âtre et
ces adjurations remplissent l'enfant du sentiment qui
nous saisirait devant une assemblée infernale au fond
des bois. Aucune pensée dans son esprit, aucune
réflexion, rien qu'une attente anxieuse : il attend comme
semble attendre le feu dansant de l'âtre. Impossible
d'être plus en accord avec l'ombre qui bouge et avec
le vent qui gémit, que ne l'est ce cœur palpitant dans
cette poitrine de petit garçon épouvanté.

— Où t'a menée la vie, Thérèse? poursuivait Léopold. Es-tu plus noble ou dégradée? Dans l'ombre où
tu m'échappes, ton regard cherche-t-il nos souvenirs?
Ton visage brillant, terni par l'âge, est-il tourné vers
la colline de ta jeunesse et de ta sainteté? O Thérèse,
messagère de mon esprit, pareille à moi, mais plus
légère, tu volais plus audacieusement. O ma prophétesse, souviens-toi des prairies où je t'ai menée et
qu'avec la force d'un petit faucon soudain tu quittais
et tu dominais, les ailes battantes et le gosier sonore...

L'accent de la voix communiquait à ces mots un
irrésistible pouvoir. L'enfant n'entendait rien de ce
que disait, de ce que chantait ce vieux nécromancien.
Mais c'était une musique dont il possédait un pressentiment, c'était une réponse obscure aux pensées qui
se forment dans un petit garçon, au milieu des ténèbres
et de la solitude. Le vieillard fou emportait l'enfant aux
pays mortels du songe et du délire : il lui révélait soudain l'attrait de ces régions délaissées qui subsistent
toujours au fond de nos cœurs et de ces rêves brouillés

auxquels personne aujourd'hui, dans notre monde intellectuel, ne donne plus de sens ni de voix; il lui parlait la langue secrète, la langue natale de ceux qui sont prédestinés pour entretenir dans leur âme le feu des curiosités maudites. En dix minutes, cette cuisine de campagne venait d'être transformée en une chapelle de visionnaire. L'enfant avait la certitude de voir un sorcier — en savait-il le nom? — un roi Mage, bref, l'être mystérieux qu'un cœur de paysan ne sera jamais étonné de voir surgir à la corne d'un bois ou dans un chemin creux. Il vivait là une de ces minutes qui ne laissent pas pareil à lui-même l'être qui les a vécues. Il en sort ébranlé pour toujours, détaché de la vie réelle, façonné pour les plus dangereuses rêveries. O sagesse de l'Église, qui rejette les Léopold et veut les écraser!

Tout à coup, et comme s'il allait arriver quelque chose d'extraordinaire, la flamme cessa de danser dans la cheminée, l'ombre s'arrêta de bouger et le vent de gémir : le vieillard se tut. Il se fit un profond silence et l'enfant lui-même retint sa respiration. Léopold s'avançait du côté de la fenêtre, de telle façon que le petit garçon ne pouvait plus le voir. Et brusquement un choc d'une violence inouïe bouleversa la pièce. Tout le vent qui soufflait autour de la maison, sur cette côte élevée, s'engouffra dans la cuisine avec un bruit sauvage. Il éteignit la lumière, sans parvenir à couvrir la voix de Léopold qui appelait les morts :

— Entre, Vintras! Oh! viens une fois encore.

Et l'enfant, persuadé qu'une troupe de démons échappés de l'enfer envahissait la cuisine, poussa un cri qui réveilla toute la maison, et tomba dans des convulsions, en même temps que le vieillard de plus en plus, divaguait :

— Vintras! Voici ton heure! Du sein de ta gloire, songe à Thérèse! Elle s'est confondue parmi les pécheurs. Que nos anges la sauvent, qu'ils l'épargnent et qu'ils la transportent avec nous au-dessus des flots qui vont recouvrir la terre!

CHAPITRE XIX

La mort de Léopold

C'EST la fin d'une triste après-midi, le crépuscule
envahit Saxon. Pour la première fois, depuis
quinze jours qu'on l'a ramené d'Étreval, Léopold a quitté le lit. Assis dans son fauteuil, enveloppé
de sa longue lévite de couleur brune, comme il convient aux Enfants du Carmel, et coiffé d'une calotte de
soie noire, il tient sur ses genoux un panier de pommes
de terre qu'il épluche pour le souper. A cette minute,
il s'est arrêté dans sa besogne, il rêve, tandis que
Marie-Anne, en face de lui, dans la même embrasure
de fenêtre, fait de la dentelle. Les yeux à demi fermés,
ses lunettes glissées sur le bout de son grand nez
maigre, il demeure immobile avec une expression solennelle et regarde à travers les vitres le soir descendre
sur la boue du chemin. Rêve-t-il aux anges qui viendront construire la nouvelle Jérusalem sur la colline,
ou bien à ceux qui nous prennent, l'un par les épaules
et l'autre par les pieds — visiteurs certains et toujours
inattendus — et qui ne peuvent manquer de venir
bientôt par cette fenêtre fermée?...

Soudain, les deux vieilles gens sursautent : un grand
bruit d'ailes et de gloussements éperdus remplit tout

le couloir, suivi de l'irruption d'une demi-douzaine de poules et d'un ecclésiastique, dans un nuage de poussière. C'est un jeune prêtre, resplendissant de santé, la figure épanouie, fort à son aise et qui dit :

— Monsieur Baillard, je vous présente mes respects.

Il y eut une seconde d'étonnement.

— Monsieur l'abbé, observa le vieillard, je vous salue, mais je ne sais pas qui vous êtes.

— C'est un de ces messieurs du couvent, le Père Cléach, dit sans bonne grâce Marie-Anne.

L'Oblat s'était arrêté sur le seuil de la chambre; dans son cœur, il demandait au bienheureux Pierre Fourrier, dont il apercevait un portrait pendu au mur, de lui dicter les paroles propres à toucher le vieux rebelle.

— Monsieur Baillard, je viens au nom de nos Pères prendre de vos nouvelles. Voilà déjà plusieurs jours que le Père Aubry serait venu vous voir lui-même, s'il n'était retenu par la maladie dans sa chambre. Vous, du moins, je vois avec plaisir que vous allez mieux, et je vous souhaite de pouvoir bientôt monter à l'Église de Notre-Dame de Sion.

— Ah! cette église de Sion, répondit Léopold, combien de fois j'y ai prêché jadis!

— C'était alors le bon temps, monsieur Baillard, il faut y revenir...

Et après un silence :

— Il faut rentrer dans l'Église.

— Rentrer dans l'Église, dit avec humeur le vieillard, mais je n'en suis jamais sorti.

— Tant mieux, monsieur Baillard, ainsi votre croyance est identique à celle de Monseigneur?

— Oui, monsieur.

— Et absolument la même que celle de Léon XIII?

— Oui, monsieur.

— Et ni plus ni moins que celle de l'Église entière fondée par Notre-Seigneur Jésus-Christ?

— Oui, monsieur.

— Mais c'est admirable, monsieur Baillard! Ainsi vous admettez tous les dogmes tels que l'Église catholique les croit et les enseigne?

— Oui, monsieur.

— Oh! alors ça va bien. Parfait, parfait! Mais dites-moi, monsieur Baillard, j'ai l'honneur d'être au courant de votre histoire, j'ai lu des ouvrages de Vintras et j'ai pris connaissance de votre chef-d'œuvre littéraire, qui est votre polémique avec Monseigneur.

A ces mots flatteurs, Léopold, qui se tenait affaissé dans son fauteuil, se redressa avec une joyeuse confiance et dit vivement :

— Eh bien! dans ce cas vous voyez...

— Je vois que les doctrines de Vintras ont été condamnées par les souverains pontifes.

— Et combien de temps, monsieur l'abbé, avez-vous passé à cette étude?

— Huit jours pleins, monsieur Baillard.

— Eh bien! moi, répliqua le vieillard avec une haute dignité, j'y ai passé trente-sept ans.

— Monsieur Baillard, tout vrai catholique doit dire comme le pape, et Vintras, pour sûr, n'enseigne pas absolument comme le pape.

— Le pape! le pape! dit Léopold en haussant les épaules.

— Je parie, monsieur Baillard, que vous ne croyez pas à l'infaillibilité du Saint-Père.

— Ah! pour cela par exemple, non, je ne l'admets pas.

— Et naturellement, vous ne croyez pas davantage à l'Immaculée Conception?

— J'y fais des réserves, dit Léopold d'un air entendu.

— Et l'enfer éternel, monsieur Baillard, l'admettez-vous?

— Je ne puis pas l'admettre, car Dieu est infiniment bon; il cesserait de l'être, s'il condamnait à un supplice sans fin.

L'Oblat était édifié. Il crut le moment venu de faire avancer toute l'artillerie de son apologétique.

— Mon cher monsieur Baillard, quelle peine vous me faites! Comment un homme comme vous, un prêtre, un théologien, un savant écrivain n'a-t-il pas pénétré le vrai sens de tout ce qui s'est passé à Tilly? Il s'agissait de détrôner le Christ.

— Assez, assez! s'écria Léopold, j'ai bien vu, j'ai bien entendu : Tilly embaumait de vérités et retentissait de miracles. Oui, monsieur, je monterais sur l'échafaud et je donnerais vingt fois ma vie pour affirmer la réalité des faits qui ont eu lieu à Tilly.

— Monsieur Baillard, distinguons! Nul homme instruit dans ces questions ne niera la possibilité des faits surnaturels de Tilly. Mais quelle est l'origine de ces faits? J'ai lu six énormes volumes écrits par un avocat, M. Bizouard. Il traite *in extenso* des rapports du démon avec l'homme, depuis l'origine jusqu'à nos jours. Chacune des manifestations sataniques est examinée par lui juridiquement, à la manière d'un procès; or, arrivé à l'Œuvre de la Miséricorde, il découvre que l'esprit qui parlait et écrivait par Vintras n'est autre que celui qui, par Cagliostro et d'autres médiums en foule, sur tous les points de la terre, travaille à ramener le monde à l'ancien paganisme ou culte de Satan, en refoulant le règne de Jésus-Christ.

Entendant dire que M. Bizouard range Vintras au

nombre des possédés, Léopold se dressa comme un ressort.

— Non, non, s'écria-t-il d'une voix indignée et plaintive, mon bon maître ne m'a pas trompé.

A ce moment, et comme s'il eût sonné au drapeau, Marie-Anne, Fanfan Jory et plusieurs autres de ceux qu'il appelait ses bons enfants, poussèrent la porte de la cuisine et firent irruption dans la chambre.

Le vieillard s'était levé, et prenant la main de son jeune visiteur, il le poussait doucement, mais irrésistiblement vers la porte.

Celui-ci ne se tint pas pour battu. Dans le corridor il fit de longs discours à Marie-Anne, pour qu'elle obtînt de son maître qu'il se confessât. Mais le visage de la vieille femme restait fermé. Le vieillard qu'elle admirait n'avait pas besoin de ce vicaire ni de personne pour faire son salut.

— Eh! répliqua-t-elle avec vivacité, que voulez-vous lui demander? Il n'a jamais fait de mal à personne, mais toujours du bien à tous, autant qu'il l'a pu, et il passe son temps à prier.

— Marie-Anne, un chrétien, un prêtre surtout, qui ne se confesse jamais, c'est un genre de saint que l'Église n'a pas encore canonisé. Vous feriez un péché mortel si vous laissiez mourir M. Baillard sans m'avoir appelé.

Marie-Anne acquiesça de la tête, mais dès que l'Oblat se fut éloigné, elle regagna sa cuisine en maugréant contre ce jeune prêtre trop hardi.

Cependant le Père Cléach remontait au couvent dans un état d'esprit bien différent de celui où il se complaisait une demi-heure auparavant. Il était descendu chez le vieux Baillard, à peu de chose près, comme autrefois, dans l'Afrique du Sud, il s'acheminait vers la paillote d'un chef zoulou. Maintenant il voit son erreur et qu'il n'a trouvé aucune prise sur l'âme du vieillard. Il gravit soucieusement les pentes ruisselantes de dégel, dont l'aspect influe encore sur son esprit attristé, et malgré le vent et le froid, il n'est pas pressé d'arriver à Sion où un autre malade attend son récit avec la plus vive anxiété.

Le Père Aubry sentait qu'il allait mourir, mais depuis qu'il avait appris l'état désespéré de Léopold, une activité fiévreuse et sans sommeil avait succédé à son abattement. Une série de souvenirs s'éveillaient dans son imagination, coupés par ces grands élans qu'excitent dans une âme les approches de la mort. Il revoyait toutes les étapes de son triomphe sur la colline, il en rappelait toutes les minutes, mais le cœur moins assuré, inquiet maintenant d'y sentir plus d'amour-propre que de charité. Il revivait ce premier jour où, sur le parvis de l'église, il avait rencontré et repoussé Léopold, et lui avait devant tous jeté à la face le terrible *Vade retro, Satanas;* il entendait galoper sur les pentes, aux talons des Baillard, le cruel troupeau des enfants, et il savait bien qu'il les avait continuellement encouragés; il se récitait la complainte, qui, loin de le faire rire aujourd'hui, l'humiliait et le peinait. Les images se pressaient dans son esprit : la Noire Marie expulsant les schismatiques du couvent; le maire Janot les livrant aux violences de la rue; le jeune séminariste d'Étreval chassant de sa maison le vieux prêtre, l'ami de son père. Voilà ce qu'il a jadis appelé des succès! Il s'est réjoui sans scrupule de tous ces chagrins de ses frères, comme d'autant de victoires de Dieu! Tout cela lui paraît maintenant petit, mince, privé d'amour. Il tremble de paraître avec cet indigne bagage devant le Souverain Juge. Sur ce lit de mort, il n'a rien plus à cœur que le salut de Léopold, pas même son propre salut, car il croit qu'ils se confondent. Ah! que ne peut-il courir au chevet du schismatique, le supplier, vaincre sa révolte, et d'un même mouvement, s'élever avec lui jusqu'aux pieds du trône de Dieu.

A peine fut-il averti du retour du Père Cléach, qu'il le pria de venir dans sa chambre, et minutieusement se fit raconter son entrevue avec Léopold, tous les propos du vieil homme et de sa compagne.

Il l'écoutait en se frappant la poitrine, et quand son jeune confrère eut achevé son récit :

— Je vois ce qui vous est arrivé, lui dit-il. Il y a vingt-cinq ans, j'ai commis la même faute que vous. Ce n'est pas avec des arguments que l'on touche le cœur... Ah! que ne puis-je, mon cher ami, vous accompagner auprès du malheureux obstiné! Que Dieu qui me refuse cette grâce m'accorde au moins la force de vous communiquer l'expérience de ma vie, et qu'elle soit en même temps la confession de ma faiblesse.

Et comme on voit parfois un foyer, avant de s'éteindre, lancer de grandes lueurs, cette énergie expirante exhala en paroles pressées sa flamme intérieure, une flamme qui avait tout purifié dans son âme.

— Vous ne pouvez pas savoir, mon ami, les pensées qui assiègent le lit d'un mourant. Toute mon existence est présente devant moi. Comment vais-je justifier au tribunal de Dieu mon passage sur cette terre privilégiée de Sion? Ai-je su y respirer et y servir l'esprit de vie? Il y a trente-quatre ans, presque au lendemain de mon ordination, j'ai été envoyé sur cette sainte colline; j'ai été chargé de la reconquérir pour la gloire de Notre-Dame. Puis-je dire que j'ai réussi? L'âme des Baillard m'a échappé. Ah! se présenter devant Dieu avec quelqu'un que l'on tient par la main et qu'on lui amène, c'est bien, mais arriver seul! J'ai vu François me repousser à son lit de mort. Si cette âme que j'ai laissée partir irritée et désolée m'attendait là-haut, j'accepterais la mort avec moins d'appréhension, j'entonnerais avec confiance le psaume du sacrifice. Sauvons Léopold, mon Père! Alors, je pourrai murmurer : *Introïbo ad altare Dei.*

Il s'interrompit un instant comme pour reprendre haleine, tandis que le jeune Oblat se tenait près de lui, silencieux et méditatif, et d'une voix quasi intérieure, il reprit :

— Ai-je su comprendre Léopold? Il y avait en lui quelque chose qui l'empêchait de trouver la paix. Mais dans notre paix, à nous, n'y a-t-il pas une atonie de l'âme? Il a perverti un magnifique élan qui lui venait de Dieu. Avec tous j'ai ri et puis anathématisé. N'aurais-je pas dû l'aider à purifier cette inspiration qui s'agitait au fond de son cœur et dont il abusait d'une manière coupable? N'était-ce pas mon rôle de prêtre de reconnaître, au milieu de ses erreurs, le mouvement de Dieu? Il s'appuyait sur la colline; il l'aimait comme aucun de nous n'a fait; il voulait y puiser sans mesure. Ce n'est pas le crime d'une âme vile. Nous ne devons pas le laisser à Satan, mon Père; il faut le rendre au Christ qui m'en a donné la charge. Sauvez-moi en le sauvant.

Le jeune Oblat écoutait sans interrompre, et de toute son âme il croyait ce que lui disait ce mourant. Tout l'émouvait dans ce discours, et plus que les paroles, les vibrations de la voix entrecoupée, les yeux brillants, l'ardeur de ce pauvre corps soulevé d'enthousiasme religieux et de fièvre. Ces paroles du Père Aubry donnaient un sens aux extravagances de Léopold Baillard, à la fidélité de cette vieille Marie-Anne Sellier et de leurs pauvres adeptes, mais elles allaient bien plus loin dans la conscience du jeune Oblat. Elles y réveillaient quelque chose d'endormi et qui surgissait tout à coup, joyeux et fort, dans cette âme de lévite. Ces paroles lui donnaient une mission de prêtre.

— Mais comment m'y prendre, mon Père? Quel moyen pratique? demanda-t-il avec tout son cœur.

— Ah! si nous les avions aimés, murmura le moribond.

Et après un silence :

— Certes, vous devez maintenir l'intégrité de la doctrine, de la hiérarchie et tous les droits. Mais après avoir été inflexible pour le mal et l'erreur, soyez généreux pour l'homme. Beaucoup de charité, d'indulgence et de condescendance. Et ce n'est pas assez; j'ose vous demander plus. Ce n'est pas assez d'adoucir les solides raisons que vous lui proposez. Je vous demande de l'estimer. Je vous en supplie, mon Père, apprenez de moi à ne plus regarder Léopold Baillard qu'au travers de son amour pour le domaine de la Vierge de Sion. Le moyen pratique, dites-vous? Ah! je le vois maintenant, c'est de lui montrer que nous l'aimons, et d'une telle manière qu'il n'en puisse douter.

Après ces paroles, le Père Aubry, épuisé, ferma les yeux, et l'on voyait qu'il priait.

Le jeune Oblat regardait ce visage transfiguré, et pensait : « Va-t-il mourir sans achever de me conseiller? Va-t-il me laisser seul et sans aide? »

Léopold Baillard lui apparaissait comme une forteresse, qu'il fallait coûte que coûte emporter. Certainement, à cette minute, les légions de Satan étaient rangées autour de ce malheureux hérésiarque. Que pouvait un pauvre prêtre? Il fallait une intervention de Dieu. Le jeune Oblat l'attendait. Jamais il n'avait senti en lui cette source vivifiante qui maintenant l'emplissait de force et d'attendrissement. C'est sous cette influence et par une inspiration divine que soudain il dit au Père Aubry :

— Mon cher et vénéré Père, vous le sentez bien, tous les moyens humains échoueront. L'obstiné a besoin d'une intervention exceptionnelle.

Il s'arrêta un instant, cherchant sur la figure du moribond s'il pouvait continuer, et puis il dit :

— Quand vous serez devant le bon Dieu...

Le Père Aubry comprit et ne s'effraya pas de cette vision de mort qu'on lui proposait si crûment. Il ouvrit sur son jeune interlocuteur ses grands yeux doux et profonds.

« Oui, tout à l'heure, pensa-t-il, quand je paraîtrai devant Dieu, je le supplierai pour Léopold. »

Puis, élevant au ciel son regard, il pria tout haut avec simplicité :

« Seigneur, dit-il, prenez ma vie, appelez-moi tout de suite devant vous, afin que j'obtienne de votre miséricorde une bonne mort pour Léopold Baillard. »

Le vœu du Père Aubry fut exaucé, il mourut dans la nuit.

Le Père Cléach se sentit soulevé par une espérance et une confiance invincibles. La conversion de Léopold était une tentative qui dépassait les moyens humains; le pacte qui liait ce malheureux à Satan ne pouvait être rompu que par le pacte supérieur d'une âme sainte avec Dieu : le miracle s'était produit. Dieu avait accepté le sacrifice du Père Aubry.

Au quitter de l'enterrement, le jeune Oblat descendit tout droit chez Marie-Anne Sellier. Dans la cuisine, il trouva la vieille femme avec quelques Enfants du Carmel, et il apprit d'eux que M. Baillard, après une nouvelle attaque, avait manqué mourir l'avant-veille à l'aube. C'était précisément l'heure où le Père Aubry paraissait devant Dieu. L'Oblat ne douta pas que son vénérable ami n'eût obtenu de la compassion divine un répit pour Léopold. Alors, du ton d'un homme qui ne demande pas une permission, avec une gravité et une autorité qu'on ne sentait pas dans sa voix à sa première visite, il dit qu'il désirait demeurer seul avec le malade.

Léopold était étendu dans son lit, tout un côté du corps paralysé. A la place de l'expression sévère et militaire qui lui était habituelle, il y avait quelque chose de timide, et le pauvre regard de son œil droit, le seul qu'il put tourner vers son visiteur disait très clairement : « Ne voyez-vous pas dans quel état je suis? Est-ce le moment de venir discuter? »

Mais l'Oblat :

— Rassurez-vous, monsieur Baillard, je ne viens pas discuter avec vous; je viens vous apprendre que le pauvre Père Aubry est mort.

Cette nouvelle ne parut pas autrement intéresser le malade. Il tenait les yeux fermés, et sa main valide s'agitait impatiemment sur la couverture.

Cependant le Père Cléach continuait, et encore tout vibrant des émotions qu'il ressentait depuis trois jours, il commença de rapporter le suprême entretien qu'il avait eu avec le vieil Oblat.

Quelle surprise pour Léopold d'entendre ces paroles et cet accent, et de sentir fixé sur lui avec une infinie amitié et même avec admiration le regard de son jeune visiteur. Il n'était donc plus seul; on s'occupait de lui autrement que pour lui jeter la pierre; au couvent, la vérité se faisait jour, enfin! L'idée qu'il avait été aimé fondit les glaces contre lesquelles tous les anathèmes avaient échoué. Il écoutait avec ravissement l'Oblat lui répéter les paroles du Père Aubry : « Personne plus que Léopold Baillard n'a aimé la colline de Sion. » Et il sentait que de tous les hommes qu'il avait connus, très peu auraient pu le comprendre aussi bien que cet adversaire dont il avait tant souffert. « Comment n'ai-je pas vu, pensait-il, que nous pouvions nous aimer? » Deux grosses larmes coulèrent sur ses joues, quand l'Oblat lui révéla que le Père Aubry avait offert sa vie pour arriver le premier au tribunal de Dieu et intercéder en faveur du Restaurateur de Sion. A plusieurs reprises, il interrompit pour dire :

— Cela est d'un vrai prêtre.

Et l'Oblat poursuivait :

— Vous avez fait de grandes choses sur la colline, monsieur Baillard; nous l'avons trop méconnu, mais la Sainte Vierge, Elle, ne peut pas l'oublier.

— Maintenant, dit le malade, je sens que je ne pourrai plus rien faire en ce monde, je suis content de mourir.

— Avec saint Paul, monsieur Baillard, vous formez ce souhait : *Capio dissolvi...*

— Oui, *et esse cum Christo.*

— Ne donnez de place dans votre cœur qu'à deux sentiments, celui du regret et celui de l'espérance : regret pour le passé...

— Et espérance pour l'avenir, acheva le malade.

Quelques instants après il ajouta :

— Je voudrais bien revenir comme j'étais avant les affaires de l'évêché, mais je ne puis pas dire que je n'ai pas vu ce que j'ai vu.

— Laissez donc tout cela désormais, monsieur Baillard; on vous demande tout simplement de faire un acte de foi complet avec votre évêque, avec le souverain pontife Léon XIII et avec l'Église catholique, et puis que vous ayez un regret parfait du passé et une confiance inébranlable dans l'infinie miséricorde de Dieu.

— Dieu est mon espérance, *Spes mea Deus,* telle a toujours été ma devise.

Un tumulte s'élevait dans l'âme du Père Cléach; maintenant il voyait dans le pauvre Léopold un frère aîné malheureux, et mieux encore un prêtre plus rapproché que lui-même de la divinité.

— Mon vénérable et vieil ami, dit-il (et il ne savait pas d'où il tirait ses paroles, et tandis qu'il les prononçait il s'en étonnait lui-même), je vous aime et je vous respecte. Pour le salut éternel de votre âme je vais vous confesser : *In nomine patris...*

. . . .

Quand ce fut fini, les deux prêtres s'embrassèrent. Et le Père Cléach, retenant les larmes d'émotion et de bonheur qui l'étouffaient, ouvrit la porte de la cuisine pour annoncer aux Enfants du Carmel que M. Baillard s'était confessé. Ils en furent stupéfaits, mais ne cachèrent pas leur mécontentement.

— Ah! dit Mme Mayeur, si vous n'aviez que du monde comme ça à convertir, vous seriez heureux! Malgré sa maladie, il n'a pas manqué une seule fois de nous rassembler pour la prière. Quelques petites erreurs, oui, je ne dis pas, mais à part cela, quel saint!

L'Oblat ne s'en émut pas; il avait hâte de remonter au couvent et d'y prendre toutes choses pour administrer le mourant.

Marie-Anne le suivit dans le corridor et lui dit :

— Nous sommes pauvres; il me sera impossible de faire un grand enterrement comme on en fait pour les messieurs prêtres...

— Ma pauvre Marie-Anne, lui répondit-il, quittez ce souci, tout s'arrangera pour le mieux et vous serez contente.

Que lui importaient à cette heure l'opposition de ce pauvre petit monde égaré et les mesquins soucis de Marie-Anne! Tout cela lui semblait si misérable auprès de ce sentiment de charité qui remplissait son cœur.

Comment se serait-il ému de quelques murmures hostiles, alors qu'il avait encore sur lui le regard reconnaissant de Léopold, un regard de mourant épanoui pour une nouvelle vie!

Au couvent, où il arriva comme porté par deux ailes, on ne partagea pas tout son enthousiasme. Certes, on appréciait le résultat obtenu : Léopold s'était confessé. Mais l'attitude de la cuisine donnait grandement à réfléchir. On rappelait la tactique constante de Vintras et des pontifes : éclairer ou illuminer les fidèles et leur permettre ensuite de se conformer à la liturgie catholique.

— Léopold est de bonne foi, répétait le jeune Oblat.

On lui montra une lettre de l'évêque, très sage et très nette, qui précisait bien le double problème : sauver une âme et purifier la colline. Il fallait une rétractation solennelle.

Très troublé, le Père Cléach s'en alla prier devant la Vierge de Sion, tandis qu'on courait en hâte avertir MM. Morizot et Joseph Colin, le cordonnier, les deux anciens du village, pour qu'ils servissent de témoins à la rétractation solennelle de Léopold. Puis il prit le Saint-Sacrement et, précédé de la sonnette, se dirigea vers la demeure de Marie-Anne. On le suivit, et bientôt presque tout le village fut rassemblé devant la porte. Avant de laisser entrer ce monde, l'Oblat pénétra chez Léopold, et quand il n'y avait encore dans la chambre qu'eux d'eux, pauvres prêtres, et le divin Sauveur, il s'agenouilla et fit dans son âme cette prière :

— Ne permettez pas, Seigneur, que je commette un indigne abus de votre Sacrement! Ne permettez pas que la dernière communion de ce malheureux prêtre soit un sacrilège! Si vous le voulez, vous pouvez le purifier! Venez, Seigneur Jésus, voilà que votre ami est malade! Si vous l'abandonnez, qui donc le sauvera?

Puis se relevant, il déclara à Léopold que son devoir était, avant de lui administrer le saint viatique, de lui faire signer publiquement un acte de rétractation et de le relever des censures.

— Je le veux bien, dit le malade.

Cependant, les gens du village se glissaient, les uns après les autres, dans la chambre. Comme à l'église, les femmes formaient un groupe séparé de celui des hommes. Tous se taisaient. L'Oblat, d'une voix lente et solennelle, commença la lecture de l'acte de rétractation :

« Au nom de la Très Sainte-Trinité, Père, Fils et Saint-Esprit, moi, Léopold Baillard, prêtre, domicilié à Saxon-Sion, je déclare à tous et en particulier à Sa Grandeur Monseigneur de Nancy, mon supérieur ecclésiastique, que je veux, moyennant la grâce du bon Dieu, vivre et mourir dans le sein de la sainte Église catholique, apostolique et romaine, en parfaite communauté de foi avec mon évêque et le souverain pontife Léon XIII. Je suis et je demeure dans la foi que j'ai reçue au baptême, et professée au jour heureux de ma promotion au sacerdoce. Aujourd'hui comme alors j'admets et je crois tout l'enseignement de l'Église catholique, notamment le dogme de l'enfer; je condamne avec elle sans restriction tout ce qu'elle condamne en qui que ce soit, en quelque ouvrage que ce puisse être, en toute sorte d'Œuvre ou de Société quel qu'en soit le nom. Je déclare souscrire à la condamnation portée par le souverain pontife Grégoire XVI contre les erreurs de Pierre-Michel Vintras et l'Œuvre de la Miséricorde, et je désapprouve absolument et je rétracte tout ce que l'Église, notre Sainte Mère, blâmerait et condamnerait dans mes enseignements, mes écrits et mes actes. Que la divine Miséricorde, par l'intercession de Notre-Dame de Sion, notre Mère immaculée, mon suprême recours à cette heure, daigne me venir en aide ! »

Plusieurs fois pendant cette lecture, Marie-Anne fut subitement saisie d'une toux insolite, mais l'Oblat reprenait impitoyablement les phrases qui pouvaient n'avoir pas été entendues de tous, dût le supplice du pauvre M. Baillard en être prolongé.

Celui-ci, avec quelle détresse il écoutait ce long texte qui cachait sous chaque formule le reniement de sa vie ! L'expression ardente des yeux proclamait toujours l'influence exercée sur ce mourant par une imagination insensée, mais ce fut sans un mot qu'il signa son abdication.

Alors M. Morizot, l'ancien maître d'école, celui-là même qui, trente-sept ans auparavant, s'était indigné contre le premier discours vintrasien de Léopold, s'avança en donnant les marques de la plus grande vénération :

— Monsieur le Supérieur, dit-il, permettez-moi de vous serrer la main et de vous offrir l'expression de mes sentiments de condoléances pour l'état de souffrance où je vous vois, et de félicitation pour l'acte que vous venez d'accomplir.

Léopold lui serra la main en lui disant affectueusement :

— Je vous remercie bien, monsieur Morizot.

L'ancien magister aurait continué son discours, mais l'Oblat, qui sentait que le malade allait s'affaiblissant et que le temps pressait, continua la cérémonie. Il releva le prêtre repentant des censures, de l'excommunication et de l'interdit pour hérésie et schisme, et prononça la sentence d'absolution. Puis, l'ayant rétabli dans tous ses pouvoirs, il lui donna le Saint Viatique.

A cette minute, la pensée que le Père Aubry lui avait léguée jeta une longue flamme dans l'âme du Père Cléach. Le vieil Oblat avait dit vrai. Au fond de sa longue erreur, ce malheureux hérésiarque avait connu un enthousiasme du divin et un élan d'adoration que le meilleur croyant devait envier et désirer d'ajouter à sa foi. Le jeune Oblat se mit à genoux et, devant la petite assemblée, demanda au pénitent de lui donner sa bénédiction.

Léopold, élevant aussitôt la main, prononça la formule :

— Que le Dieu très haut et très bon, Père, Fils et Saint-Esprit, vous accorde sa bénédiction, et qu'à jamais elle demeure sur vous et sur les vôtres.

C'était son premier acte de prêtre rétabli dans ses droits, et ce devait être le dernier.

Quand l'Oblat voulut se retirer, il lui tint longuement la main, en répétant à deux ou trois reprises :

— Vous êtes mon ami! C'est vous qui êtes mon ami!

A l'apparition du Père Cléach sur le seuil de la pauvre maison, ce fut un long murmure d'admiration. Tout le village était rassemblé dans la rue. Mme Pierre Mayeur, résumant le sentiment général, lui dit :

— C'est vous qui avez les lauriers.

Au couvent, on alla rendre grâce à Notre-Dame de Sion. La chapelle rayonna de feux et de cantiques. Un délégué partit en hâte porter à Monseigneur la rétractation de Léopold. Et pendant que tout brillait là-haut, et que dans chaque maison du village, c'était un bavardage émerveillé; que le pasteur du diocèse lisait à ses grands vicaires le bulletin de victoire; que partout enfin ce n'était que triomphe et sainte allégresse, et sur la colline nocturne, la même éternelle grandeur

Léopold, pour sa dernière nuit, demeurait seul, en proie à ses gardes-malades.

Tant d'émotions et tant de fatigues avaient épuisé Marie-Anne; elle dut renoncer à veiller et se coucha sur un matelas contre le lit de Léopold. Elle espérait ainsi protéger son vieux compagnon contre les importunités d'une quantité de visiteurs, qu'amenaient le zèle ou la curiosité. Mais quoi qu'en eût la pauvre femme, ces indiscrets ne cessèrent pas de circuler dans la maison et dans la chambre, et toute la nuit se passa en piétinements, en chuchoteries et en disputes. Sous prétexte d'emporter un souvenir, ou d'épurer un lieu maudit, ou peut-être encore de mettre en sûreté les objets du culte vintrasien, la maison fut livrée au pillage. Chacun saisissait dans l'ombre ce qui lui faisait envie. Au milieu de la nuit, Léopold, — était-ce un effet de ses réflexions ou bien le geste machinal d'un fiévreux, — laissa glisser de son lit la ceinture de protection que lui avait donnée Vintras pour le jour du grand cataclysme. Trois bonnes catholiques s'en saisirent. Mais redoutant que le vieil homme, dans un moment si redoutable, se trouvât sans protection d'aucune sorte, elles lui passèrent au cou leurs trois scapulaires, noir, bleu, rouge, que du fond de ses brumes Léopold accepta avec les marques d'une profonde vénération. Elles allèrent brûler dans la cuisine le morceau de flanelle aux insignes bizarres, après l'avoir triomphalement agité sous les yeux de Marie-Anne. Celle-ci alors, se tournant vers Léopold qui gémissait, lui dit douloureusement :

— Vous avez abandonné Dieu, Dieu vous abandonne!

« Que leur faut-il? » pensait Léopold en regardant ces ombres. Sa petite Église, ses contradicteurs, tous les vivants, à cette minute suprême, il les avait dis-

tancés; il arrivait tout seul devant les portes dernières.
Y trouverait-il l'appui promis et le témoignage du
Père Aubry? Les problèmes dont il avait toute sa vie
respiré la poésie se présentaient à lui comme un fait,
qu'il allait maintenant, à ses risques et périls éternels,
éprouver. Il prononçait par intervalles des paroles
que personne ne pouvait comprendre. Vers le matin,
comme la première lueur de l'aube apparaissait à la
vitre, il s'agita et dit d'une voix haute avec un grand
effort :

— Vintras, tu as passé par ces épreuves.

Indication obscure et magnifique sur la fidélité de
son cœur.

Et dans le même moment, il fut pris d'une troisième
et dernière attaque.

On alluma un seul cierge au pied de son lit.

Quand le Père Cléach arriva, la nièce de Léopold
emportait la longue robe rouge du Pontife d'Adoration, en disant qu'elle en ferait d'excellents couvre-
pieds. Les hosties, grandes et petites, les croix de
grâce, les téphilins gisaient à terre. M. Navelet les
ramassait et expliquait que le calice lui revenait de
droit, parce que Léopold, de longtemps, l'avait désigné
pour son successeur. Tous se disputaient ces pauvres
trésors, et Marie-Anne essayait en vain de s'opposer
au pillage.

Le premier mouvement de l'Oblat fut de saisir, lui
aussi, ces insignes idolâtres, mais chacun se rangeait
pour lui laisser le chemin du lit mortuaire, et il rougit
d'avoir pensé d'abord aux choses secondaires. Il alla
jeter l'eau bénite sur le corps de Léopold et tombant
à genoux :

— Puisse le Souverain Juge, dit-il, ratifier la sentence d'absolution qu'en son nom je viens de prononcer sur une âme captive de Satan. J'ai confiance

que le Seigneur accueillera le prêtre qui s'est perdu par un amour excessif de Sion. Un monologue de quarante années, un si long cri du cœur, une telle supplication à l'Esprit ont-ils pu s'abîmer tout entiers dans le vide? Fleuve troublé par les orages, va t'engloutir dans l'océan divin.

Le jour même, Marie-Anne monta au couvent et déclara aux Oblats que M. Baillard avait exprimé le désir de reposer dans la tombe de François, qui avait été enterré civilement et par conséquent sans frais d'église. Quel était le sentiment de la vieille femme? Était-ce avarice, désir de ne payer ni tombe ni service? Les Oblats l'ont cru. N'était-ce pas plutôt fidélité aux anciennes croyances de Léopold, désir de réunir les deux frères dans la mort?

On l'écarta. Monseigneur donna pour mot d'ordre des funérailles : décence et simplicité. Le corps fut recouvert d'un linceul, comme c'est l'usage au pays de Sion. Sur ce drap blanc on avait semé des fleurs champêtres. Le cierge unique brûlait à la tête du lit. Bien peu de personnes allèrent prier auprès de cette pauvre dépouille. Et nul ecclésiastique ne s'en approcha, hormis le Père Cléach qui fit la levée du corps. Au long de cette rude montée, que tant de fois Léopold avait parcourue, la tête en feu et tout enivré par ses passions, une cinquantaine de villageois suivirent le cercueil. Combien d'entre eux portaient sous leurs vêtements une croix de grâce, une hostie de Vintras? Les Oblats n'osaient pas en faire le calcul. Au cimetière, sous le vent éternel du plateau, il n'y eut pas un mot d'oraison funèbre. Le Père Cléach se borna à recommander de prier ardemment. C'était en effet ce qui convenait à la circonstance : peu d'honneurs et beaucoup de prières.

Le corps de Léopold fut placé à côté de celui de

sœur Euphrasie et à trois pas du Père Aubry. Sur sa tombe, comme le mât d'un navire naufragé au-dessus des flots, se dressait une croix de bois. On y avait attaché une couronne de lierre, et sur les croisillons était gravée sa devise : *Spes mea Deus*.

CHAPITRE XX

Épilogue

L'AME de Léopold délivrée revient-elle sur la sainte colline, voltige-t-elle autour de ces murs où, pendant un demi-siècle, il crut entendre un appel, et parmi ces landes pleines pour lui d'étranges merveilles? Personne, aucun berger, nul pèlerin attardé, fût-ce par les temps de ténèbres et de tempête, n'a croisé sur la haute prairie les fantômes de Léopold, de Thérèse, de la Noire Marie, de François, de Quirin. De leurs tertres décriés, la croix plantée en grande pitié a disparu. Dans le cimetière, contre l'église, je n'ai ramassé au milieu des orties, qu'un débris d'ardoise qui porte leur nom. Mais là-haut, on respire toujours l'esprit qui créa les Baillard.

Aujourd'hui, jour de jeudi saint, ce long récit terminé, je suis monté sur la colline. Dans le lointain, la longue ligne des Vosges était couverte de neige, et de là-bas venait un air froid qui, sous le soleil, glaçait les tempes. Nulle feuille encore sur les arbres, sinon quelques débris desséchés de l'automne, et c'est à peine si les bourgeons çà et là se formaient. Pourtant des oiseaux se risquaient, essayaient, moins que des chansons, deux, trois notes, comme des musiciens arrivés en avance à l'orchestre. La terre noire, grasse et profondément détrempée par un abondant hiver, semblait toute prête et n'attendre que le signal. Ce n'est pas encore le printemps, mais tout l'annonce. Une fois de plus, la nature va s'élancer dans le cycle des quatre saisons; le Dieu va ressusciter; le cirque éternel se rouvre. Combien de fois me sera-t-il donné de tourner dans ce cercle qui, moi disparu, continuera infatigablement?

Soudain, un étrange bruit de crécelles s'élève du fond de Saxon, suivi aussitôt d'un concert de voix enfantines qui chantent sur un ton traînard : « Voilà... voilà..., pour le premier. » Et puis encore le bruit des crécelles... Je sais bien ce que c'est, je connais la vieille coutume lorraine : c'est la tournée traditionnelle des enfants qui remplacent les cloches envolées pour Rome durant la semaine sainte; ils vont de maison en maison annoncer que l'heure de l'office est venue. En me penchant, je les vois sur la côte, à peu près en face de la masure des Baillard. Ils sont deux, trois, de moyenne taille, et puis deux tout petits. Je regarde s'éloigner ce mince groupe des derniers survivants du plus lointain paganisme. Leur petit cortège éveille mon imagination du passé. « Voilà... voilà... pour le second. »

Ces vieux mots que lancent ces voix si jeunes m'émeuvent. Le génie du passé vient m'assaillir avec des accents tout neufs. Il me conduit aux couches les plus profondes de l'histoire et jusqu'au temps de Rosmertha. Je me retrouve en société avec des milliers d'êtres qui passèrent ici. C'est un océan, une épaisseur d'âmes qui m'entourent et me portent comme l'eau soutient le nageur. Me voici sur la prairie où l'on trouve la clef d'or, la clef des grandes rêveries.

Nulle brume, nul brouillard germanique. Quelque chose de calme, de pauvre et de fort enveloppe la colline. Tout est clair et parle sans artifice à l'âme. Mais le mystérieux, le sublime naissent et jaillissent du cœur. Nos sentiments sont agrandis; les voilà menés soudain bien plus avant que la raison. Quelle est cette fleur qui veut s'épanouir? Je vais presque aussi loin que mes pressentiments. Le monde intérieur s'élance, reconnaît la nature et l'on voit paraître la surabondance cachée. Belle colline, tu fais sortir la pensée voilée, toute prête avec son pur désir pour le mariage du divin. Une fois encore le site a produit son effet.

C'est ici, par un jour semblable, que Léopold errait avec Thérèse désespérée, et qu'incapable de se soumettre aux événements comme à des leçons de Dieu même, il rejetait les entraves du bon sens aussi bien que celles de son ordre et de la hiérarchie; c'est par un jour semblable, quand les ruisseaux avaient rompu leurs prisons de glace au souffle du printemps et quand les cloches de Pâques sonnaient, que le docteur Faust s'insurgea contre les limites de l'intelligence et ne vit plus qu'une duperie dans son long esprit de sacrifice à la science; c'est ici, sous l'excitation de l'Esprit des sommets, que l'orgueilleux Manfred, qui se flatte de n'avoir jamais courbé la tête, entre en lutte avec la nature elle-même et prétend violenter, lui mortel, les lois souveraines de la vie; c'est sur une prairie toute pareille, que Prospero, ce Faust et ce Manfred assagis par l'âge, fuit le monde, se dérobe à la réalité, et ne la croit supportable que voilée des fumées de la haute magie.

Faust, Manfred, Prospero! éternelle race d'Hamlet, qui sait qu'il y a plus de choses sur la terre et dans le ciel qu'il n'en est rêvé dans notre philosophie, et qui s'en va chercher le secret de la vie dans les songeries de la solitude! Je crois les avoir rencontrés dans les sentiers de la colline; ils s'arrêtaient pour regarder les bonnes gens qui gagnent l'église du pèlerinage. S'ils les moquaient ou s'ils les enviaient, je ne sais. L'Esprit des hauts lieux les faisait vibrer avec l'infini et leur mettait au cœur l'orgueil de ne compter que sur soi-même pour résoudre l'énigme de l'univers.

Les suivrai-je? Nous avons besoin d'harmonie, d'un poème qui se fasse croire et d'une étoile fixe au ciel. Ces héros sauront-ils gouverner notre sentiment du divin, notre désir de perfection, le soutenir et le conduire à un but précis? Seront-ils nos guides?

Léopold Baillard, quand il veut s'élancer dans le monde invisible, se brise au fond de Saxon. Et ces autres, portés sur des ailes plus fortes et qui s'élèvent plus heureusement, où donc atteignent-ils? Le laboratoire de Faust, le burg de Manfred, l'île de Prospero brillent dans les nuages empourprés de l'horizon, mais ces fameux édifices, ces grands vaisseaux de clarté, balancés sur le noir couchant, ne diffèrent pas tant de la pauvre masure mystique des Baillard, debout, là en bas, sous mes yeux. Ce sont des châteaux de feu, des châteaux de musique, autant d'artifices qui se résolvent en baguettes brûlées dans la nuit.

Fugitives vibrations, accord d'une seconde avec la plus belle vie mystérieuse, hautes fusées rapides, franges multicolores au sommet d'une vague aussitôt aplanie. Où déposer le noble trésor qui n'est pas en sécurité au fond d'un génie éphémère? Le chant de l'oiseau divin d'une minute à l'autre va se taire. Quel cœur accueillera ces longs cris dans la nuit?

Quand le rossignol prélude, on n'entend pas une parole, un chant, mais une immense espérance. Des accents d'une vérité universelle s'élèvent dans les airs. Il louange sa femelle, l'humble rossignole invisible dans les feuillages, cependant il atteint tous les cœurs et, par-delà les cœurs, la divinité. Sonorité dans le jardin, plénitude dans nos âmes! Et puis soudain, ce grand sentiment, cette immortelle espérance, voilà qu'ils sont engloutis dans la mort. Les taillis du jardin se taisent, une sensation indéfinissable d'angoisse nous remplit. Toute la magie s'est dissipée. Regarde là-haut les étoiles avec qui nous sommes accordés : l'infini les sépare de notre destin! A quoi bon nos grandes ailes de désir?

Nous sommes-nous égarés? L'esprit de la colline serait-il un esprit de perdition? Faut-il demander à la raison d'exorciser cette lande? Faut-il laisser en jachère les parties de notre âme qu'elle est capable d'exciter? Faut-il se détourner de Léopold, quand il se laisse soulever par le souffle de Sion?

Non pas! C'est un juste mouvement de la part la plus mystérieuse de notre âme qui nous entraînait avec sympathie derrière Léopold sur les sommets sacrés. Nous sentons justement quelque similitude entre ces hauts domaines et les parties desséchées de notre âme. Dans notre âme, comme sur la terre, il existe des points nobles que le siècle laisse en léthargie. Ayons le courage de marcher à nouveau, hardiment, sur cette terre primitive et de cultiver, par-dessous les froides apparences, le royaume ténébreux de l'enthousiasme. Rien ne rend inutile, rien ne supplée l'esprit qui palpite sur les cimes. Mais prenons garde que cet esprit émeut toutes nos puissances et qu'un tel ébranlement, précisément parce qu'il est de tout l'être, exige la discipline la plus sévère. Qu'elle vienne à manquer ou se fausse, aussitôt apparaissent tous les délires. Il s'est toujours joué un drame autour des lieux inspirés. Ils nous perdent ou nous sauvent, selon qu'ayant écouté leur appel nous le traduisons par un conseil de révolte ou d'acceptation. Allons sur l'antique montagne, mais laissons sa pensée dérouler jusqu'au bout ses anneaux, écoutons une expérience si vaste et sachons suivre tous les incidents d'une longue phrase de vérité.

Un beau fruit s'est levé du sein de la colline. Dans ce vaste ensemble de pierrailles, d'herbages maigres, de boqueteaux, de halliers toujours balayés du vent, tapis barbare où depuis des siècles les songeries viennent danser, il est un coin où l'esprit a posé son signe. C'est la petite construction qu'on voit là-haut, quatre murailles de pierres sur une des pointes de la colline. L'éternel souffle qui tournoie de Vaudémont à Sion jette les rumeurs de la prairie contre cette maison de solidité, et remporte un message aux friches qu'il dévaste.

— Je suis, dit la prairie, l'esprit de la terre et des ancêtres les plus lointains, la liberté, l'inspiration.

Et la chapelle répond :

— Je suis la règle, l'autorité, le lien; je suis un corps de pensées fixes et la cité ordonnée des âmes.

— J'agiterai ton âme, continue la prairie. Ceux qui viennent me respirer se mettent à poser des questions. Le laboureur monte ici de la plaine, le jour qu'il est de loisir et qu'il désire contempler. Un instinct me l'amène. Je suis un lieu primitif, une source éternelle.

Mais la chapelle nous dit :

— Visiteurs de la prairie, apportez-moi vos rêves pour que je les épure, vos élans pour que je les oriente. C'est moi que vous cherchez, que vous voulez à votre insu. Qu'éprouvez-vous? Le désir, la nostalgie de mon abri. Je prolonge la prairie, même quand elle me nie. J'ai été construite, à force d'y avoir été rêvée. Qui que tu sois, il n'est en toi rien d'excellent qui t'empêche d'accepter mon secours. Je t'accorderai avec la vie. Ta liberté, dis-tu? Mais comment ma direction pourrait-elle ne pas te satisfaire? Nous avons été préparés, toi et moi, par tes pères. Comme toi, je les incarne. Je suis la pierre qui dure, l'expérience des siècles, le dépôt du trésor de ta race. Maison de ton enfance et de tes parents, je suis conforme à tes tendances profondes, à celles-là même que tu ignores, et c'est ici que tu trouveras, pour chacune des circonstances de ta vie, le verbe mystérieux, élaboré pour toi quand tu n'étais pas. Viens à moi si tu veux trouver la pierre de solidité, la dalle où asseoir tes jours et inscrire ton épitaphe.

Éternel dialogue de ces deux puissances! A laquelle obéir? Et faut-il donc choisir entre elles? Ah! plutôt qu'elles puissent, ces deux forces antagonistes, s'éprouver éternellement, ne jamais se vaincre et s'amplifier par leur lutte même! Elles ne sauraient se passer l'une de l'autre. Qu'est-ce qu'un enthousiasme qui demeure une fantaisie individuelle? Qu'est-ce qu'un ordre qu'aucun enthousiasme ne vient plus animer? L'église est née de la prairie, et s'en nourrit perpétuellement, — pour nous en sauver.

Charmes-sur-Moselle, 1912.

FIN

Table

293

Cet ouvrage reproduit par procédé photomécanique
a été achevé d'imprimer sur presse CAMERON
dans les ateliers de la S.E.P.C.
à Saint-Amand (Cher), en avril 1986

LE ROCHER
28, rue Comte Félix Gastaldi
Monaco

Groupe des Presses de la Cité
8, rue Garancière
75006 Paris

Dépôt légal : avril 1986.
N° d'Édition : CNE section commerce et industrie Monaco 19023.
N° d'Impression : 546.
Imprimé en France